LES BLÉS D'HIVER

L'auteur et l'éditeur déclarent réserver leurs droits de traduction et de reproduction pour tous pays, y compris la Suède et la Norvège.

Ce volume a été déposé au Ministère de l'Intérieur (section de la librairie) en avril 1901.

OUVRAGES DU MÊME AUTEUR

Voyage en Orient	2 vol.
Les Récidivistes, 2ᵉ édition.	1 —
Le Ministère Gambetta, 3ᵉ édition	1 —
La Logique Parlementaire	1 —
La Politique Opportuniste	1 —
Les Petites Catilinaires, 6ᵉ édition	3 —
Pages Républicaines	1 —
Léon Gambetta	1 —
Les Manœuvres de l'Est, 4ᵉ édition	1 —
Essais de Littérature et d'Histoire.	1 —
Essais de Politique et d'Histoire.	1 —
Diderot	1 —
Le « Conciones Français », 2ᵉ édition	1 —
Manuel de l'Enseignement primaire	1 —
Mon Compte rendu.	1 —
La France et l'Italie devant l'Histoire	1 —
Démagogues et Socialistes	1 —
Histoire d'un Idéal.	1 —
Raphaël Lévy	1 —
Vers la Justice par la Vérité	1 —
Le Crépuscule des traîtres	1 —
Tout le Crime.	1 —

JOSEPH REINACH

LES BLÉS D'HIVER

PARIS. — I
P.-V. STOCK, ÉDITEUR
(Ancienne Librairie TRESSE & STOCK)
27, RUE DE RICHELIEU
et
16, RUE MOLIÈRE

1901

Droits de reproduction et de traduction réservés pour tous les pays,
y compris la Suède et la Norvège.

JOSEPH REINACH

LES BLÉS D'HIVER

PARIS. — 1
P.-V. STOCK, ÉDITEUR
(Ancienne Librairie TRESSE & STOCK)
27, RUE RICHELIEU, ET 16, RUE MOLIÈRE
(Près du Théâtre-Français.)

1901

*De cet ouvrage il a été tiré à part
dix exemplaires sur papier de Hollande.*

AU COLONEL PICQUART

> Duræ virtutis amator.
>
> Lucain.

LE GÉNIE DE LA FRANCE

A QUI REVIENT L'HONNEUR DE LA REVISION

5 juin 1899.

I

A qui revient l'honneur de la revision?
Aux promoteurs de ce grand acte de justice? Aux ministres républicains qui en ont introduit la procédure? A la Chambre criminelle qui a instruit l'enquête? Aux Chambres réunies de la Cour de cassation qui, à l'unanimité, ont prononcé l'arrêt?
Non.
A la France? Au peuple français, au nom de qui l'arrêt a été rendu? Non.
Mais au génie de la France, à l'âme historique de la France.

II

La France est un morceau d'un vieux continent, dont la situation géographique est admirable : rien de plus.

Une fusion heureuse de races diverses a fait le peuple français : quelques héros, quelques bandits, beaucoup de très honnêtes gens, beaucoup de gens indifférents, quelconques, — comme chez presque tous les peuples. Mais le génie de la France est autre chose, comme le génie d'Athènes était autre chose que la ville qui, après avoir été celle de Périclès, de Phidias et de Sophocle, est devenue successivement, corps sans âme, une préfecture romaine, une sous-préfecture byzantine et le chef-lieu d'un vilayet turc.

Ce génie, cette âme de la France est le produit d'éléments très variés, hétérogènes. Le génie d'un pays de montagnes, comme la Suisse, n'est pas le même que celui d'un pays de plaines, Lombardie ou Toscane. Et la France est plaine et montagne. Le génie d'un peuple baigné de soleil, Italie ou Grèce, n'est pas celui d'un pays qui vit dans les brumes, Flandre ou Angleterre. Et la France s'étend des rives qui regardent les mers du Nord et l'Océan à celles que caressent les flots bleus de la Méditerranée. Le génie d'un peuple qui boit de la bière n'est pas celui d'un peuple qui boit du vin. Et la France a le houblon et la vigne. Le génie d'un pays monarchique n'est pas celui d'un pays républicain. Et la France est monarchie et république, pendant dix siècles la plus glorieuse monarchie de l'Occident, depuis un siècle la plus tourmentée des républiques, une république coupée de dictatures impériales ou royales, se cherchant, aujourd'hui encore, elle-même, prise entre ses habitudes monarchiques et ses aspirations républicaines, avec, dans les veines, le virus césarien. Le génie d'un peuple catholique n'est pas celui d'un peuple protestant, l'âme espagnole n'est pas l'âme anglaise. Et la France est un pays catholique qui a manqué la plus belle des réformes religieuses, une Réforme qui eût été autrement large et claire que celle de Luther ou de Calvin, et elle est le pays de Montaigne et de Voltaire, le royaume privilégié de la Libre Pensée. Le génie d'un peuple n'a point de coefficient plus puissant que son histoire. Et il n'y a point d'histoire plus tragique que celle de la France, mélange extraordinaire de gloires et de hontes, de tristesses et de splendeurs, de chutes profondes, aussitôt suivies de bonds démesurés.

Et, comme si ce n'était pas assez de tous ces contrastes pour réaliser tour à tour la plus violente des luttes intérieures et la plus parfaite des harmonies, la France a le don des idées générales, elle ne travaille point pour elle-même, mais toujours pour tout le genre humain, et c'est le pays le plus sonore qui ait jamais existé. Vous prononcez, du même ton, les mêmes paroles dans une plaine ou devant une paroi de bronze ou de granit : là, point d'écho ; ici, mille échos qui se répercutent au loin avec un fracas redoublé. La France parle devant cette paroi. Un cri de liberté poussé à Londres ne franchit pas le détroit : le même cri, s'il est poussé à Paris, ébranle le monde. Une iniquité commise à Vienne ou à Berlin n'afflige que quelques consciences allemandes ; la même iniquité, si elle est commise à Paris, désole la conscience universelle. Pourquoi ? C'est un fait. Et il y a certainement dans les bagnes russes, dans les forteresses prussiennes et dans les prisons anglaises plus d'un innocent : mais Calas et Dreyfus ont été les hommes de l'humanité tout entière.

Or, si j'essaye maintenant de dire, non point quel est ce génie infiniment multiple et complexe de la France, mais quel en est le signe caractéristique, je trouve, l'histoire en main, celui-ci : c'est un perpétuel élan vers la Justice, vers toujours plus de justice, vers la justice idéale. La France n'est point, comme l'Angleterre, le pays de la Loi, de la stricte légalité. Et cela malgré son Code, produit de la Révolution et de l'Encyclopédie, construit avec quelques-unes des plus belles pierres qui furent les magnifiques assises du droit romain, et qui a servi de modèle à plus de la moitié du monde. Il y a dans la seule loi quelque chose de froid et d'austère dont ne s'accommode pas cet ardent génie. Mais sa passion est la Justice — et la France s'est toujours crue, et elle a souvent été, d'un bout à l'autre de sa vie tumultueuse, l'apôtre et le ministre du Droit.

Depuis le *Gesta Dei per Francos* des Croisades jusqu'aux guerres d'Italie où Savonarole s'écriait : « Enfin, tu es arrivé, ministre de justice, ministre de Dieu, et nous te recevrons avec un cœur satisfait, avec un visage joyeux. Ta venue a exalté les âmes de tous ceux qui aiment la justice ; ils espèrent que, par toi, Dieu abaissera les superbes, exaltera les humbles et renouvellera le monde ! » — et c'était ce faible enfant, un peu déséquilibré, de Charles VIII ; — depuis la guerre de Trente ans où la fille aînée de l'Église fut, cent fois plus que le Suédois et le Brandebourgeois et les Pays-Bas eux-mêmes, le soldat de la liberté de conscience et de la tolérance, jusqu'aux guerres de la Révolution et de l'Empire qui promenèrent les principes nouveaux à travers l'Europe et, vraiment, renouvelèrent le monde pour réaliser enfin la prophétie ; — et depuis l'Encyclopédie, qui est quelque chose comme l'Évangile de l'humanité future, jusqu'à toutes ces révolutions qui n'ont jamais abouti, en France même, qu'à de demi-victoires, mais qui, toutes, ont secoué le globe comme un universel tremblement de terre : ce génie de la France a été celui de Justice, et c'est lui qui vient de triompher.

III

Flat ubi vult, comme l'esprit du livre sacré. Tantôt, cette âme emplit la nation tout entière, comme aux premiers jours de mai 1789, quand la jeune Liberté vint comme une fiancée au-devant du dernier des Capets qui détourna la tête. Ou, quelques semaines plus tard, quand la prise de la Bastille, bicoque délabrée où quelques invalides gardaient un vieux marquis, apparut aux Sarmates eux-mêmes, qui se jetèrent en pleurant de joie dans les bras les uns des autres, comme la destruction définitive de toutes les iniquités. Ou encore, plus tard, à la première fête de la Fédération. Et quand la France, aux premiers accents de la *Marseillaise*, comme un fleuve vers la mer, « coula vers le Rhin », commençant sa prodigieuse Iliade pour la libération de tous les peuples opprimés. Et, plus tard encore, aux « trois glorieuses », quand les jeunes arbres de la liberté poussèrent si vite qu'ils semblèrent aux poètes allemands devoir envahir le ciel. Tantôt, au contraire, cette âme de la France n'est plus qu'en quelques-uns, rares élus, qui emportent, sous le vent furieux, la torche sainte qui vacille. L'âme de la France paraît alors s'être retirée de la France elle-même pour n'être qu'en ces hommes. Ils ont conscience du prix inestimable d'un tel dépôt. La France les frappe ; ce sont eux qui sauvent son honneur. Tout leur paraît léger, outrages, persécutions, supplices, en comparaison de la grande joie héroïque, de l'immense orgueil que leur donne l'auguste mission qu'ils tiennent du Destin. Ce sont les pasteurs du Désert ou c'est les derniers montagnards. Et, parfois même l'âme de la France est hors de France, en exil, avec Voltaire à Ferney et, à Guernesey, avec Hugo.

Et si la France est, selon une parole célèbre, la plus grande personne morale qui soit au monde, ce n'est point à cause de ses victoires, car tous les peuples en ont remporté, ni à cause de ses gloires, politiques ou artistiques ou littéraires, car tous les peuples ont au front de belles auréoles, mais parce que son génie, de quelques longs et épais nuages qu'il ait été trop souvent voilé, est ainsi celui de l'éternelle et absolue Justice. C'est parce que le moine de Florence a dit au Roi de France : « Ta venue a exalté les âmes de ceux qui aiment la justice ! » et que l'olympien Gœthe a chanté la joie délicieuse dont tressaillit l'humanité, « quand parut au ciel le premier rayon du nouveau soleil ». Âme de la France, âme de justice et de bonté, c'est toi qui as vaincu !

IV

Et voilà pourquoi ce drame qui s'achève a été, depuis tant de mois, l'obsédante pensée du monde entier. La même erreur, les mêmes crimes, les mêmes folles résistances auraient pu se produire dans n'importe quel autre pays. La même passion invincible de la justice eût-elle éclaté ailleurs pour remporter, contre une aussi vaste et aussi puissante coalition, une pareille victoire ? J'interroge l'Histoire. Quel est le peuple qui n'a point condamné un innocent ? Cependant c'est un fait que l'Histoire, pleine de tant d'erreurs et de tant de crimes, n'a enregistré encore que deux grandes réparations judiciaires : Calas, au dix-huitième siècle, Dreyfus, aujourd'hui ; et toutes deux en France. J'attends à l'épreuve les autres peuples, ceux dont l'ardente sympathie nous a réconfortés, comme ceux dont l'amère ironie a été l'une des pires injustices de cette époque qui en a tant vues. Il est facile pour le spectateur de voir le piège où va choir l'acteur. Le difficile, c'est, étant l'acteur, au milieu des passions déchaînées, et qui obscurcissent la vue, de voir le piège et de n'y pas tomber. Je vous attends à l'épreuve, spectateurs ! et encore la partie ne sera-t-elle plus égale, car la leçon donnée par la France, l'expérience qu'elle a faite, sont des enseignements pour le monde entier. Il les a à bon compte. A elle, à elle seule, ils auront coûté cher.

Mais il y a plus encore. Car que serait, ce soir, demain, la lamentable aventure d'un Dreyfus ou anglais, ou allemand, ou russe ? Un fait divers ; tout au plus, un sujet de mélodrame ou de roman. Mais est-ce Dreyfus seul qui a été délivré hier ? Qui ne sent qu'il n'en est rien ? Qui ne voit que l'acte qui s'accomplit est autre chose de plus grand et que c'est le rideau qui se lève sur une ère nouvelle ? C'est l'entrée définitive de la Morale dans la politique, c'est-à-dire une Révolution qui commence.

Est-ce seulement les bourreaux d'un juste qui ont été vaincus hier ? Rien qu'un Du Paty, un Boisdeffre, quelque Gribelin ? Pauvres gens, en vérité ! Ce sont toutes les forces coalisées du passé, tous les préjugés, toutes les tyrannies qui avaient livré là bataille et qui l'ont perdue. Or, ils avaient livré déjà et perdu d'autres batailles, mais seulement, si je puis dire, contre la République ou contre la Liberté. La lutte d'hier, ils l'avaient engagée, au contraire, par une faute inexpiable qui pèsera éternellement sur eux, contre la Justice. C'est sous le pavillon noir des pirates qu'ils ont combattu. Et cela est plus grave que d'attacher à la queue d'un cheval noir ce qui fut la couronne de France.

Donc, c'est l'âme historique de la France qui a vaincu. Et, dès lors, le grand devoir de reconnaissance et de gratitude qui s'impose à la République, c'est de préserver contre toute nouvelle atteinte cette âme qui a retrouvé dans cette bienheureuse épreuve toute sa force, mais qui, sans cette épreuve, lentement et systématiquement empoisonnée, et pendant que continuaient à retentir des formules d'autant plus sonores qu'elles correspondaient de moins en moins aux vivantes réalités, avait risqué de perdre sa vigueur et sa beauté. Tout le reste est secondaire; cela seul est capital. Et la République ne sera qu'un nom, ou elle ne faillira pas à cette tâche sacrée.

LAZARE SORT DU TOMBEAU

LE « SFAX »

24 juin 1899.

Le *Sfax* approche. Demain, ce matin peut-être, il sera en vue des côtes de France. La grande lame de l'Océan, qui l'y amène, porte, depuis des milliers d'années, glauque ou sombre, tranquille ou furieuse, avec la même indifférence, les troncs déracinés par les orages et les maisons mouvantes de bois où se sont agitées tant de tempêtes humaines. Le sillon des caravelles de Colom ou du *Bellérophon* vers Sainte-Hélène lui importe aussi peu que celui d'une épave qui flotte ou de l'aile d'une mouette rasant la vague. J'ose croire, contre Lucrèce, et contre Renan, que cette impassibilité de la nature, loin de diminuer l'horreur ou la beauté des drames dont elle est le cadre, y ajoute, pour les rendre plus poignantes, tout l'énorme poids du contraste.

II

Il n'y a peut-être pas sur la surface de la terre d'homme qui, à cette heure, aime la France d'un plus parfait amour que celui qui est sur le *Sfax*. Il y a quatre années, dans une heure d'erreur et de colère, elle lui a tout pris, tout ce qu'on peut prendre à une créature humaine quand, par surcroît de cruauté, on lui laisse la vie. Depuis Judas, il n'est pas de nom qui ait été plus atrocement maudit que le sien. Et, comme son âme est celle d'un soldat et d'un patriote intransigeant, il pardonnait à ces sauvageries et à ces fureurs, puisqu'elles n'avaient d'autre mobile que la haine du crime dont il était accusé, qui est le plus hideux de tous, mais qu'il n'avait point commis.

Il ne dira pas lui-même ce qu'il a subi de tortures et de supplices sur le rocher où il a été cloué. Un poète seul, un très grand poète, pourra, un jour, les recréer. Brisé, rejeté avec dégoût et déchiré par la France, il continuait, et cela sans peine, sans effort, à n'aimer qu'elle, à espérer en elle comme le plus dévot, des croyants en son Dieu. Il l'invoquait incessamment, dans ses prières, dans ses lettres navrantes qu'un Félix Faure et qu'un Boisdeffre, qui le savaient innocent, parcouraient d'un œil distrait, entre une partie de chasse et une apothéose de gala. Qui sait, quand il a reçu la nouvelle de sa délivrance, si son premier cri de reconnaissance n'est pas allé à Boisdeffre ?

Je n'ai jamais vu cet homme et ne le connais que par les *Lettres d'un Innocent*. Je le vois cependant, comme si je n'avais jamais connu que lui, clairement, distinctement, sur le pont du navire de guerre qui va, à travers l'Océan, vers l'Orient, vers la Lumière, vers la France. Il a encore, sans qu'on puisse savoir pourquoi, deux gardiens armés à ses côtés. Il sonde l'horizon, attendant d'y voir surgir la petite ligne bleue qui est le seuil de la patrie. La patrie, c'est sa femme, ses enfants, le frère dont il ignore et, peut-être même, a méconnu le sublime dévouement. Mais, pour lui, pour ce soldat, la patrie, c'est surtout l'armée. Avec quelle joie, avec quelle émotion touchante, elle va lui rouvrir ses bras ! Armée de Hoche et de Marceau, tu vas lui rendre son uniforme ! France généreuse et bonne, France de Vincent de Paul et de Voltaire, tu vas lui rendre son honneur et sa joie !

III

Ah ! le pauvre homme qui croit avoir épuisé le calice des douleurs et qu'attend encore, après tous les supplices que lui ont infligés tant de bourreaux, le pire des supplices, la plus affreuse des tortures ! Cette innocence qui éclate aux yeux du monde, comme le plus resplendissant des soleils, il y a encore des hommes dont toute l'ambition, toute la passion furieuse est de la lui disputer et dont le rêve infâme est de lui voir reprendre demain, sur ce même *Sfax*, à travers ce même Océan, la route de l'île du Diable.

J'écris, et c'est la triste évidence, qu'aucun de ces hommes n'a plus l'excuse de l'ignorance ou d'une décevante erreur. Ils savent, tous tant qu'ils sont, comme moi-même, que ce martyr est innocent, « trop innocent », ainsi que le disait l'un des juges de la Cour de cassation. Mais quoi ! il faudrait avouer qu'ils se sont trompés, qu'il ont trompé leurs lecteurs, leurs électeurs. Or, ils n'hésitent pas entre cet honorable aveu et leur effort désespéré vers un crime nouveau et plus hideux. Les auteurs conscients de la plus effroyable des erreurs, ceux qui l'ont commise et ceux qui s'y sont obstinés, qui devraient se traîner par terre, à genoux, demander pardon à la France et à l'armée : ils continuent à accuser ! Et les journalistes continuent à déchaîner la haine, un vent de guerre civile, des fureurs de cannibales, pour maintenir le « tirage ». Et une grande et honnête dame s'écrie : « Je souhaite qu'il soit condamné à nouveau et qu'il soit innocent, afin qu'il souffre davantage ! » Et il y a encore des gens qui parlent du Syndicat, du Syndicat qui a tout acheté, la presse, le Parlement, la Cour de cassation, tous les Souverains de l'Europe et le Pape lui-même !

Ce sont les cris de cette meute qui, demain, vont déchirer le cœur de celui qui revient.

IV

Eh bien ! non, capitaine, votre foi sainte n'était pas un leurre, c'est vous qui avez eu raison de ne pas douter de la France et de ne pas douter de l'armée. Cette canaille d'en haut et cette canaille d'en bas, ce n'est point la nation. Le temps va passer, il est passé où les gouvernements tremblaient devant elles et, par peur d'elles, se déshonoraient. Tel est le désordre des choses et, surtout, des esprits que celui qui va rétablir l'ordre est dénoncé par les agitateurs et apparaît aux agités comme un perturbateur. C'est les fous qui accusent de folie l'homme qui a tout son sens. Crise humiliante, mais qui suffirait à révéler la proximité du dénouement. Ces juges militaires, qui ont juré de prononcer sans haine et sans crainte, condamneraient sciemment un innocent? Quelle plus atroce injure a jamais été jetée à l'armée? Ce n'est point elle qui a pour devise : « La force prime le droit. » Elle ne veut être, elle n'est que l'armée du Droit. Et elle sera ainsi l'image même de la France. Des scélérats, quelques insensés, voudraient faire de la République française on ne sait quelle république du Paraguay. Un dessein plus abominable encore a été de faire prendre pour une terre de sauvages cette France qui est, dans l'histoire et par son ciel même, comme dans le langage séculaire des hommes, « la douce France ». Je suis tranquille. Le poète latin aurait dit qu'on ferait plutôt remonter vers leurs sources l'Oronte et le Nil.

A l'heure de la pire douleur, sous les huées de la foule, dégradé et flétri, abandonné de tous, vous poussiez, plus haut que les clameurs, ce cri où vous mettiez toute votre âme de soldat et d'Alsacien : « Vive la France ! » Poussez-le encore, et plus fort et plus haut que jamais. Il a dominé la tempête des hommes et la tempête des flots. Il ne se perdra pas cette fois dans la rumeur des colères débridées. Il sonnera, vibrant et clair, dans l'air enfin rasséréné. L'écho du monde entier répondra : « Vive la Justice ! »

Le *Sfax* approche. Son pilote ne s'est point trompé de route. Les étoiles l'ont bien guidé. C'est à la « douce France » qu'il va aborder.

LE RETOUR DE DREYFUS

2 juillet 1899.

Pas plus que les bandes des hyènes puantes et des chacals ne déshonorent l'impassible majesté du désert, les journalistes de boue et de sang ne réussiront, malgré leurs efforts, à salir la gloire la plus pure de la France, son amour de la justice, sa pitié, sa bonté. Ces valets de bourreau rendront leurs propres noms exécrables à la plus lointaine postérité; rien de plus. Le cœur de la France n'aura point de peine à parler plus haut que leurs aboiements.

C'est une tristesse, qui s'ajoute à bien d'autres, que cette nécessité qui s'est imposée à la prudente sagesse du Gouvernement de la République, sagesse qui a été de l'humanité, de faire débarquer clandestinement sur la terre de France le martyr de l'île du Diable. On aurait rêvé de voir la nation tout entière, peuple et armée, aller au-devant de la victime de la plus effroyable des erreurs judiciaires. Lui-même, l'infortuné, dans ses longues heures d'attente, à bord du navire qui le ramenait, a dû caresser cette illusion. Et, certes, je n'éprouve aucun doute : demain, cette illusion sera une réalité. Mais, hélas ! demain seulement.

Tout dans la vie de cet homme, si peu fait pour les drames, sauf par son âme stoïque, aura été tragique jusqu'au bout. Une tempête humaine l'avait emporté. C'est dans la tempête des éléments qu'il est revenu. L'Océan mugissait, les vagues croulaient les unes sur les autres, les vents hurlaient, déchaînés, comme pour le roi Lear. La falaise de Port-Haliguen s'est inscrite dans l'histoire à côté de la falaise de Douvres.

La tempête des flots s'est calmée ; la mer bleue étincelle de nouveau au soleil. Il en sera de même de la tempête des colères et des haines. L'heure approche de la grande bonté française.

Pauvre homme ! quel retour ! De tout ce qui, depuis deux ans, bouleverse la conscience de l'humanité tout entière, de ce drame plus que shakspearien dont il est la cause, où se sont englouties tant d'orgueilleuses puissances, qui a secoué jusque dans leurs fondements les plus vieux édifices et qui marque, dans l'histoire de l'Occident et, dès lors, du monde, l'avènement d'une ère nouvelle, il ne sait rien, rien. Dans ce temps où l'on plaisante de tout, il s'est trouvé déjà des gens d'esprit pour rire de cette ignorance. Sainte ignorance et combien douloureuse ! Quel réveil, demain, quand il apprendra peu à peu l'horrible vérité et que ce qu'il pensait n'être qu'une erreur a été un crime, crime où quelques-uns s'acharnent encore et qui a failli être un crime social !

Hier, dans sa cellule, il a reçu dans ses bras sa noble femme. Des brutes à face humaine, au départ, avaient défendu à ces deux êtres de se serrer la main, à celui qui partait pour le plus affreux des bagnes, à celle qui restait, fière et forte sous l'opprobre, pour attendre et préparer le retour de la Justice. Ces temps de sauvagerie sont passés. Un officier a assisté, discret, ému aux larmes, à cette scène. Ce soldat qui fut, jadis, si plein des plus radieuses espérances, passionné, entre tous, pour son métier, c'est un vieillard aujourd'hui, brisé, courbé, prématurément blanchi, ayant, dans cet éternel silence, perdu presque jusqu'à l'usage de la parole. Ce qui reste en lui de vie n'y est resté que par un sublime effort de volonté, pour rendre l'honneur à ses enfants, à son nom.

Voilà votre œuvre, monsieur Mercier! Voilà votre œuvre, monsieur Drumont! Regardez-la bien en face. Que vos yeux en soient remplis. Réjouissez-vous dans le doux espoir de voir reprendre à ce martyr la route du bagne.

C'est un lamentable, mais ce n'est point un mince facteur qui vient d'entrer en scène. Quand l'homme sera là, devant ses juges, sous les regards du monde entier qui sait la vérité et qui croit en la France, quand on l'aura vu et quand il aura parlé, ces juges, ces soldats ne se souviendront que du serment prêté, devant Dieu, de prononcer sans haine et sans crainte. M. de Beaurepaire, M. le marquis de Rochefort, tous ces insulteurs patentés de l'armée, tous ceux qui ont crié : « Vive le Hulan ! » et élevé des monuments aux faussaires, prennent ces juges pour des bourreaux. Ces juges, monsieur de Beaurepaire, ce sont des soldats.

LE SUBLIME CREUSET

7 juillet 1899.

Encore une fois, un héros est sorti du « sublime creuset » qu'est la misère.

Misère effroyable, qui donne le frisson et le cauchemar...

D'abord, la chute, soudaine, du haut du bonheur et des rêves d'ambition, dans une accusation inexpliquée et la plus horrible de toutes. Ce drame, plein jusqu'à l'exagération de mensonges et de faux, débuta par un traquenard. La lettre qui convoquait le capitaine Dreyfus à se rendre le 15 octobre 1894 dans le cabinet du général de Boisdeffre, invoquait le honteux prétexte d'une inspection à passer. Une justice sûre d'elle-même n'a point recours à ces subterfuges. La scène mélodramatique de la dictée est de l'invention d'un fou, mais d'un fou qui raisonne, dont le dessein est de précipiter dans la folie le cerveau de sa proie. Puis, dans la cellule du Cherche-Midi, dix-sept jours de torture. L'accusé ignore le crime qui lui est imputé. Dans ce mystère où elle se débat, c'est un miracle que cette pauvre tête n'ait pas éclaté, que la démence, comme on y comptait, ne s'en soit point emparé pour y détruire la petite flamme vacillante de la raison.

Et l'atroce calvaire ne fait que commencer. Il faudra bien, un jour, que toutes les étapes en soient racontées, à la face des bourreaux qui demanderont grâce, je les entends d'ici, au seul récit de leurs crimes et devant la France qui les jugera. Je connais des hommes, un penseur, un gentilhomme de vieille race, des soldats, de simples ouvriers, dont la conviction a été faite par le spectacle ou par le seul récit de cette fête de cannibales qui s'est appelée la dégradation. On saura, — n'est-ce pas ? monsieur Chautemps ! — qui, au moment du départ de l'infortuné, quand Mme Dreyfus demanda à serrer la main à son mari ou à l'embrasser, ayant, elle, les mains liées derrière le dos, fit répondre par un refus brutal à cette humble et désolante prière. On saura, Lebon ! qui a édicté le règlement de l'île du Diable, en violation de l'humanité et de la loi, ajoutant la réclusion à la peine de la déportation qui, seule, avait été prononcée, puis, parce que l'innocent refusait de mourir, tous les supplices à la réclusion. Il y eut des jours où, sans prétexte apparent, sans cause, il fut mis au régime des forçats, où le lait même lui fut refusé. Il y eut des mois où les lettres de sa femme, de son frère, la goutte d'espoir et de consolation qui lui venait de France, furent méchamment confisquées. Dans la geôle où il était muré, la température, même par les nuits d'hiver, ne descendait jamais au-dessous de vingt degrés. Parfois, l'insolation le jetait sur le rocher, comme une masse inerte. Il voulait vivre ; il ne mourut pas.

Il ne savait rien du drame qui se déroulait parmi nous, qui angoissait la conscience de l'humanité, rien, sauf, cependant, ceci que le régime barbare auquel il était soumis subissait des variations qui semblaient correspondre à de lointaines et mystérieuses coïncidence. Il en a la clef aujourd'hui. Cet apparent caprice des tortionnaires qui tantôt se relâchaient un peu de leur rigueur, tantôt y ajoutaient, avait, comme toute chose au monde, sa loi. Quand la cause sainte de la Vérité subissait une éclipse à Paris, une nuit plus profonde, plus noire, se faisait aussitôt à l'île du Diable. Quand nous rebondissions vers la Justice, les liens qui l'attachaient au Caucase tropical se détendaient et le vautour, qui lui rongeait le foie, s'arrêtait. Le dernier redoublement de dureté est contemporain de la loi de dessaisissement.

A la fin de l'été de 1896, une dépêche de M. André Lebon, ministre des Colonies, ordonna de le mettre aux fers pour deux mois. Pourquoi? La dépêche, qu'il faudra produire, ne le disait pas. On le sait cependant. C'était l'époque où Picquart avait découvert l'erreur judiciaire, le crime d'Esterhazy, avertissait Gonse, Billot, Boisdeffre. Des journaux avaient raconté une tentative imaginaire d'évasion. Lebon savait que toute évasion était impossible, qu'aucune tentative n'avait été ébauchée. Mais Drumont avait froncé le sourcil. Ce qui a commencé le déshonneur de tous ces hommes, l'histoire le dira, c'est la peur de ce prophète de carrefour, de cet Ezéchiel de mauvais lieu. Lebon câbla : « Aux fers, pendant deux mois. »

On n'avait pas de fers à l'île du Diable. On en forgea pendant la nuit qui suivit l'arrivée de la dépêche, hâtivement, grossièrement. Deux demi-lunes de fer brut reliées par une énorme barre. Il s'étendit sur son grabat, grelottant de fièvre; on les lui mit aux pieds. Tous les matins, le médecin, l'homme de science en qui la pitié s'était réfugiée, pansait ces pieds écorchés, tuméfiés, en loques. Puis, par peur de Lebon, qui tremblait devant Drumont, les gardiens remettaient les fers. Il comprit qu'on voulait le tuer : il vécut.

Et son âme, à chaque torture nouvelle, s'épurait.

Quand ce corps eut prouvé sa force invincible de résistance, on s'attaqua à son intelligence. On médita de l'éteindre. Il avait des notes, un livre-journal; on les lui enleva. Il était défendu de lui parler sauf pour lui mentir, pour calomnier les siens. Quand on retenait les lettres de sa femme, de son frère, on lui disait : « Votre famille vous oublie, vous renie. » Le maudit regardait fixement le valet du bourreau et s'enfermait dans la tour d'ivoire de sa foi.

Tout cela sera jugé.

J'ai déjà fait observer qu'il n'y a pas une parcelle, en ce malheureux, de l'âme fauve de Coriolan. Quand il a débarqué, l'autre nuit, en pleine tempête, à la côte bretonne, il croyait devoir à Félix Faure et à Boisdeffre la revision de son procès. Ses défenseurs, qui, dit-on, ont montré précédemment quelque courage, avaient peur des révélations qu'ils avaient à lui faire. Comment lui apprendre cette furieuse résistance de l'Iniquité, cette coalition sauvage de toutes les forces d'un passé qu'on croyait mort, tant de haines forcenées, tant de crimes n'ayant d'autre but, que de laisser au bagne un innocent qui est un Alsacien et un soldat? Ils lui ont appris pourtant, non sans précautions, cette histoire. Il la sait aujourd'hui. Et la preuve qu'il l'a comprise, bien comprise, c'est cette parole : « Je vivrai désormais pour les faibles, pour les opprimés, pour les malheureux. »

Parole chrétienne. M. Arthur Meyer et le Père du Lac ne la comprendront pas.

Le procès peut s'ouvrir quand on voudra, devant le

conseil de guerre de Rennes. Et il sera aussi large qu'on voudra. La bande des drôles qui nous honorent depuis deux ans de leurs injures et qui n'ont pas encore arrêté de calomnier l'armée, confondant sa cause avec la leur, s'en va aujourd'hui criant que les défenseurs de l'Homme se démènent, en mille intrigues, pour restreindre le débat et pour juguler les témoins. Ils affirment, au surplus, en même temps, qu'après avoir fait tuer naguère le commandant d'Attel, M. Chaulin-Servinière et, je crois aussi, Lemercier-Picard, je viens d'assassiner, hier, Guénée père. Allez-y, braves gens ! Vous avez encore, en réserve, tout un vaste stock de faux, y comprises, monsieur de Boisdeffre ! les fausses lettres de l'Empereur d'Allemagne. Apportez-les. Vous avez encore en arrière-garde, toute une armée de faux témoins. Amenez-les, monsieur de Beaurepaire, amenez-les tous. Si le commandant Carrière hésite d'aventure à les citer, — craignant de faire de la ville de Rennes une immense succursale de Charenton, — adressez-vous à la défense : elle n'a rien à refuser à l'ami de Karl. Vous leur rappellerez seulement que le faux témoignage, qui n'est qu'un crime moral devant les juridictions d'instruction, devient passible, devant les juridictions définitives, de la peine de la réclusion. C'est pour rien. On vous attend. Nos troupes, à la dernière heure de cette grande bataille, sont, elles, aussi fraîches qu'à la première. Elles prennent pour elles le mot héroïque de M. le général de Galliffet. « Tant que l'on voudra », elles chargeront.

LE ROCHER DES SUPPLICES

12 juillet 1899.

On a été fier d'être Français en regardant la Colonne. On a honte d'être homme en regardant l'île du Diable, le rocher des supplices.

Mettez par l'imagination, dans ce bagne, un coupable à la place d'un innocent, Esterhazy à la place de Dreyfus. La révélation, qui vient de se produire, de tant d'horreurs arracherait à notre conscience, à la pitié de l'humanité tout entière, le même cri d'indignation et de colère. Et nous ne savons encore, et Havet lui-même n'a dit encore qu'une faible partie des tortures qui ont été infligées pendant près de trois années, méthodiquement et froidement, au captif de l'île du Diable ! L'infortuné ne se laisse arracher l'atroce vérité que lambeaux par lambeaux.

L'article 8 de la *Déclaration des droits de l'homme et du citoyen* est ainsi conçu : « La loi ne doit établir que des peines strictement et évidemment nécessaires. » La peine de mort exceptée, la loi, en effet, la loi française n'a établi que des peines strictement et évidemment nécessaires. Les bourreaux du capitaine Dreyfus ont donc violé la loi, l'article 8 de la Déclaration, plus que centenaire, des droits de l'homme et du citoyen.

Le premier conseil de guerre de Paris avait condamné Dreyfus à la déportation : le transfert du condamné à l'île du Diable épuisait le droit de la vindicte publique. Cette île est un rocher, d'un peu moins d'un mille de longueur, où la pluie tombe sans discontinuer pendant de longs mois, que brûle le soleil le plus cruel des tropiques. Un étroit chenal, semé de brisants, peuplé de requins, la sépare du Nouveau Monde et tout l'Océan de l'Ancien. Les barques du pénitencier peuvent seules y aborder. Aucune chance possible d'évasion. Voilà, aux termes de la loi, la peine « strictement nécessaire ». Toutes les peines qui y ont été ajoutées, la réclusion pendant plus de deux années, la mise aux fers pendant deux mois, l'ont été arbitrairement, illégalement, et dès lors, constituent, toujours aux termes de la loi, des délits ou des crimes. Il a été fréquemment et expressément jugé que le crime d'attentat à la liberté peut être commis aussi bien contre un prisonnier qu'à l'égard d'un citoyen libre. Un condamné conserve des droits. Ils sont aussi sacrés — plus sacrés, aux yeux des hommes qui ne sont pas des barbares — que ceux de tout autre citoyen. Le Code pénal est formel : il punit de la dégradation civique tout fonctionnaire, agent ou préposé du gouvernement qui aura ordonné ou fait quelque acte arbitraire ou attentatoire à la liberté individuelle (Article 114, paragraphe 1er). Si l'agent ou fonctionnaire justifie qu'il a agi par ordre, la peine de la dégradation (article 114, paragraphe 2) sera appliquée seulement aux supérieurs qui auront donné l'ordre. Si c'est un ministre qui a donné l'ordre (article 115), il sera puni du bannissement.

Et ce sont — je ne dis certes pas : des républicains, — mais des ministres de la République qui auraient donné ces ordres, prescrit ces violations de la loi, tant de sauvageries ! Je ne suis pas de ceux qui accusent sans preuves ou qui, ayant d'abord accusé, s'en vont ensuite chercher et mendier des preuves. Je constate seulement qu'une accusation, terrible entre toutes, s'est produite contre un ancien ministre de la République et que cette accusation, reproduite par toute la presse à la stupeur du monde civilisé, n'a pas encore rencontré de démenti. M. Guillain n'avait été mis en cause que pour une seule mesure de rigueur, dont la responsabilité paraît d'ailleurs incomber exclusivement à Deniel ; il a protesté aussitôt, avec une honorable énergie. M. André Lebon se tait — et M. Méline. On croit revoir, au procès Zola, M. le général Mercier refusant de répondre à la question relative aux pièces secrètes, avouant par le silence. M. Méline, M. André Lebon avouent-ils ?

Diront-ils qu'au moment, où ils ont donné ces ordres féroces, ils croyaient Dreyfus coupable du plus détestable des crimes ? Il ne manquerait plus que cela, évidemment, qu'ils eussent prescrit ces abominations, sachant que Dreyfus est innocent ! Il est certain, d'autre part, que la mise aux fers de Dreyfus correspond, jour pour jour, à la découverte qu'avait faite le colonel Picquart de la trahison d'Esterhazy, de l'identité entre l'écriture du véritable traître et celle du bordereau. Donc, Billot, tout au moins, savait alors que le chef du bureau des renseignements tenait le déporté de l'île du Diable pour la victime de la plus lamentable des erreurs judiciaires. C'était un événement de quelque importance que cette déclaration du colonel Picquart ; elle bouleversa le ministère de la guerre pendant plusieurs mois, de la fin de l'été à la fin de l'automne de 1896. Billot n'a-t-il rien dit à Méline ? au Conseil des ministres ? Billot a-t-il caché à Méline la découverte de Picquart? Lebon a-t-il caché à Méline la mise aux fers de Dreyfus? Si Billot et Lebon, chacun en ce qui le concerne, se sont tus, quelle anarchie ! Mais si Lebon et Billot ont parlé? La mise aux fers pendant deux mois, la construction de la palissade, sont-elles l'œuvre exclusive de Lebon? Ou le Conseil des ministres d'alors en a-t-il connu? Et ce Conseil des ministres a-t-il ou non su, aux mêmes dates, à la veille de l'interpellation Castelin, que le chef du bureau des renseignements affirmait l'innocence de Dreyfus, que Boisdeffre, de l'aveu de Billot, l'avait voulu alors envoyer au Tonkin, que Billot s'était contenté de l'envoyer en Tunisie?

Je n'attends aucune réponse de la *République française*. Mais il y avait, dans ce ministère du 29 avril, à côté de Méline, de Lebon et de Billot, des politiques qui ne sont pas des républicains que de nom ; qui, déjà, ont fait preuve de courage, en libérant, partiellement, leur conscience ; qui, tout au moins, ont gardé au cœur des sentiments humains. Vont-ils se taire, eux aussi ? Ne vont-ils pas se dégager, s'ils le peuvent, d'une aussi effroyable solidarité? Quoi ! un prisonnier, un ancien soldat, a été soumis à un régime de tortures et de supplices si savamment combinés qu'on n'en aurait pas pu imaginer de plus raffiné ni de plus atroce si l'on avait eu l'intention arrêtée de le faire mourir à petit feu, de se débarrasser d'un témoin gênant ! Quoi ! ces infamies ont été commises à l'heure même où le plus autorisé des chefs militaires affirmait, proclamait, aux risques de briser sa carrière, l'innocence du malheureux et jurait noblement qu'il ne descendrait pas au tombeau avec un pareil secret ! Et vous vous tairiez, vous, Darlan ! vous, Barthou !

« C'EST ICI LE COMBAT DU JOUR
ET DE LA NUIT »

PRO AVITO

6 août 1899.

Les historiens s'étonnent peu des plus grands événements dont ils sont les spectateurs : l'histoire, presque à chaque siècle, leur en a fourni d'aussi extraordinaires. L'humanité a toujours été pareille à elle-même ; à peine les modes en ont-elles changé. Quand il nous arrive de traverser une époque de tyrannie, je rouvre Tacite et le trouve plein des faits du jour. Aux époques de démagogie, je rouvre Aristophane et j'y trouve les mêmes discours et les mêmes hommes. Les annales de l'Agora comme celles du Forum sont pleines d'erreurs judiciaires, commises dans un même accès d'universelle folie, réparées, selon le même rythme, par quelques-uns contre tous. Le plaidoyer que Rennes et le monde entendront demain, Rome l'a entendu, en l'an 688 de son ère. C'était un avocat du nom de Cicéron qui plaidait pour le chevalier Aulus Cluentius Avitus.

Un coin de la haute société romaine :

Sassia, mère de l'accusé, avait eu trois maris : Cluentius ; puis, après la mort de celui-ci, le mari de sa propre fille, Aurius Melinus ; enfin, Oppianicus, qui, pour l'épouser, avait assassiné successivement Melinus, le second mari de sa future femme, et les trois fils qu'il avait eus lui-même d'un premier mariage. Oppianicus ne s'en était pas tenu là ; il avait encore empoisonné son propre frère, Caïus, et sa belle-sœur Auria, « enceinte et qui semblait approcher du terme » ; puis, dans l'espace de quelques années, objet d'horreur pour tous, fui « comme une bête féroce et une peste effroyable », mais toujours impuni, il avait « altéré un testament, *tué le faussaire qu'il avait employé*, assassiné l'oncle de son fils, empoisonné sa belle-mère et sa femme divorcée, fait proscrire (sous Sylla) et mettre à mort nombre de ses concitoyens ». Enfin, poussé par Sassia, il avait essayé d'empoisonner son beau-fils, Cluentius Avitus. Le coup ayant manqué, Avitus avait fait condamner Oppianicus pour tentative de meurtre. Et, maintenant, ce scélérat étant mort en exil, son fils Caïus et sa veuve Sassia accusaient Avitus d'avoir, à la fois, corrompu les juges d'Oppianicus et empoisonné lui-même ce dernier. Déjà, plusieurs des juges qui avaient condamné Oppianicus avaient été eux-mêmes condamnés pour corruption ; comme pour ajouter à la complicité de cette cause célèbre, c'était Cicéron lui-même, aujourd'hui avocat de Cluentius Avitus, qui avait pris la parole contre eux et emporté un premier verdict contre celui qui était devenu son client.

Cicéron, dans son plaidoyer pour Avitus, demande aux juges de repousser comme calomnieuse la dénonciation de Sassia contre son propre fils et de réparer l'erreur judiciaire qu'il a contribué lui-même à faire commettre contre les magistrats qui, pour avoir frappé Opianicus, avaient été condamnés pour corruption.

Voici quelques passages de ce plaidoyer :

« Si, partout ailleurs, la vérité a peu de force et peu

d'appui, ici, la haine, quand elle n'est pas fondée, doit être impuissante. *Que la haine triomphe dans les assemblées du peuple, mais qu'elle expire devant les tribunaux. Que les préventions et les propos des ignorants l'accréditent, mais que les gens sensés la repoussent. Que, dans le premier feu, elle éclate avec violence, mais que le temps de la réflexion l'étreigne... Ce serait renoncer à la dignité et même au nom du juge que de ne pas prononcer sur les faits et de venir au tribunal avec un arrêt tout préparé.* Si vos esprits sont déjà prévenus de quelque opinion qui vienne à être combattue par le raisonnement, affaiblie par la discussion ou détruite par la vérité, ne résistez pas à l'évidence ; mais sacrifiez votre erreur à la bonne foi et à l'équité. »

Cicéron sait qu'il vient « défendre une cause dont ses adversaires occupent le public depuis huit ans environ, une cause que l'opinion paraît avoir jugée et presque condamnée. »

Il n'en a pas moins le ferme espoir que, « s'il parvient à mettre dans leur véritable jour tous les détails de cette affaire, *ce tribunal, dont les ennemis de l'accusé ont cru qu'il n'approcherait qu'en frissonnant de terreur, deviendra pour ce malheureux, battu par tant d'orages, un port et un refuge assuré...* Écoutez-moi, comme si l'affaire était débattue pour la première fois. Jusqu'à ce jour, l'erreur et la haine ont seules prévalu. »

On lui oppose les arrêts des premiers juges : « *Ne ressemblent-ils pas plutôt au fracas de la tempête ou de la foudre qu'au résultat d'une discussion calme et réfléchie ?* » Ils ont été rendus sous les cris « d'une multitude soulevée et dont on flattait l'emportement ». Si l'innocent a succombé alors, « ce fut la faute du temps, et non celle de sa cause. » *Oppressus sit, non causa, sed tempore.* « Alors, l'animosité, l'erreur, la prévention, égaraient la multitude, assemblée tumultueusement chaque jour par un accusateur trop sûr de lui plaire. *On ne pouvait plus parler en faveur de l'accusé ; on ne pouvait pas même se lever pour le défendre.* » Ce premier verdict, « non ! ce ne fut donc point un jugement, puisqu'on n'y trouve ni formes observées, ni coutumes suivies, ni cause débattue, mais un acte de violence, un ouragan, un coup de foudre, tout plutôt qu'un jugement, une plaidoirie, un procès ».

Un tribun séditieux, à l'occasion de ce procès, avait soulevé les esprits. C'était l'époque « où l'on croyait sans examen cette maxime qu'il ne faut jamais contredire la voix du peuple ». Cicéron montre les conséquences funestes d'une telle maxime. « Nouvelle preuve de cette vérité, si souvent répétée, que, semblable à la mer, tranquille de sa nature, mais qui se trouble et se soulève au gré des vents, le peuple romain, paisible par caractère, ne s'agite que quand la voix des factieux excite dans son sein les plus violentes tempêtes. »

Cicéron a cru lui-même, d'abord, à la culpabilité de celui dont il proclame aujourd'hui l'innocence. Il n'éprouve aucun embarras à faire cet aveu : « Le langage que j'ai tenu autrefois ne m'impose aucune entrave qui puisse m'empêcher de prendre avec honneur la défense de l'accusé. Quand je proclamerai que c'est aujourd'hui seulement que je connais la justice de sa cause et qu'auparavant je partageais l'erreur commune, qui pourrait m'en faire un reproche ? Surtout, ô juges ! lorsque l'équité réclame de vous-même ce que je vous ai demandé dans mon exorde et ce que je vous demande encore, de renoncer à toutes les préventions, de les abjurer devant la connaissance des faits et la manifestation de la vérité. » Il insiste : « Le devoir d'un homme généreux et sage, lorsqu'il prend le fatal bulletin, est de songer qu'il n'est pas seul, qu'il ne lui est pas permis de n'écouter que sa volonté ; que la loi, l'équité, la bonne foi sont ses guides ; qu'il doit bannir le caprice, la haine, l'envie, la crainte, toutes les passions et n'obéir qu'à la voix de son cœur, à cette conscience que nous avons reçue des dieux immortels pour être notre inséparable compagne, cette conscience qui nous assure une vie tranquille et honorable, si nous ne la rendons témoin que de nobles pensées et d'actions vertueuses. »

Et, sans doute, la coalition des ennemis de la vérité reste redoutable ; pourtant, il n'en a point peur. « O juges, la vérité sort des ténèbres où les méchants la tenaient ensevelie, et la plainte de l'innocence se fait entendre, malgré les cris de l'imposture, *soit parce que les fourbes n'osent pas tout ce qu'ils imaginent, soit parce que l'audace la plus téméraire et la plus effrénée manque souvent des inspirations de la ruse !* »

Donc, le tribunal réparera l'erreur commise et n'écoutera que la voix de sa conscience : « Vous, juges, qui êtes toujours favorables à l'innocent et qui protégez avec plus de générosité ceux qu'on attaque avec le plus de fureur, oui, sauvez Cluentius, rendez un citoyen à sa patrie ; rendez-le à ses amis ; attachez-le surtout à vous-même et à vos enfants par une reconnaissance éternelle. Rien n'est plus digne de votre clémence. Juges, nous avons droit de vous demander qu'un citoyens vertueux, irréprochable, soit enfin délivré d'une si cruelle oppression ; *afin que le monde entier sache que, si les assemblées populaires laissent quelque accès à la prévention, la vérité triomphe devant les tribunaux.* »

Aulus Cluentius Avitus fut acquitté.

CLASSIQUES ET ROMANTIQUES (¹)

8 août 1899.

Le psychologue qui fera l'histoire de la mentalité française au dix-neuvième siècle, aura des comptes sévères à demander au romantisme, surtout au mélodrame et au roman-feuilleton qui en sont sortis. L'âme de la France classique était éprise de simplicité et de clarté. Qui nous la rendra?

Ç'a été l'une de nos faiblesses, au cours de cette longue crise, à nous autres, les défenseurs de la Vérité et de la Justice, que notre cause ait tenu en ces quelques mots : « Le bordereau, qui est de l'écriture et de la main d'Esterhazy, a été attribué, par erreur, à Dreyfus. » Quel immense avantage eurent contre nous, aux yeux des lecteurs de Ponson du Terrail et des spectateurs de d'Ennery, les inventeurs de ces légendes successives, le bordereau décalqué *ou* le manuscrit d'Eupatoria, le bordereau par ordre *ou* le traître par patriotisme! Il fut une heure où la France, tout entière, crut à la dame voilée et la chercha.

---

(1) Le procès de Rennes commença le 7 août,

Et voici que Dreyfus a, lui aussi, le mauvais goût d'être un classique, de ne pas s'abaisser à être un innocent décoratif, l'innocent d'un drame de boulevard qui se frappe la poitrine, invoque le ciel et les étoiles, pousse des cris, éclate en sanglots, verse des pleurs et déchire ses vêtements. Un contemporain de Pascal ou de Racine n'aurait point assez d'estime et d'admiration pour cet homme qui, après avoir épuisé la coupe des douleurs et été enseveli, vivant, pendant quatres années, dans un rocher, jette un voile sur ses propres souffrances et répond au tribunal, qui va décider de son sort, comme un élève, sûr de lui-même, à un examen. Chaque fois que la mémoire ne lui fait pas défaut, il s'explique en quelques phrases brèves, nettes, concises. Point de rhétorique, aucune déclamation. Rien que des faits. Mais Racine, selon la formule romantique, « Racine n'est qu'un pieu ». On voudrait des tirades, des mots, des mots et encore des mots.

On peut être innocent et, quand même, se défendre avec de grandes tirades et de grands gestes. C'est rare, mais non tout à fait impossible. Cela dépend des tempéraments, de la mauvaise éducation esthétique qu'on a reçue. Cependant Pascal a raison : la vraie éloquence a horreur de l'éloquence. Et la vraie innocence, de même, répugne à l'emploi des artifices de théâtre et à jouer un personnage. Aucun moraliste ne s'y est jamais trompé. C'est le crime qui monte et parade sur les tréteaux. Quand vous aurez lu cet interrogatoire de Dreyfus, si beau de franchise et d'émotion contenue, lisez la lettre d'Esterhazy au commandant Carrière. Après s'être, d'ailleurs, reconnu, une fois de plus, l'auteur du bordereau, — « par ordre » de Sandherr, qui est mort, — le bandit évoque, avec un tremolo, la glorieuse lignée de ses aïeux, les mêmes dont il menaçait Félix Faure, et l'ombre de son père, le général qu'il mêla naguère à l'odieuse et stupide histoire du manuscrit d'Eupatoria. Toutefois, malgré le sauf-conduit protecteur, il reste en Angleterre.

Pour l'honneur de la raison française, on voudrait pouvoir s'en tenir là. C'est la justice intégrale qui veut qu'on continue, — la justice et l'imbécillité des chefs d'hier qui s'obstinent, s'acharnent contre eux-mêmes, veulent à toute force faire un crime de ce qui pourrait encore n'être qu'une erreur.

LE DILEMME

8 août 1899.

I

Un journal de l'ancien État-Major, le *Gaulois*, pose ce dilemme : « Ou les généraux ou Dreyfus. »

Les généraux, c'est deux généraux, en disponibilité, — Gonse et Boisdeffre, — et un général du cadre de réserve, — Mercier, — c'est-à-dire un civil. Généralisation vraiment excessive.

Une conception de la justice, qui fait consister l'œuvre du juge à compter les galons et à se prononcer pour les plus nombreux et les plus gros, ferait horreur aux Tartares et paraîtrait abominable aux nègres du Dahomey.

Enfin, le dilemme lui-même est stupide.

En effet, — le cas de forfaiture excepté, — la recondamnation du capitaine Dreyfus ne serait légalement possible que dans une seule hypothèse : celle où les juges du conseil de guerre accepteraient comme bonne et sincère la déclaration d'Esterhazy qu'il a écrit le bordereau par ordre.

Or, dans ce cas, Gonse, Boisdeffre et Mercier seraient, par ce jugement de complicité même, convaincus avec Esterhazy, Sandherr et Henry, c'est-à-dire d'avoir, notamment, commis les crimes de faux témoignage, de prévarication et de faux. Ils n'auraient pas plutôt applaudi au plus inique des verdicts qu'ils deviendraient, séance tenante, des accusés.

Ainsi ces généraux n'ont qu'une chance de salut, une seule : l'acquittement de Dreyfus, la proclamation solennelle de l'innocence d'un martyr. L'amnistie n'est *possible* que dans la joie pure de la victoire du droit.

II

J'ai déjà dit que l'histoire du bordereau écrit par ordre est un mensonge, le plus grossier des mensonges.

C'est l'évidence même que ce bordereau qu'Esterhazy reconnaît avoir écrit, dont il lui est devenu impossible de renier la paternité, qu'aucun homme de bonne foi et qui n'est pas aveugle ne peut attribuer à un autre qu'à lui, ce bandit l'a écrit pour son propre compte. C'est une des cent et quelques pièces que cet espion à gages a remises chez le colonel de Schwarzkoppen.

Donc, l'auteur du bordereau étant, de par le contexte même de ce document, l'auteur de la trahison, le traître, c'est Esterhazy ; — et Dreyfus, qui n'a point écrit le bordereau, est innocent de la livraison des notes qui y sont mentionnées.

Dreyfus connaissait-il les questions dont traite le bordereau ? Il s'en est expliqué, dans son interrogatoire, avec la plus grande franchise : il connaissait celle-ci ; il ne connaissait pas celle-là. Mais alors même qu'il en aurait fait, de chacune, une étude approfondie, ce ne serait même pas contre lui une présomption apparente de culpabilité. Tous ses camarades de stage, qui ont reçu la même instruction militaire que lui, auraient pu les connaître. Les accuse-t-on d'avoir commis le crime dont il n'a été accusé, en 1894, que pour cette unique raison que l'écriture du bordereau avait une vague ressemblance avec la sienne? Or, le bordereau est, de son propre aveu, de l'écriture et de la main d'Estherhazy.

Observez que, sauf Esterhazy et le colonel de Schwarzkoppen, personne ne sait quelles étaient les notes qui ont été rédigées par l'auteur du bordereau. On n'en a que les en-têtes, les titres, qui prêtent aux suppositions les plus diverses, les plus contradictoires. L'hypothèse de Gonse n'est point celle de Mercier, celle de Cavaignac n'est pas celle de d'Ormescheville. Cette cascade d'hypothèses, dans ce lugubre drame, a quelque chose de puéril. Le bordereau étant reconnu comme l'œuvre d'Esterhazy, il n'y a plus de procès. Vous tenez, par curiosité pure, à savoir exactement ce qui a été livré, ce jour-là, à l'attaché militaire d'Allemagne. Soit ! Il y a deux moyens, mais il n'y a que deux moyens, de le savoir. C'est de le demander à Esterhazy et à Schwarzkoppen. Or, Esterhazy, malgré le sauf-conduit qui le garantit contre toute poursuite, n'ose pas venir à Rennes. Et pour Schwarzkoppen, personne ne l'a interrogé.

J'attends que M. le général Mercier veuille bien prier le président du conseil de guerre de citer, directement ou par commission rogatoire, le colonel de Schwarzkoppen à en déposer, sous la foi du serment.

Alors, quoi ! Dreyfus a eu des maîtresses ! Les militaires d'autrefois, quand ils ne prenaient pas de villes, prenaient des filles. Ils se faisaient gloire de gagner des batailles ; **ils se faisaient honneur de gagner des cœurs.** Messieurs les Pharisiens, seriez-vous dégénérés à ce point ! M. le commandant Gendron, M. le capitaine Duchâtelet n'auraient-ils jamais eu de maîtresses ? Et faut-il que ce soit un juif qui vous renvoie au divin livre où il est écrit que celui qui n'a jamais péché, jette la première pierre ?

III

Reste donc la dernière version d'Esterhazy, dans sa lettre au commandant Carrière. Sandherr aurait « dicté » le bordereau à Esterhazy. « Je l'écrivis au crayon et je le recopiai chez moi. » — On avait, au 2e bureau, une demi-douzaine de faussaires à gages qui auraient pu écrire le bordereau de l'écriture imitée de Dreyfus, et Sandherr le fait écrire par Esterhazy de son écriture naturelle ! Quels imbéciles que ces scélérats ! — « Conformément aux instructions de Sandherr, je le portai ensuite à l'ambassade d'Allemagne. Il y fut pris dans la loge du concierge, intact, dans son enveloppe, et apporté par un employé, sujet allemand, notre agent. Il a été déchiré pour faire croire qu'il venait du cornet. » — Je veux bien que le bordereau ait été pris ainsi, qu'Esterhazy ait appris ces détails de son ami Henry. Mais à qui fera-t-on croire que Sandherr ait, à l'insu de ses chefs, donné l'ordre à Esterhazy de porter le bordereau à l'ambassade d'Allemagne ; et, si ce n'est pas à l'insu de ses chefs, quels misérables que les auteurs d'un pareil complot !

Au procès Zola, il était interdit de parler de Dreyfus;

« C'EST ICI LE COMBAT DU JOUR ET DE LA NUIT »

Au procès Dreyfus, il ne sera pas interdit de parler d'Esterhazy. L'audience viendra où le commandant Carrière donnera lecture de la lettre d'Esterhazy, où Gonse, Boisdeffre, Mercier, les chefs hiérarchiques de Sandherr, seront interrogés sur les atroces imputations qui y sont articulées contre eux. Et alors de deux choses l'une : Ou ils les démentiront, et il restera qu'Esterhazy a écrit le bordereau pour son propre compte. Ou ils les confirmeront, et ils se taxeront eux-mêmes de félonie et d'infamie.

Ai-je besoin de dire qu'ils les démentiront ? Mais, dès lors, s'effondre la seule hypothèse où la recondamnation de Dreyfus eût été légalement, matériellement possible, tout en restant inique et monstrueuse. L'ordre allégué par Esterhazy étant un mensonge, Esterhazy se reconnaissant l'auteur du bordereau, et l'auteur du bordereau étant forcément l'auteur de la trahison, Dreyfus est innocent.

Mercier, Gonse de Boisdeffre n'ont pas le choix :

Ou ils sont les complices de la plus infâme machination qui ait été jamais ourdie et qui, si elle avait été réellement perpétrée, enverrait tous ses auteurs au bagne ;

Ou Dreyfus a été condamné, en 1894, pour le crime d'un autre.

Or, la version du bordereau écrit par ordre est une sottise.

LE DOSSIER SECRET

11 août 1899.

I

Le conseil de guerre de Rennes achève aujourd'hui l'examen du dossier secret.

Je m'explique, sans peine, le sentiment auquel la majorité du conseil de guerre a obéi en décidant que cet examen aurait lieu à huis clos.

Voilà des mois, et, même, des années qu'une « certaine » presse s'en va criant que ce dossier renferme des documents dont la divulgation compromettrait la défense nationale et déchaînerait la guerre. Ce sont des patriotes de profession qui affirment, sur l'honneur, ces calembredaines. Ce qui caractérise cette engeance, c'est une peur effroyable de l'étranger et la méfiance la plus injurieuse envers l'armée. Elle reprend Strasbourg, trois ou quatre fois l'an, sur la place de la Concorde ; mais elle fait mine de défaillir devant un rapport d'espion. Que ce rapport soit imprimé et, aussitôt, c'est la guerre. Or, la guerre, à en croire ces gens-là, c'est la défaite certaine, l'invasion. Ils crient, du matin au soir : « Vive l'armée ! » et ils écrivent, soir et matin, que l'armée de France ne résisterait pas au premier choc. Alors, qu'ont fait, depuis trente ans, les chefs de l'armée? Que sont devenus les trente et quelques milliards qu'a absorbés le budget de la guerre? C'est bête. C'est ignoble. Et cela prend. « Nous sommes maîtres de traiter nos affaires chez nous comme nous l'entendons ! » déclarait le 7 juillet 1898, à la tribune de la Chambre, l'un des héros de cette bande. Et l'*Officiel* constate : « Applaudissements vifs et répétés sur tous les bancs. » Puis, vingt lignes plus loin, comme l'imbécile national donne lecture du faux Henry, il s'interrompt tout à coup, glacé de terreur. Je cite textuellement : « J'ai lu qu'un député va interpeller sur Dreyfus. Si...'(*Ici un membre de phrase que je ne puis lire*) je dirai que jamais... etc ». Il ne pouvait pas lire, à la tribune, ce ministre de la guerre, sans craindre de déchaîner les plus horribles périls, une phrase de la lettre d'un faussaire !

Les juges militaires de Rennes ne savaient pas, à la fin de leur première audience, que toutes les pièces du dossier secret, les vraies comme les fausses, sont aussi inoffensives que la phrase du faussaire Henry dont Cavaignac n'osait pas donner lecture à la Chambre. Ils le savent aujourd'hui. Nous demandons la publication intégrale du dossier secret.

II

Le dossier secret, en 1894, à l'époque du procès Dreyfus, comprenait quatre pièces. Deux ans plus tard (novembre 1896), quand Picquart quitta le bureau des renseignements, le dossier, au grand chagrin de Boisdeffre, n'avait pas grossi. Alors, avec Henry, commence la grande période des faux. Guénée, Lemercier-Picard, d'autres encore, sont sur les dents. Jamais usine n'a travaillé avec une plus belle activité. Point de chômage. Même les jours fériés, on fabrique des faux. Le faux royal, le faux Henry par excellence, a été forgé à une certaine fête de la Toussaint. Une enveloppe ne suffit plus à contenir le dossier secret ; il faut une valise. Si Cavaignac n'avait point envoyé Henry au Mont-Valérien, il eût fallu, bientôt, une malle. D'où ce procès-verbal de la Cour de cassation :

Et cejourd'hui, jeudi 5 janvier 1899, avant de recevoir la déposition de M. le capitaine Cuignet, M. le président constate que le dossier de *toutes les pièces secrètes existant au ministère de la Guerre et relatives à l'affaire Dreyfus*, ce dossier contenant, d'après inventaire, *trois cent soixante-treize numéros*, a été soumis *intégralement* par M. le capitaine Cuignet, à ce délégué, par M. le ministre de la Guerre, à la Chambre criminelle.

La multiplication des pains n'est rien auprès d'une pareille multiplication des pièces. Il y a des saisons et il y a des terrains qui sont particulièrement favorables à la pousse de certaines plantes. Quel admirable terrain que le bureau des renseignements, *Henry regnante!* La présence du colonel Picquart suffisait, évidemment, à tuer le germe des faux. Il part pour l'Afrique. Aussitôt, quelle floraison ! quelle moisson !

Et la division — selon Cuignet — du dossier n'est pas chose moins admirable. Le dossier, dit Cuignet, a été divisé en trois parties : 1° pièces se rapportant directement à l'affaire Dreyfus ; 2° pièces qui n'ont avec les pièces de la première partie qu'un intérêt de rapprochement ; 3° FAUX.

Cette troisième partie, selon Cuignet, va du numéro 233 au numéro 373.

Ce que sont ces faux avérés, officiels, et ce que sont ceux qui remplissent, en outre, les deux autres compartiments, un simple fait, d'ailleurs universellement fameux, en donnera une idée. Après avoir étudié ces 373 numéros, Cavaignac y choisit, délicatement, pour les porter à la tribune de la Chambre, les trois pièces qui lui paraissent le plus probantes. Il va de soi qu'il ne laisse pas de côté, pour jouer la difficulté, les moins écrasantes. Or, ces trois pièces, quelles sont-elles ?

C'est le faux Henry.

C'est la pièce n° 371, lettre de Panizzardi à Schwarzkoppen, au crayon noir, sur papier quadrillé, qui, arrivée au ministère de la guerre *en août 1896*, présentée par Henry à Gonse, *mais dissimulée à Picquart*, est datée *mars 1894* par le bureau des renseignements, — ce qui constitue un premier faux — et sur laquelle — je cite textuellement Cuignet — *« l'initiale D... »* que Cavaignac attribua à Dreyfus *« paraît recouvrir une autre initiale ou lettre majuscule qui aurait été effacée à la gomme »*.

Enfin, la pièce « Ce canaille de D... », dont Cuignet estime, comme Picquart, « qu'elle ne peut s'appliquer à Dreyfus ».

Donc, deux faux matériels, et un faux par attribution.

Voilà le dessus du panier. Ces faux ont été lus à la tribune de la Chambre, affichés sur les murailles de nos 36,000 communes, reproduits par la presse du monde entier : quelles complications diplomatiques, quelles guerres ont-ils déchaînées ? Une immense huée d'indignation a été la seule réponse du monde à la monumentale stupidité de Cavaignac. Dès lors, que risque-t-on à publier les autres pièces de l'imbécile dossier, les autres faux?

C'est bien simple : ce que redoutent les faussaires et leurs protecteurs, c'est une nouvelle huée, plus formidable encore, plus grosse de justes colères. Cette innombrable série de faux scélérats, imbéciles ou orduriers, faux rapports d'espions, fausses lettres de Panizzardi, fausses lettres de Schwarzkoppen, fausses lettres de femmes, lettres immondes où le regret du vigoureux amant qu'était Dreyfus s'étale entre deux odes à la déesse de Lesbos, ils savent que, dans la lumière croissante de la vérité, il leur serait impossible de les produire au grand jour sans rapprocher singulièrement la distance qui les sépare du bagne. Alors, ils invoquent l'intérêt sacré de la défense nationale. Ils pourront toujours dire : la preuve de la culpabilité était là !

III

Et c'est précisément la ressource de ce suprême mensonge, de cette calomnie finale, que nous ne voulons pas leur laisser. C'est pour cela que nous demandons la publication intégrale du dossier secret. Il faut que tout soit connu, tout, les lettres de Sapho et celles des Corydon diplomatiques... Et aussi, — n'est-ce pas? Monsieur de Boisdeffre! à moins que vous ne les ayez détruites, — les lettres de l'Empereur d'Allemagne dont M. le commandant Pauffin de Saint-Morel est allé, le lundi 15 novembre 1897, à midi, entretenir, de votre part, M. le marquis de Rochefort, lequel les a révélées dans l'*Intransigeant* des 13, 14 et 17 décembre 1897, mais qui, depuis, par votre ordre, a toujours refusé d'en reparler.

Certes, si nous avions devant nous d'autres adversaires, on pourrait, par pudeur, laisser ces ignominies dans le ruisseau. L'historien, ce chiffonnier tragique de l'avenir, passera toujours assez tôt pour les y ramasser. Mais, vraiment, la méchanceté humaine, depuis quelque temps, se montre par trop laide et par trop agressive.

On a beau être sans illusions sur la bête, ou féroce ou immonde, qui sommeille dans le cœur d'un trop grand nombre d'hommes, on n'en reste pas moins stupéfait devant l'atroce scélératesse de la bande de gens bien mis qui s'acharnent contre un malheureux dont l'innocence leur est connue. Les Canaques, qui déchirent lambeaux par lambeaux ou qui brûlent à petit feu un prisonnier, paraissent, à côté de ces civilisés, compatissants et doux. Il n'y a pas de calomnie, hideuse ou inepte, dont leur monstrueuse mauvaise foi n'essaye de l'accabler. La pitié, la douce, la sainte pitié est morte. Pour la première fois, après quatre années du plus épouvantable martyre qu'un être humain ait jamais subi, Dreyfus paraît dans une assemblée, devant ses juges. Ses jambes chancellent, ses yeux se troublent, un terrible sanglot l'étouffe au gosier. Cependant, soldat jusqu'au bout, il se roidit. Tout l'effort de cet infortuné, hynoptisé par sa conception d'un idéal de stoïcisme invincible, est de ne pas permettre à sa douleur de s'extérioriser. Il refoule ses pleurs, ses cris. Si quelqu'un aurait le droit de parler et de maudire, c'est lui. Il pourrait, devrait peut-être montrer ses plaies encore saignantes et, avant même de parler à ses juges, dénoncer ses bourreaux. Il n'en fait rien. Grave, respectueux, il se contente de répondre posément, tranquillement, aux questions, même les plus surannées, qui lui sont posées. Et cette attitude d'une incomparable dignité, d'une noblesse qui toucherait des sauvages, ces drôles l'exploitent contre lui. L'un note, en ricanant, les contractions de cette pauvre face qui, pendant d'éternelles nuits, a pleuré, dans l'isolement, loin de toute tendre consolation, sous l'œil froid d'un gardien armé. L'autre, avec des gaîtés d'anthropophage, le trouve plus gras qui ne l'avait pensé et vante la bonne chère de l'auberge Lebon. Un troisième raconte qu'il a passé la semaine qui a précédé l'ouverture du procès à sabler du champagne. Et tout cela, c'est des preuves de culpabilité, de trahison. On guette avidement son pas plus fatigué ou ralenti, une ombre sur le visage de l'un de ses avocats, un tressaillement d'impatience nerveuse chez l'un de ses amis. Alors, c'est la joie! L'innocent va être condamné à nouveau! Il va être replongé dans son enfer! On ne riait pas aux auto-da-fé d'Espagne; les sacrifices humains du Dahomey étaient plus décents. Et les coupables seront sauvés! Et sauf, aussi, l'amour-propre des journalistes, des politiques, qui ont trompé leurs électeurs et leurs lecteurs!

Donc, puisque la bataille continue, plus féroce que jamais, alors que tous devraient attendre le verdict final dans le recueillement et avec l'ardent espoir qu'il n'y a pas eu, dans l'armée française, d'autres traîtres que le bandit qui s'est reconnu l'auteur du bordereau, qui n'a plus un défenseur, tant son crime est manifeste, et dont l'aveu, tout entouré qu'il soit de mensonges stupides, ne laisse rien subsister de l'accusation contre l'infortuné qui fut condamné à sa place, — puisqu'il en est ainsi, il faut tout dire, il faut tout savoir. Ce sera le commencement du châtiment. Il faut verser à la procédure toutes les pièces. Il faut publier le dossier secret.

LE SYNDICAT DU CRIME

août 1899.

J'ai dit, l'autre jour, l'atroce, le douloureux spectacle que donnent, depuis plusieurs semaines, au monde stupéfait de ne plus reconnaître la douce France, la méchanceté et la sauvagerie déchaînées, — toute cette presse de boue et de sang qui s'acharne, avec des hurlements de fauves, à rejeter au gouffre l'infortuné dont l'innocence lui est connue, — tous ces drôles de lettres, dont le nom ne salira pas ma plume, parce qu'une épée loyale ne saurait se croiser avec la leur, qui rivalisent à qui insultera le plus salement et calomniera avec le plus de perfidie un soldat, un accusé, un malheureux ; — toute cette tourbe, plus immonde cent fois que celle des escarpes qui grouille autour de la guillotine, car celle-ci se tait devant la mort et celle-là outrage celui qui sort du tombeau.

Ce n'est point cependant cette canaille que je rends, à aucun degré, moralement responsable du crime de Rennes. D'autres crimes sortiront, peut-être, demain, de ses excitations féroces ; les poignards qui frapperont demain, c'est elle qui les aura aiguisés ; les pistolets qui partiront, c'est elle qui les aura chargés. Mais l'attentat d'hier, l'assassinat de Labori, ce n'est point un forfait dû à l'ivresse que versaient dans un cerveau faible ou malade les écrits ou les discours des scélérats. C'est un crime froidement prémédité, calculé, ordonné, payé à la brute qui l'a accompli, par des hommes qui suivaient un plan, qui avaient sujet d'avoir peur pour eux, pour leurs associés ou pour leurs clients, de la parole vengeresse de Labori, qui avaient intérêt à fermer cette bouche éloquente, qui tremblaient devant les documents dont ils le croyaient détenteur...

Je dénonce le Syndicat du crime.

Narcisse a fait le coup, vous l'avez ordonné.

La police finira bien par mettre la main sur celui qui a fait le coup, lâchement, tirant par derrière. La justice de la République a, elle, un devoir plus haut, non moins urgent, plus impérieux : celui de découvrir ceux qui ont ordonné le coup et dont ce n'est pas le premier crime. D'autres qui les gênaient, complices infimes de leur monstrueux complot contre la justice, ont déjà disparu mystérieusement. Après le lacet de Lemercier-Picard, le rasoir d'Henry et la corde de Locriier, le pistolet d'hier. Pour le compte de qui a-t-on frappé ?

Aveugle qui, sur ce crime sans précédent, ne verrait pas l'ombre de Rodin !

Pauvre et cher Labori ! Il y a quelques mois, gravement malade, une première fois à la porte de la mort, toute sa pensée allait vers ce procès de Rennes, cette grande et noble cause, si digne de son noble et grand cœur, vers cette suprême bataille, qui serait une victoire, pour la cause sainte à laquelle, depuis dix-huit mois, il s'était donné tout entier, où, à l'assaut, de sa belle vaillance française, allègre et joyeuse, il emporterait le triomphe définitif de la Justice. La Nature hésita, recula devant le sacrifice d'un pareil homme. D'autres n'ont point hésité. Ils avaient trop peur de cette voix retentissante, de ce clairon sonore, de cette logique incomparable à broyer, dans un étau, les faux témoignages et à faire jaillir, de la contradiction des mensonges, la vérité.

Le jour même où il allait intervenir, entrer en scène, prendre la parole, ils ont frappé, — par derrière.

Un pareil crime est sans exemple. L'histoire, cet immense musée de crimes, est pleine de meurtres. On ne compte pas les rois, les empereurs, les Césars, les ministres, les princes, les hommes d'État, qui sont tombés sous le poignard ou les balles des assassins, frappés au flanc ou au cœur. Voici le premier exemple d'un avocat assassiné, à la porte même du prétoire, à l'heure où il va se lever et parler. Aux époques les plus sombres, les plus furieuses, sous la Commune comme sous la Terreur, les avocats avaient été toujours indemnes. La haine, la rage, la folie des guerres civiles s'arrêtaient devant ces prêtres du droit. Vers quel abîme glissons-nous ? De tous les défenseurs de la Vérité et de la Justice, nul n'avait soulevé moins de haines que Labori. Les plus violents de nos adversaires souriaient à sa belle humeur, à son bon courage, à toute la lumière qui se dégage de lui. Et ce n'est aucun de nous qui a été frappé. C'est lui. Et à Rennes. A la porte du conseil de guerre.

Pourquoi ? On le sait. Par quel ordre ? On le saura.

LES NOTES DU BORDEREAU

17 août 1899.

Au cours de sa déposition devant le conseil de guerre, M. le général Zurlinden a fait une importante déclaration ; il n'a pas craint de dire, et de dire très haut, que « la clef de l'affaire », c'est les notes qui accompagnaient le bordereau, qui sont parvenues au colonel de Schwarzkoppen, qui sont aujourd'hui à Berlin. C'est ces pièces qu'il faudrait avoir au lieu de se livrer à leur sujet, comme font les autres ministres et leurs complices, à d'absurdes et contradictoires hypothèses.

J'écrivais à cette place, au mois d'avril dernier, dans une lettre ouverte à M. de Freycinet, alors ministre de la Guerre, que le système de l'État-Major, d'après lequel Dreyfus seul avait pu avoir connaissance de l'objet présumé des notes du bordereau, a été détruit par Esterhazy lui-même. On n'a pas oublié qu'au procès Dreyfus, en 1894, et, plus tard en janvier 1898, au procès Esterhazy, l'État-Major attribuait au bordereau, par un véritable faux, la date d'avril-mai 1894. Or, Esterhazy avait déclaré que, s'il n'avait pas pu connaître au printemps de 1894 la matière des notes du bordereau, il aurait pu, sans peine, la connaître au mois d'août. La date exacte du bordereau ayant été rétablie depuis par l'État-Major lui-même et étant précisément la fin de l'été de 1894, il en résulte qu'Esterhazy a avoué qu'il aurait pu très bien connaître, à l'époque même de la trahison, les documents qui sont énumérés sur ce maudit papier. Cette démonstration faite, j'ajoutais :

A la vérité, il y a quelqu'un qui pourrait affaiblir la portée de cet aveu : c'est Esterhazy. Il n'aurait qu'à mettre à exécution la menace qu'il adressait, par ordre de l'État-Major, à Billot et à Félix Faure, qu'à écrire à son « suzerain », l'Empereur d'Allemagne : il le prierait d'adresser, par le plus prochain courrier, à M. de Freycinet ou à M. Mazeau, les documents qui accompagnaient le bordereau. Le colonel de Schwarzkoppen les avait reçus avec la certitude qu'ils lui étaient adressés par son Hulan favori ; ils sont aujourd'hui à Berlin.

M. le premier président de la Cour de cassation et M. le ministre de la Guerre en feraient tirer des fac-similés qui seraient reproduits dans les journaux. Tout le monde, alors, en connaîtrait l'écriture. Tout le monde pourrait apprécier la valeur de ces documents. On saurait s'ils émanent de Dreyfus ou d'Esterhazy, si Dreyfus y a mis toute sa science ou si Esterhazy s'est contenté de copier le *Mémorial de l'artillerie de marine* de juin 1894, *la France militaire* d'août 1894, s'il a été à la fois, du moins ce jour-là, dans ses rapports avec Schwarzkoppen, traître et escroc.

Je doute cependant que M. le comte Walsin-Esterhazy adresse à son « suzerain », comme il l'appelle, cette requête, avec l'instante prière de faire tenir à M. de Freycinet une réponse qui finirait l'Affaire, d'un seul coup.

Naturellement, comme je l'avais prévu, Esterhazy se garda bien d'adresser aucune requête à son « suzerain ». Et ce fut, contre moi, dans toute la presse immonde, un beau tapage.

Veut-on, cependant, une preuve nouvelle, absolument décisive pour qui n'est pas dépourvu de toute bonne foi, de l'innocence de Dreyfus?

La voici :

Alors qu'Esterhazy et ses amis n'ont répondu que par des injures à l'idée que j'émettais, M. le général Zurlinden l'avait à peine reprise, au procès de Rennes, que Dreyfus, lui, acceptait aussitôt l'épreuve et debout à son banc, d'une voix forte, prononçait ces paroles :

Le général Zurlinden a dit, dès le début de sa déposition, qu'il faudrait avoir, pour établir la vérité, les quatre notes du bordereau.
Je m'associe à ces paroles, mon colonel, parce que je ne demande que la vérité.
Eh bien! oui, qu'on les obtienne, les quatre notes du bordereau, et la vérité éclatera, et tout le monde sera éclairé.
Je le répète, je ne demande que la vérité.

Ainsi, cette épreuve péremptoire, devant laquelle Estherazy et les amis d'Henry reculaient, épouvantés, et prenaient la fuite, le capitaine Dreyfus l'accepte immédiatement.

Ce n'est pas un simple journaliste qui la propose, c'est un ancien ministre de la Guerre. Dreyfus, tout de suite, se déclare, lui, prêt à la subir.

Et j'entends bien : les drôles qui aboient à la guillotine, vont s'écrier que c'est là une comédie. Comédie ? de quelle part ? Aux termes mêmes de l'arrêt souverain de la Cour de cassation, tout le procès est là : « Dreyfus a-t-il livré les notes qui sont énumérées au bordereau ? « Dès lors, il ne dépend évidemment que de M. le général de Boisdeffre et de M. le général Gonse de venir dire aujourd'hui, à Rennes, qu'ils se joignent à M. le général Zurlinden, qu'ils relèvent le défi du capitaine Dreyfus, qu'ils forment, eux aussi, la même demande. Après quoi, tout sera dit. Après quoi, la vérité éclatera.

Allons, Gonse ! Allons, Boisdeffre ! Qu'avez-vous à craindre ? Vous allez, pour la troisième fois, jurer devant le Christ que Dreyfus est le traître. Donc, vous êtes certains que les notes du bordereau émanent de lui. Donc, ou vous allez vous dénoncer vous-mêmes comme les parjures les plus infâmes que le monde ait jamais vus ; ou vous allez, vous aussi, réclamer, d'une voix claire et forte, la production des pièces décisives qui feront la lumière pour tout le monde.

Vous réfugieriez-vous derrière cette phrase de M. le général Zurlinden : « Il est certain que, *dans l'état ordinaire*, il est impossible de songer à demander à la puissance au profit de laquelle la trahison a été faite de livrer les preuves du crime commis à son instigation et à son avantage ! » Il est certain, en effet, que, *dans l'état ordinaire*, cela ne se fait point. Mais sommes-nous dans dans l'état ordinaire ? Il est certain, d'autre part, que « la puissance au profit de laquelle la trahison a été faite » n'a pas le droit, devant l'histoire et devant le monde, de refuser, si la demande lui en est faite, de verser au dossier de Rennes les notes du bordereau, « la clef du procès, » comme l'a si bien dit M. le général Zurlinden. Un tel refus serait un crime de lèse-humanité.

Quoi ! l'Allemagne donnerait, livrerait ainsi celui qui l'a servie ? De Dreyfus ou d'Esterhazy, qui l'a servie ? Vous dites que c'est Dreyfus ; Dreyfus demande que les quatre notes soient produites au procès ; s'il est le traître, il délie donc l'Allemagne à son égard ! Mais vous savez bien que c'est Esterhazy, Esterhazy qui n'a pas osé relever le défi, Esterhazy qui menaçait Félix Faure de son « suzerain allemand », Esterhazy que

Schwarzkoppen payait 2,000 francs par mois, Esterhazy qui a écrit le bordereau !

M. le général Zurlinden a indiqué la solution du problème. Que les notes du bordereau soient versées au dossier de Rennes — et que la lumière soit !

L'ENSEIGNEMENT DE LA VÉRITÉ

18 août 1899.

Comme les guerriers d'autrefois, que chantait Homère, nous aurons combattu jusqu'au bout avec le soleil dans les yeux et le vent contre nous.

Au début, nous n'étions pas cent. Contre nous, contre la Justice et contre la Vérité, l'énorme coalition de tous les pouvoirs publics, des Chambres et du gouvernement, de l'armée, de l'opinion.

Et, peu à peu, l'effroyable masse, comme la neige au soleil du printemps, a fondu par la seule force de l'évidence. D'aucuns, cependant, regardent, angoissés, les obstacles qui nous séparent encore du but prochain.

Hommes de peu de foi, regardez en arrière vers ceux qui ont été franchis, dont il ne reste plus rien. Qu'est-il devenu, cet État-Major qui affichait l'insolente prétention d'incarner l'honneur de l'armée ? De ce président du Conseil qui disait : « Il n'y a pas d'affaire Dreyfus ! » et de ce Président de la République qui tremblait devant Drumont, lequel des deux est le plus mort ? Cette Chambre, qui affichait les discours de Cavaignac, s'apprête à renvoyer les faussaires et leurs complices devant ce Sénat qui ne réélisait pas Scheurer. Il y a eu, un jour, une commission de magistrats pour repousser la revision, « parce que — je copie textuellement — Henry était resté étranger à la détermination de poursuivre Dreyfus et qu'il résulte de la procédure que son rôle y avait été insignifiant ». De ces trois magistrats, lequel, aujourd'hui, relira, sans stup... ce considérant prodigieux qu'il a signé? Et tout ce qui a été tenté contre la vérité, s'est retourné en sa faveur. La loi de dessaisissement avait pour but de faire étrangler la revision par les chambres réunies; elle a eu pour résultat de la faire proclamer par l'unanimité de la plus haute et de la plus solennelle des juridictions.

Alors, aujourd'hui, quand nous nous retrouvons, eux et nous, devant le conseil de guerre de Rennes, eux diminués de toutes ces unités de combat qui se sont appelées Esterhazy, Henry, Du Paty, — nous, grandis et fortifiés par cent victoires, qui donc aurait un doute sur l'issue de cette suprême rencontre? Parfaitement; voici le même Mercier, la face plus hideuse encore, torturé par le remords des nuits sans sommeil; et voici le même Boisdeffre ou son ombre; et encore Roget, bardé de la même rhétorique avec, en plus, quelques faux nouveaux. Eux et nous, disait l'autre, ne sommes-nous pas les soldats d'Austerlitz?

La même tactique, bien simple, nous donnera, une fois de plus, la victoire. De quoi s'agit-il? D'apprendre la vérité à ceux qui ne la savent pas. On la leur apprendra. Les autres, à l'origine, ne l'ignoraient pas moins qu'eux; ils l'ont apprise. Eux aussi, ils l'apprendront, de même, tout seuls. Comment? Par la force des choses. Moins encore : comme on dit à l'école, par la leçon de choses.

J'estime sincèrement M. le commandant Carrière pour

avoir avoué, non sans courage, qu'il ne savait rien, hier, de l'Affaire. La situation, à vrai dire, était plus fâcheuse encore : il en savait tout ce que le *Petit Journal* lui en avait dit. M. le commandant Carrière a certainement cru au Syndicat : s'il y avait un Syndicat, commandant, est-ce que toute cette presse de boue, qui nous couvre d'outrages, ne chanterait pas nos louanges ? M. le commandant Carrière a certainement cru que ce Syndicat traînait, à sa remorque et à sa solde, une bande de meurtriers et de brigands : où sont les assassins, commandant, où sont les bandits ? Qui donc cherche à supprimer, à coups de revolver, l'adversaire dont la parole lui fait peur ? M. le commandant Carrière a certainement cru qu'Esterhazy est l'homme de paille du dit Syndicat : on vous apportera, commandant, les monceaux de dithyrambes qu'écrivaient, en son honneur, les mêmes scribes qui l'accusent, à cette heure, d'être vendu — alors que, selon toute vraisemblance, Rodin l'a payé pour qu'il n'use pas du sauf-conduit que nous avions demandé pour lui ; et vous lirez la lettre de Pellieux «à son cher commandant» ; — et vous entendrez le récit des faux, des crimes de toutes sortes, des faux témoignages, des manœuvres immondes qu'ont commis, pour sauver cet homme de paille, ses protecteurs et ses complices qui feignent, aujourd'hui, de ne l'avoir jamais connu. Enfin, M. le commandant Carrière a certainement cru que ces grands chefs, galonnés et dorés sur toutes les coutures, disent la vérité, quand ils ont juré, devant le Christ, de la dire. Et voici, après Mercier, convaincu dix fois de mensonge par Casimir-Perier, voici Roget pris, une fois de plus, en flagrant délit d'usage de faux.

« Quelle est, interroge Demange, la pièce la plus significative du dossier secret, celle où la culpabilité de

Dreyfus se trouve formellement affirmée? — C'est, reprend Roget, le rapport de l'attaché militaire autrichien, celui qui a été versé par le général Mercier. » Et comme Demange insiste, — car la pièce, où le colonel Schneider affirme savoir « que Dreyfus a été en relations avec les bureaux allemands », Judet-Norton a proclamé qu'elle était décisive entre toutes — : « Je n'ai pas eu, répond Roget, d'autres pièces en mains. » Sur quoi, le colonel Schneider envoie cette simple dépêche : « *Ems, 17 août, 10 h. 20 :* La lettre du 30 novembre 1897 qui m'est attribuée et a été reproduite dans le *Figaro* du mercredi 16 août, *cette lettre est un faux.* »

La voilà, la leçon de choses. Le faux le plus fameux d'Henry, le faux royal, s'était, un peu, perdu dans la nuit des temps. On commençait à s'ennuyer d'en parler, comme d'entendre appeler Aristide *le juste*, ou Cavaignac *l'imbécile national*.

Et Dieu vit qu'il fallait recommencer l'exemple,

comme dit le poète. Roget et Mercier, déjà à la même chaîne, commettent ensemble, en pleine audience publique, en plein jour, pour bien montrer aux juges comment cela se pratique, leur vieux crime mignon, — l'usage de faux...

Or, nous ne sommes qu'au commencement.

Je me souviens de l'affreuse douleur que je ressentis quand je lus, pour la première fois, les lettres de Gonse et de Picquart. Qu'un soldat français, un général, « portant la triple étoile et l'épaulette d'or », ait pu s'abaisser à de pareils mensonges et à de pareilles vilenies, je ne pouvais le croire. Je lisais, je relisais ces lettres que Scheurer, plus tard, porta au procès Zola. Il se fit un effondrement en moi. Quand les juges de Rennes seront au bout du procès, le même effondrement, terrible et salutaire, se sera fait en eux. Le crime commis contre un innocent par quelques hommes, qui ne sont pas plus l'armée, à eux seuls, que ne l'ont été, autrefois, Bourmont ou Bazaine, leur apparaîtra dans toute son horreur. Alors, ils comprendront que c'est le mensonge, non la vérité, qui se défend par de pareils moyens. Alors, la nuit s'éclairera pour eux. Alors, la justice triomphera et, avec elle, l'honneur, le vrai, le vieil honneur de l'armée.

LES TÉMOINS

22 août 1899.

Le défilé des témoins continue. Les grands chefs, comme de droit, ont été les premiers entendus. Dans cette vaste salle, désormais historique, du lycée de Rennes, défenseurs et adversaires de la revison attendaient : ceux-ci quelque coup d'éclat, le fameux coup de massue depuis si longtemps annoncé ; ceux-là, dans le vide des affirmations sonores et sans preuve, quelque nouveau faux. L'espoir des amis de la vérité n'a pas été trompé. Les cinq anciens ministres et leurs collaborateurs ont répété, avec d'insignifiantes variantes, les réquisitoires qu'avait déjà entendus la Cour de cassation. Mercier seul a apporté quelque chose de nouveau, — et la pièce, aussitôt, a été dénoncée comme apocryphe.

Avant même que le colonel Schneider ait déclaré fausse la lettre qui lui était attribuée, la date seule de l'arrivée de ce document au 2ᵉ bureau devait suffire à éveiller l'attention. Quoi ! ce papier informe, brouillon sans en-tête ni signature, c'est le 30 novembre 1897 qu'il parvient au ministère de la guerre, qu'Henry le reçoit, le porte à Boisdeffre et à Billot. Et que lit-on, sur ce chiffon de papier ? Précisément ce qu'Henry avait besoin d'y faire lire pour raffermir Billot dans sa résistance à l'œuvre de réparation et de justice. L'année précédente, quand le *petit bleu* démontrait la trahison d'Esterhazy, donc l'innocence de Dreyfus, la pièce que forge Henry, c'est une lettre où les deux attachés militaires, Schwarzkoppen et Panizzardi, éprouvent l'étrange besoin de confier au papier que « le juif » a été leur espion. Billot, s'il avait réfléchi cinq minutes, aurait dû trouver singulier que cette lettre arrivât si bien, à l'heure dite, pour servir les intérêts de celui qui l'apportait et qui, voleur et faussaire à la fois, se l'est fait payer. Or, la lettre qu'a produite Mercier est arrivée, elle aussi, à l'heure dite. Les choses, depuis un an, avaient marché. Schwarzkoppen et Panizzardi, le comte de Munster et le comte Tornielli, avaient déclaré si haut qu'ils n'avaient jamais eu de rapports avec le capitaine Dreyfus, ils l'avaient dit avec tant de force qu'il eût été bien risqué de leur faire écrire, sur une pièce apocryphe, le contraire de ce qu'ils proclamaient publiquement. Alors, c'est l'attaché militaire d'Autriche qu'Henry fait entrer en scène. Il n'est pas censé suspecter la bonne foi de ses collègues, mais il dénonce à son gouvernement leur ignorance. Ce grand chef de l'espionnage allemand, le colonel de Schwarzkoppen, aurait ignoré les relations de Dreyfus avec les bureaux mystérieux de Strasbourg et de Bruxelles. Lui, Schneider, est mieux informé. Et, pour en aviser son propre gouvernement, il choisit la minute précise où sa confidence peut servir le plus utilement les desseins des bourreaux de Dreyfus, des complices et des protecteurs d'Esterhazy.

C'est, exactement, le même coup.

Henry, au procès de 1894, avait juré qu'une personne honorable lui avait dit qu'un officier du 2ᵉ bureau trahissait : « Et le traître, c'est vous ! — Quelle personne honorable ! s'était écrié Dreyfus, nommez-la ! — Il y a des choses, avait répondu Henry, que la tête d'un militaire ne doit même pas confier à son képi ! » — On a su depuis, par Picquart, quelle était cette personne honorable, un ami de Guénée, rastaquouère qui recevait des « indemnités » de douze ou quinze cents francs. Dénonciation, d'ailleurs, qui n'était pas tout à fait un mensonge, puisque le hideux service des renseignements, ce foyer infect de corruption qui a empesté tout l'État-Major, est une section du 2ᵉ bureau et qu'Henry en était l'un des principaux agents. La dépêche *doute-preuves* indique nettement qu'Esterhazy, pour se faire agréer par Schwarzkoppen, lui avait dit qu'il tirait ses informations du bureau des renseignements. Esterhazy, dans ses conversations avec Schwarzkoppen, avait nommé brutalement Henry comme étant la source de ses informations. Le *Voltaire*, l'autre jour, a cru pouvoir préciser quelle était « la personne honorable »; il a nommé le marquis de Val-Carlos, qui n'a point encore réclamé. Henry a toujours composé ses faux comme ses faux-témoignages de la même manière, mêlant à un peu de vérité beaucoup de mensonge. Quelqu'un lui dit qu'un officier du 2ᵉ bureau trahissait ; il ajoute, avec un grand serment, que cette personne lui a nommé Dreyfus. Son faux royal, il l'a forgé avec le fragment authentique d'une lettre banale et deux phrases, décisives, de son invention. Nous saurons, sans doute, et avant peu, que la lettre Schneider a été fabriquée selon le même procédé ; nous avons déjà la certitude que la date, qui en faisait tout le prix, est un faux.

Billot, cependant, cauteleux et méfiant, se contenta de classer cette pièce au dossier secret. Mercier, acculé, en a été le Cavaignac.

Dès lors, puisque les grands chefs, dès qu'ils sortent des sentiers battus, commettent de telles sottises, les petits chefs deviennent prudents. Les Lauth et les Junck, et ce Gribelin dont la ténébreuse histoire sera, un jour, l'un des plus extraordinaires chapitres de l'Affaire, se contentent de rabâcher leurs vieux mensonges. Étranges témoins, eux et ceux qui les ont précédés à la barre. Un témoin est un homme qui a vu quelque chose, qui a entendu lui-même quelque chose qui touche à l'objet du procès. Aucun d'eux n'a rien entendu, rien vu. Leurs dépositions ne sont que des réquisitoires. Alors, rien qu'à lire la froide sténographie de l'audience, on a le sentiment que le néant de l'accusation commence à apparaître à tous les yeux. On aurait voulu entreprendre, l'un après l'autre, les plus prévenus, les plus hostiles, les presser de questions, leur faire découvrir à eux-mêmes les contradictions flagrantes d'une impossible accusation. L'admirable induction socratique a un grand défaut : peu de malades sont capables d'endurer cette souffrance, de reconnaître leur propre erreur sans haïr le médecin. Ici elle est inutile ; la vérité se fait d'elle-même, ou, si vous aimez mieux, ce sont les avocats du mensonge qui la font.

LE SYNDICAT

23 août 1899.

On connaît les entrevues de Richard Cuers, à Bâle, le 6 août 1896, avec Lauth et Henry; un peu plus tard, à Luxembourg, avec Lauth et Junck. Cuers y confirma ce qu'il avait déjà annoncé au colonel de Foucault, à savoir que l'État-Major allemand n'avait jamais eu, ni directement, ni indirectement, aucun rapport avec le capitaine Dreyfus, qu'il n'avait connu que par son procès le nom de cet infortuné, mais qu'il était renseigné par un officier, d'environ quarante-cinq ans, du grade de commandant ou de major, et chevalier de la Légion d'honneur. Henry, à Bâle, bouscula Cuers, le regarda, a écrit l'agent, « comme s'il le voulait poignarder ». Rentrés à Paris, Henry et Lauth rapportèrent mensongèrement au colonel Picquart que Cuers n'avait voulu rien dire. Il avait, en effet, trop parlé.

Un agent du service des renseignements, Lajoux, ayant reçu, par la suite, les mêmes confidences de Cuers, Henry organisa contre ce misérable une atroce persécution. Il lui fit voler ses papiers, le fit enfermer comme fou, pendant quelque temps, à l'asile Sainte-

Anne. Crime de séquestration. On l'embarqua ensuite pour l'Amérique du Sud, après lui avoir versé, pour acheter son silence, une forte somme et assuré une mensualité de deux cents francs. Honnête emploi de l'argent des contribuables.

M. le commandant Junck, ayant à déposer sur ces faits, s'exprime en ces termes : « Mon avis était que cet homme nous avait été envoyé soit par le chef de service des renseignements allemand, soit par le Syndicat. »

Je me permets d'exprimer le vœu que, la première fois où le nom de Syndicat sera prononcé devant le conseil de guerre de Rennes, Demange et Labori somment le témoin, imbécile ou scélérat, de s'expliquer sur ce mythe. J'ose même leur donner le conseil de prendre les devants.

Les gens, imbéciles ou scélérats, qui parlent du Syndicat, doivent savoir, au moins, de quels membres il est composé, où il loge, quelles sont ses opérations. Il faut les mettre au pied du mur, les obliger à parler, à dire tout ce qu'ils savent de cette mystérieuse association.

Alors, de deux choses l'une : ou ils donneront des noms, et l'on pourra enfin, devant des déclarations claires, nettes, précises, les poursuivre pour diffamation ; ou ils se réfugieront dans l'équivoque et, par cela même, avoueront qu'ils sont ou des drôles ou des niais.

J'ai déjà dit, je ne me lasserai pas de répéter que, s'il y avait un Syndicat, les deux tiers, au moins, des journaux qui couvrent d'honorables outrages les défenseurs de la Vérité et de la Justice chanteraient leurs louanges.

Faut-il nommer le directeur du journal qui disait à un ami : « Dis-moi seulement la rue où loge le Syndicat ? Je trouverai bien le numéro. »

Le Syndicat a acheté, pour 35 millions, toute la presse républicaine, la Cour de cassation tout entière, la majorité républicaine des deux Chambres, le gouvernement de la République, tous les Souverains de l'Europe, le Pape et le monde civilisé. Ce sont là des opérations qui laissent des traces. Donnez-nous l'adresse du Syndicat, dites-nous seulement les noms de trois ou quatre de ses membres.

Le Syndicat, s'il n'est pas composé de simples crétins, a dû faire, au moins, des tentatives auprès des petites vierges du nationalisme et de l'antisémitisme, leur envoyer des émissaires autorisés. Nommez donc ces émissaires. Dites les sommes qui ont été refusées par ces pucelles.

Je sais tout le prix du temps du conseil de guerre. J'affirme pourtant que l'audience qui sera consacrée à liquider la question du Syndicat ne sera pas une séance perdue.

Le Syndicat, selon M. le commandant Junck, fonctionnait déjà en 1896 ; dès le 6 août, Cuers était son ambassadeur. La brochure de Bernard Lazare n'avait pas encore paru. Scheurer-Kestner croyait encore à la culpabilité de Dreyfus. Il y avait bien, en France, dix personnes qui pensaient que Dreyfus était la victime d'une affreuse erreur judiciaire. Je dis, l'on m'entend de reste : en dehors de l'État-Major. Gonse et Boisdeffre, Henry et Mercier *savaient*, en effet, depuis longtemps, que Dreyfus est innocent.

Je n'en veux donc pas à M. le commandant Junck d'avoir soulevé à Rennes la question du Syndicat : il est utile qu'elle y ait été portée en pleine audience ; il faut qu'elle y soit traitée à fond.

Et j'ai, au surplus, un autre remerciement à adresser à Junck. Il a déposé, en effet, que, dès le mois juillet 1896, les agents allemands, qui étaient, sans doute, au courant des affaires de leur État-Major, désignaient Henry comme le véritable traître. A cette époque, il n'y avait personne, en France, qui soupçonnât Henry. Le nom de cet abominable faussaire était même profondément inconnu. Picquart le tenait pour un brave soldat. Il n'y avait qu'Esterhazy qui sût à quoi s'en tenir sur son compte. Encore se taisait-il à son sujet. Ce n'est que six mois plus tard, en février 1897, qu'il le traitera, dans une lettre à M. Grenier, de « drôle en épaulettes ».

Merci, Junck...

LA TEMPÉRATURE DU 15 OCTOBRE 1894

21 août 1899.

On a, jusqu'ici, deux preuves de la culpabilité de Dreyfus.

La première, c'est qu'il a eu des maîtresses. C'est un fait universellement connu, historiquement établi, que, depuis les temps les plus reculés jusqu'à nos jours, depuis Vercingétorix jusqu'au duc d'Aumale, tous les officiers français qui, mariés ou célibataires, ont eu des maîtresses, étaient des traîtres. Ils n'ont pas tous écrit le bordereau ; mais, traîtres et espions ils étaient quand même. La légende des capitaines et des soldats français qui, tout en promenant les fleurs de lys ou le drapeau tricolore à travers l'Europe, laissaient des regrets d'amour dans les villes conquises, c'est une calomnie du Syndicat. Montluc et Gaston de Foix étaient chastes ; François Ier et Henri IV se voilaient la face devant la femme d'autrui ; le maréchal de Villars et le duc de Richelieu ignoraient qu'amour rime avec tambour ; Hoche, Kléber et Murat étaient de Nanterre. Cette règle fameuse ne comporte qu'une exception : Esterhazy. Il a eu des maîtresses ; il les partageait même avec des sénateurs nationalistes : il n'en est pas moins un irréprochable soldat. Accusé spécial, comme dit Gonse. Tout est spécial, en effet, dans cette affaire. Le bordereau est de l'écriture d'Esterhazy : il avoue l'avoir écrit ; il avoue avoir été pendant dix-huit mois en rapports constants avec Schwarzkoppen ; le *petit bleu* lui était adressé ; Henry et Du Paty ont été se jeter à ses pieds pour l'empêcher, à la première nouvelle des intentions de Scheurer, de prendre la fuite ; il a pris la fuite au lendemain de la mort d'Henry ; il n'a poursuivi aucun de ses diffamateurs ; bien que muni d'un sauf-conduit, il n'ose affronter, à Rennes, les sept soldats qui composent le conseil de guerre. Cependant, le traître, ce n'est pas lui.

La deuxième preuve de la culpabilité de Dreyfus a été donnée par Du Paty, reprise par d'Ormescheville, confirmée par Gribelin. La voici : le jour de la fameuse dictée, Du Paty lui dit : « Qu'est-ce que vous avez ? Vous tremblez ? » Et Dreyfus a répondu : « J'ai froid aux doigts. »

Or, dit d'Ormescheville, « la température était bonne dans les bureaux du ministère », et Gribelin précise : « Il pouvait avoir très difficilement froid aux doigts, car on était le 15 octobre et la température était très normale. Il était arrivé au ministère ganté et il y avait dans le bureau un très grand feu. »

Gribelin me permettra-t-il de lui faire observer qu'il a eu tort d'entrer dans ces détails ? Il ne faut jamais préciser quand on ment. Il convient de rester dans le vague. C'est une sottise, Gribelin, que d'avoir ajouté qu'il y avait dans le bureau un très grand feu. S'il y avait un très grand feu dans le bureau, c'est qu'il faisait froid au dehors. Cuignet vous dira, et vous savez d'ailleurs par vous-même, Gribelin, qu'on allume les lampes quand le soir tombe. On allume le feu quand il fait froid. Avez-vous l'habitude, au service des renseignements, de faire du feu en plein été ?

J'ai d'ailleurs, eu la curiosité de vérifier quelle était, à Paris, le lundi 15 octobre 1894, la température. Vous savez, sans doute, Gribelin que le bureau central météorologique donne, tous les soirs, la température de la journée. Les journaux publient le procès-verbal du temps qu'il fait. Voici donc celui du 15 octobre, tel qu'il a paru, le lendemain, 16, dans les journaux :

Une zone de faibles pressions s'étend du nord de la Russie à la Méditerranée en couvrant le centre du continent ; elle renferme des minima importants qui se trouvent près de Neufahrwasser et de Nice (751 m/m). La pression reste faible au large de l'Espagne, où le baromètre descend. L'aire supérieure à 765 m/m qui se formait hier au nord-ouest de l'Europe, s'accentue ; elle a envahi la Norvège et les Iles Britaniques (Stornoway, 773).

Le vent est fort du nord-est sur la Baltique et la Manche, modéré en Écosse.

Il a plu sur le nord et le centre du continent, dans le nord et l'est de la France. On a relevé 12 m/m d'eau à Dunkerque, 7 à Nancy, 3 à Lyon, 1 à Paris.

La température continue à s'abaisser.

Ce matin, le thermomètre marquait : 0° à Haparanda, + 5° à *Paris*, 8° à Vienne et 20° à Palerme.

On notait : 1° au Puy-de-Dôme, 1° au mont Ventoux et 3° au pic du Midi.

En France, le ciel va rester nuageux et le temps un peu frais ; quelques averses sont encore probables dans le nord et l'est.

A Paris hier, l'après-midi, pluvieux.

Depuis hier, température maximum, 13°5 ; minimum, 4°0 ; moyenne, 8°0 ; *inférieure de 2° 9 à la normale.*

A sept heures du matin : bar, 762, 1.

A la tour Eiffel : max., 8° 6 ; min., 4° 4.

Ainsi, Gribelin, le bureau météorologique constate

que, le lundi 15 octobre 1894, la température continuait à s'abaisser ; que le thermomètre marquait, le matin, 5 degrés à Paris ; que la température était inférieure à la normale ; que le vent était du Nord.

Donc, Gribelin, vous avez, une fois de plus, menti.

Et je sais bien, Gribelin, ce que vous allez répondre. C'est, même, pour cela que je vais aller au devant de l'objection, faire moi-même l'aveu. Oui, dès le lundi 15 octobre 1894, le bureau central météorologique était, lui aussi, déjà vendu au Syndicat.

C'est même le bureau central météorologique qui a pris le plus cher. A lui seul, sur les trente-cinq millions, il en a pris trente-quatre et demi. Le reliquat ayant été réservé à la Cour de cassation, à l'Empereur de Russie et au Pape, il n'est plus rien rien resté pour Giboyer...

L'INÉLUCTABLE JUSTICE

26 août 1899.

Voici une prophétie de ce profond, de ce pénétrant et spirituel Stendhal : « Rien ne sera beau, juste, heureux comme la France morale vers 1900 (1). »

Et nous voici presque au seuil de l'année 1900... Jamais la méchanceté humaine n'a été, en France, plus horrible ; auprès de certains de nos civilisés, les anthropophages de l'Océanie et de l'Afrique centrale paraissent des âmes tendres ; les hommes des cavernes et de l'âge de pierre, vêtus des dépouilles des fauves, encore à demi-fauves eux-mêmes, avaient plus de pitié au cœur et moins de féroce sauvagerie. Jamais encore, même aux époques les plus basses ou les plus sombres, plus de laideurs ne se sont plus cyniquement étalées. Des témoins, appelés à déposer, sous la foi du serment, dans le plus solennel des procès, mentent comme des laquais ; de jeunes officiers, que nul ne sollicitait, en quête d'avancement, cherchent dans leur mémoire le souvenir d'un incident banal et l'offrent comme une

(1) *De l'Amour*, ch.i.

preuve de la culpabilité d'un camarade qui sort du tombeau ; ils voudraient avoir le plaisir d'avoir aidé à l'y replonger ; d'autres encore racontent, s'en faisant honneur, qu'ils ont ramassé des bouts de papier dans des cheminées ou dans des boîtes à ordures. Enfin, ce grand et noble pays du droit a si bien perdu l'habitude de la justice que le crime s'y étale, n'a même plus la pudeur de mettre un masque, raconte ses exploits, sans vergogne, non sans fierté, aux deux canailles, à celle d'en haut et à celle d'en bas, qui applaudissent.

Quand on lira, d'ici seulement quelques mois, le récit de ce qui se passe depuis quelques jours, à Rennes, on n'en croira pas ses yeux. Ouvrez le Code pénal : il n'y aura plus bientôt un seul article en regard duquel ne s'inscrira, de lui-même, le nom de l'un ou de l'autre des hommes qui dénoncèrent l'innocent, le firent condamner par fraude, le maintinrent, pendant quatre mortelles années, dans le plus affreux des bagnes et s'épuisent, aujourd'hui encore, en d'abominables efforts pour l'y renvoyer. Les vols de lettres, de documents, de papiers de toutes sortes sont aussi innombrables que les faux serments et que les faux. Crime de séquestration arbitraire contre Lajoux. Vol des deniers publics pour rétribuer des faussaires notoires. Tout l'hiver de 1897-1898, d'un bout à l'autre du procès Esterhazy, n'a été qu'une longue collusion. Chantage contre le Président de la République et contre le ministre de la Guerre. Perquisitions illégales chez le colonel Picquart. Guet-apens contre le même. Divulgation des secrets de la défense nationale, la loi sur l'espionnage violée, systématiquement, par ceux qui en avaient la garde. Fabrication répétée de faux en écriture publique. Et Mercier se vante de l'infâme forfaiture de 1894, de la communication des pièces secrètes en dehors de l'accusé et de son défenseur. Pièces secrètes et fausses à la fois. Il a donné l'ordre, lui-même, « l'ordre moral », dit-il. Il a composé le dossier lui-même, avec le chef de l'État-Major général. Puis, le *memento* de Du Paty, l'une des preuves matérielles du crime, document d'État par excellence, Gonse, par ordre de Boisdeffre, l'a livré à Mercier qui l'a détruit, pour, de son propre aveu, éviter la revision. De ce seul fait, Mercier, Gonse et Boisdeffre tombent sous le coup de l'article 439 du Code pénal qui punit de la réclusion la destruction des pièces et actes de l'autorité publique.

Dreyfus est innocent, la trahison pour laquelle il a été condamné est l'œuvre d'un autre : il n'y eut jamais de plus irréprochable soldat. Mais cet infortuné serait-il cent fois coupable, que les crimes commis contre lui n'en resteraient pas moins des crimes et que leurs auteurs, qui les avouent, appartiennent d'ores et déjà à la justice. Je dois croire que le conseil de guerre de Rennes, sourd aux cris, aux menaces et aux suggestions empoisonnées du dehors, prononcera, au terme de ce long procès, en toute conscience ; ces soldats, qui ont juré de juger sans haine et sans crainte, jugeront, en effet, sans crainte et sans haine. Mais alors même que l'impossible se réaliserait et que l'innocent serait, par un atroce défi à la vérité et à l'humanité, condamné, comme Bidauré a été fusillé, une seconde fois, j'attends qu'on me dise en quoi et comment un pareil verdict arrêterait la justice dans les comptes qu'elle a à demander aux hommes qui se reconnaissent eux-mêmes, puisqu'ils s'en targuent, coupables de faux, de destruction des actes de l'autorité publique, de collusion et de forfaiture. Comment une iniquité de plus empêcherait-elle la justice de sévir contre ces vrais coupables, pris au piège de leur forfanterie criminelle ?

Ce n'est point la justice qu'une aussi effroyable et impossible iniquité désarmerait ; elle n'aurait d'autre résultat, après l'indispensable application de la loi, que de rendre impossible la clémence, l'amnistie, la générosité joyeuse et forte qui ne peut être le fruit que du droit vainqueur.

Entre tous les facteurs de démoralisation, partant de décadence, qui pervertissent l'âme d'une nation, il n'en est point de pire que l'impunité des malfaiteurs. Rassure-toi, conscience !

Est-ce tout ? Non. Des crimes contre le droit ou des crimes contre la patrie, je ne cherche point lesquels sont le plus odieux. Mais ils ont commis les uns et les autres. Ce n'est point d'Esterhazy que je parle, ni d'Henry. Ces hommes, officiers en activité de service, ou à la retraite, ou en demi-solde, ou en disponibilité, Mercier, Gonse, Lauth, Boisdeffre, Gribelin, Roget, ne sont-ils pas venus à la barre, les uns après les autres, dévoiler sans profit et sans utilité même pour leur propre cause, et pour le seul plaisir de faire du mal, les secrets mêmes des services qui leur sont ou leur avaient été confiés ? Ils ont fait cela, et de sang-froid, par haine, par méchanceté pure, avec, peut-être, l'atroce espoir de provoquer, au dehors, des complications, d'allumer on ne sait quel incendie qui embraserait tout, où leurs forfaits disparaîtraient avec le reste. Je ne précise point pour ne pas me rendre leur complice. Relisez leurs dépositions, celle de Roget racontant qu'on vole des papiers dans les ambassades, celles de Gonse, de Lauth et de Gribelin, celle de Mercier disant d'un Souverain étranger qu'il est le chef de ses espions. C'est Boisdeffre, avec Pellieux, qui agite le spectre de la guerre, de la boucherie. Et puis, sur le grand feu souterrain qui a fait de l'Europe depuis plus d'un quart de siècle un immense Vésuve, c'est les mêmes qui jettent l'huile. Compromettre les relations diplomatiques de la France avec la moitié de l'Europe, jeter le discrédit et la honte sur nos institutions, chercher à faire apparaître au monde entier, aux risques des pires dangers ou des pires humiliations, le ministère sacré de la défense nationale comme une vaste usine de faux et une caverne de voleurs : que leur importe, pourvu qu'ils satisfassent leurs rancunes et leurs vengeances! Car, encore une fois, de se sauver eux-mêmes, d'échapper à la justice après leurs propres aveux, il ne saurait plus être question. « Abîme tout plutôt... »

Ce sera en vain. L'inéluctable justice approche. Les malfaiteurs seront impuissants ; ils ne seront pas impunis.

LE DROIT D'ASILE

29 août 1899.

I

Tous les jours, nous remontons un peu plus vers le moyen-âge. On sait ce qu'était le droit d'asile : celui en vertu duquel quiconque s'était réfugié, dans certains lieux privilégiés, y était à l'abri, pendant tout le temps qu'il y demeurait. Ce droit, aboli par la Révolution, vient d'être rétabli à Paris et à Rennes. Le lieu d'asile de Paris est le fort Chabrol, celui de Rennes, l'enceinte du conseil de guerre. Les criminels y sont insaisissables. J'entends que le gouvernement se refuse à les y saisir. A Paris, il invoque des raisons d'humanité. Il estime que M. Guérin et sa bande ne valent pas les os d'un petit soldat français. C'est très vrai. Les Grecs, qui connaissaient déjà le droit d'asile, avaient trouvé le moyen de l'éluder : ils empêchaient de porter des aliments aux réfugiés. M. Waldeck-Rousseau est un Athénien. A Rennes, le gouvernement invoque une autre raison : le respect, superstitieux, de l'indépendance absolue du conseil de guerre. M. le président du Conseil et M. le ministre de la Guerre pensent qu'ils y porteraient ou qu'ils auraient l'air, ce qui revient au même, d'y porter atteinte si, avant le prononcé du verdict, ils mettaient la main au collet des malfaiteurs qui y ont été convaincus de crimes, qui les ont avoués, de gré ou de force, ou qui ont choisi cette enceinte pour en commettre de nouveaux.

Le gouvernement eût-il mieux fait de faire arrêter, séance tenante, le général Mercier et ses complices, au lieu de leur laisser le temps, d'ici la fin du procès de Rennes, d'avouer ou de commettre d'autres crimes ou de calomnier encore quelques morts, dans leur tombeau? C'est notre sentiment ; Yves Guyot, à cette même place, l'a fortement motivé. Le Gouvernement a posé d'autres considérations. Soit! Mais cette décision du Gouvernement, qu'implique-t-elle?

II

D'abord, qu'aucun des crimes commis, avérés, reconnus, dénoncés, avoués à Rennes, ne sera impuni. Par cela même qu'il croit devoir annoncer qu'il en ajourne la répression après la fin du procès, le Gouvernement déclare son intention arrêtée, irrévocable, de la poursuivre. Le Gouvernement ne dit pas à Mercier et à ses complices : « Selon que décidera le conseil de guerre, selon qu'il condamnera à nouveau ou qu'il acquittera l'Innocent, vos faux, vos parjures, vos mensonges, votre forfaiture, vos destructions d'actes et de titres, seront des peccadilles ou des crimes. » Il ne tient pas ce langage qui serait abominable, destructeur de toute idée de justice, qui révolterait la conscience des peuplades sauvages de l'Afrique centrale. Il dit seulement à ces malfaiteurs que leur qualité, essentiellement temporaire, de témoins les rend, momentanément, sacrés à ses yeux. Tant que leur témoignage sera jugé nécessaire, soit par les magistrats militaires, soit par la défense, dans l'enceinte du conseil de guerre, cette enceinte sera, pour eux, un asile. Dès qu'ils sortiront de l'enceinte inviolée, ils appartiendront à la justice. Témoins aujourd'hui, accusés demain.

Et ce n'est pas seulement du crime de forfaiture, le seul qui ait été visé dans la demande présentée à la Chambre par le cabinet Dupuy, que Mercier aura à répondre. Dupuy ne connaissait alors, ou feignait de ne connaître que ce seul crime. Mais Mercier aura à répondre encore du crime d'usage de faux, qu'il a commis en communiquant aux juges de 1894 un texte volontairement, sciemment falsifié de la dépêche Panizzardi (articles 150 et 151 du Code pénal) ; et de la destruction opérée par lui en 1897, de complicité avec Gonse et Boisdeffre, des actes et titres dont il était dépositaire en raison de ses fonctions (article 173) ; et de ses faux témoignages et de tout le reste. Et Mercier, Boisdeffre et Gonse se justifieront ou ne se justifieront pas des accusations redoutables qui pèsent sur eux. Sandherr et Henry sont morts ; ils ne sortiront pas du cercueil pour donner le démenti à leurs anciens chefs. Mais, quoi qu'il en soit, cette cause sera instruite devant la Haute-Cour de justice où Mercier entraîne ses complices, cause énorme, la plus extraordinaire qu'aura connue ce siècle, où toute la vérité éclatera, où ne résonnera à aucun moment, comme un glas d'étouffement, la parole fameuse : « La question ne sera pas posée ! » — où l'armée enfin sera délivrée et vengée de ceux qui lui ont fait cette injure de confondre leur cause avec la sienne !

Quand cette justice de la Haute-Cour, la plus haute avec celle de la Cour de cassation, aura prononcé, conviendra-t-il ou non de jeter, alors, un large oubli, l'amnistie, sur tous ces crimes? M. Barrès disait, un jour, ce dont je le remercie, qu'il accorderait pour sa part, à Dreyfus innocent « tout, sauf la grâce de ses défenseurs ». Je réponds à M. Barrès que les défenseurs de la Vérité et de la Justice n'accorderont qu'au seul Dreyfus la grâce de ses bourreaux.

III

Et voici le second point. C'est qu'en ajournant au lendemain du procès de Rennes le procès de Mercier et de ses complices, le Gouvernement de la République proclame que la liberté des juges militaires de Rennes est sans autre limite que celle de leur conscience. Jamais l'indépendance absolue d'aucun juge n'aura été saluée par le pouvoir exécutif d'un plus profond hommage. Cette indépendance est entière comme leur responsabilité.

Il est manifeste que, si, par application de l'article 29 du Code d'instruction criminelle, le Gouvernement, « ayant acquis, dans l'exercice de ses fonctions, connaissance des crimes, » qui ont été révélés, avoués ou commis à Rennes, avait procédé à l'arrestation immédiate des coupables, la liberté des juges militaires n'en aurait souffert aucune atteinte. Les crimes imputés à Mercier, à Boisdeffre et à Gonse sont indépendants de celui dont est accusé Dreyfus et qui a été commis par Esterhazy. Dreyfus, au lieu d'être innocent, serait coupable, que Mercier, lui, n'en serait pas moins coupable de forfaiture, de faux ou d'usage de faux, de destruction d'actes et de titres. Ces deux causes sont absolument distinctes. La preuve même, la preuve morale du crime de Mercier est dans ce dilemme qu'il posait en 1894, que ce récidiviste a eu l'imprudent cynisme de poser à nouveau : « Ou Dreyfus, ou moi ! » Un aussi hideux dilemme ne peut être posé que par un homme ayant conscience de sa propre scélératesse. Le poser à des juges, c'est chercher à peser sur leur conscience, c'est leur adresser le plus sanglant des outrages.

Mais, cela dit pour la sauvegarde indispensable des principes les plus certains du droit, il n'en reste pas moins que l'arrestation immédiate des faussaires aurait pu être interprétée, par les gens de mauvaise foi qui sont, hélas ! devenus légion, comme un ordre donné au conseil de guerre. Or, la République, celle qui est à la fois le mot et la chose, est pareille à la femme de César qui ne doit pas être soupçonnée. Esterhazy a pu être acquitté par ordre : le capitaine Dreyfus, lui, ne peut, ne doit être acquitté que par la libre conscience de ses juges. Donc, le sursis a cette éclatante signification. Toute une presse immonde dit, depuis de longues semaines, à ces juges qu'un gouvernement, composé entièrement d'hommes qui sont convaincus profondément de l'innocence de Dreyfus, va leur donner l'ordre d'acquitter l'accusé. Quand cette presse ne l'appelle pas « un gouvernement d'assassins », elle l'appelle « le ministère de l'acquittement ». Et Sœur Anne aura eu beau monter à la tour : elle n'aura rien vu venir sur la route qui poudroie, aucun porteur d'ordre, pas même les gendarmes qu'attend Mercier, pas même le blâme dont M. le général Chamoin a déclaré, avec une sagace franchise, qu'il l'avait mérité et qu'il se l'infligeait à lui-même. Leçon de choses qui vaut beaucoup de discours.

IV

Tel est le lieu d'asile de Rennes. Il diffère encore, comme on voit, et très sensiblement de celui dont parlait Rousseau quand il disait : « Il n'y a d'asile sûr que celui où l'on peut échapper à la honte et au repentir. » Et Mercier, sans doute, ne connaît le remords ou l'angoisse que dans ses nuits sans sommeil. Mais la honte l'a déjà écrasé, devant le conseil de guerre de Rennes, sous la parole vengeresse d'un vrai soldat.

CE QU'IL Y A DANS LES NOTES QU'ON N'A PAS

1er Septembre 1899.

I

Demandez à M. Cavaignac ce qu'il penserait d'un journaliste qui, rien que sur le titre de ses *Origines de la Prusse contemporaine*, sans avoir lu ou parcouru ce gros volume, sans en avoir seulement coupé les pages, prononcerait que cet ouvrage est dénué de talent, mal composé, d'un style incorrect et lourd, d'une érudition de troisième main, dépourvu de sens critique, et que son auteur, puisqu'il n'avait pas été condamné à écrire et qu'on n'écrit point pour son plaisir un livre aussi ennuyeux, a été payé manifestement sur le fond des reptiles pour glorifier, en six cents pages, les vainqueurs de Leipzig et de Waterloo.

Et quand M. Cavaignac nous aura répliqué que ce journaliste serait un malhonnête homme et un drôle, demandez-lui ce qu'il pense d'un ancien ministre de la Guerre, témoin dans le plus solennel des procès, qui a fait ceci :

Il a juré de ne dire que la vérité, il l'a juré devant

l'image du Christ en croix et devant le squelette vivant d'un être humain, d'un soldat qui sort du tombeau, après avoir souffert, dans son corps et dans son âme, pendant quatre années, tout ce qu'il est possible de souffrir. Cet être humain va-t-il être replongé au gouffre ? Est-il coupable du crime le plus affreux dont puisse être accusé un soldat ? — Oui, répond le témoin. — Pour appuyer cette réponse, cette terrible réponse qu'on ne prononce point, sans un frisson intérieur, même quand il s'agit d'un crime avéré et incontesté, quelle est votre preuve ? — Les en-têtes de quatre notes mentionnés dans une lettre anonyme. — Cette lettre n'est-elle point de l'écriture d'un autre ? — « Alors même qu'il me serait démontré que le bordereau a été matériellement écrit par Esterhazy, je n'en déclarerais pas moins qu'il est impossible à mes yeux qu'Esterhazy ait livré les renseignements visés par le bordereau (1). » — Ne résulte-t-il pas du texte même du bordereau que celui qui l'a écrit est celui qui a livré les notes ? — Cela m'est égal. — Avez-vous lu ces notes ? — Non. — Les avez-vous vues ? — Non. — Qu'en savez-vous ? — Les titres. — Et cela vous suffit ? — Oui.

II

Cela est effroyable, mais c'est ainsi. Les titres de ces notes sont les plus vulgaires du monde. Le frein hydraulique du 120, les troupes de couverture, les formations de l'artillerie, l'expédition de Madagascar, — il n'y avait pas, en 1894, un officier qui n'eût pu écrire

(1) Cour de cassation, I, 243, Cavaignac.

une note, pas un journaliste militaire qui n'eût pu écrire un article sur chacun de ces quatre sujets. Esterhazy lui-même, à son procès, a avoué qu'il avait connu, à l'automne de 1894, tous les éléments du bordereau. Il alléguait seulement que, n'étant allé qu'en août aux écoles à feu, il n'avait pu les connaître au printemps. On sait que l'accusation attribuait alors, par un véritable faux, la date de mars-avril au bordereau qui est de septembre. Et Esterhazy ne se raccrochait qu'à la fausse date ; l'idée de prétendre qu'un officier d'État-Major aurait pu seul connaître ces éléments du bordereau lui aurait paru inepte. M. Cavaignac prétend-il que tout le procès d'Esterhazy n'a été qu'une basse comédie, que le général de Luxer et ses collègues ont reçu l'ordre d'acquitter, quand même, de toute façon, le Hulan, et que celui-ci en avait été avisé par Boisdeffre et Gonse ? Donc, Esterhazy, ce jour-là, disputait sa peau. Il servit à ses juges l'histoire du manuscrit d'Eupatoria, celle de la dame voilée. Il n'osa pas leur dire que, seul, un officier d'État-Major aurait pu livrer les renseignements visés par le bordereau. Ce bandit eût trouvé cela trop bête. Et cela, c'est ce qu'affirme, sous serment, M. Cavaignac.

Qu'y a-t-il d'écrit sur une note qu'on n'a pas, dans une lettre qu'on n'a pas lue, sur un chiffon de papier qu'on n'a jamais vu ? Une somnambule extra-lucide n'hésite pas à le dire, pour dix francs, à de jeunes dévergondées ou à de vieilles folles. Quel homme de bonne foi prétendrait le savoir ? Ne penserait-il pas faire injure à ceux à qui il prétendrait l'apprendre ? On rougit d'avoir à établir d'aussi évidentes vérités, d'avoir à démontrer que présenter comme des preuves contre un accusé des hypothèses sur ce que peuvent renfermer de notes qu'on ne connaît pas, c'est une procédure qui défie la raison et dont l'Inquisition elle-même aurait eu honte. Et il le faut pourtant, puisque toute l'accusation est là, puisque l'épaisseur des temps est telle qu'au premier mot, cet invraisemblable témoin n'a pas été arrêté par cette question péremptoire : « Avez-vous vu la note dont vous parlez? — Non. — Alors, taisez-vous. »

III

Si, donc, dans ce pays classique du bon sens, le bon sens a perdu ses droits, peut-être une preuve matérielle de la stupidité inique de ces hypothèses aura-t-elle plus de force. La lecture du plus fameux des faux d'Henry n'avait édifié que quelques misérables intellectuels. Il fallut, pour convaincre Cavaignac et Roget, que Cuignet, à la lueur de sa lampe, découvrît que les quadrillés rouges lie de vin et les quadrillés gris bleuté de la pièce ne concordaient pas. Ça, c'était une preuve !

Et voici la même preuve pour les interprétations successives des notes du bordereau. J'ai déjà rappelé que l'État-Major avait assigné au bordereau, d'abord la date du printemps, puis celle de la fin de l'été de 1894. Or, selon que le bordereau était d'avril ou de septembre, d'Ormerscheville et Cavaignac — et Roget, avec Cavaignac — juraient devant Dieu et devant les hommes que ces notes étaient relatives à des objets différents. Ainsi, le frein hydraulique du 120 a été successivement le frein hydraulique du 120 long et le frein hydropneumatique du 120 court. La note sur les troupes de couverture a été successivement une note « sur les modifications apportées au fonctionnement du commandement de ces troupes en avril 1894 », et « l'élaboration d'un nouveau plan porté, pour la première fois, à la connaissance des corps d'armée le 20 juin 1894 ». La note sur les modifications aux formations de l'artillerie a été successivement une note sur la suppression immanente des pontonniers par la loi du 21 mai 1894, et une note sur les mesures qui furent la conséquence de cette loi. Enfin, la note relative à Madagascar a été successivement une note sur un travail de vingt-deux pages, copié en février 1894, par le caporal Bernollin, dans l'antichambre du colonel de Sancy, et une note « sur la composition du corps expéditionnaire, dont les premières expéditions sont du 20 août et les expéditions définitives du 29 août 1894 ».

Je cite textuellement ; si je ne le faisais point, on m'accuserait de calomnier ces témoins :

1° Note sur le frein hydraulique du 120.

Rapport d'Ormescheville :	*Déposition Cavaignac* (Cour de cassation, *t. I, p. 15*) :
D'abord, *la note sur le frein hydraulique du 120.* L'allégation produite par le capitaine Dreyfus au sujet de cet engin tombe, si l'on considère *qu'il lui a suffi de se procurer, soit à la direction de l'artillerie, soit dans des conversations avec des officiers de son arme, les éléments nécessaires* pour être en mesure de produire la note en question.	Ce titre se rattache à l'une des innovations les plus importantes et les plus secrètes de l'année 1893. Ce fut, en effet, vers cette époque que l'on décida de constituer les artilleries lourdes de campagne. On avait trouvé un frein qui permettait de *rendre mobile la pièce de 120* et l'on constituait des éléments d'artillerie lourde destinés à suivre les armées en campagne : *c'était un renseignement essentiel, secret,* et pré-

> sentant à la fois le caractère mixte de renseignement d'artillerie et de renseignement d'État-Major général.
>
> *Déposition Roget (t. I, p. 75)* :
>
> La pièce de 120 dont il s'agit ici a été tirée aux écoles à feu de 1894. La manière dont s'est conduite la pièce doit s'entendre de la manière dont elle s'est conduite pendant les écoles à feu. Le premier régiment qui, en 1894, ait tiré le canon de 120 est le 33ᵉ d'artillerie, à Poitiers ; il a fait ses écoles à feu du 28 avril au 12 mai. Le second est le 29ᵉ d'artillerie, qui a fait ses écoles à feu au camp de Châlons du 28 avril au 25 mai.
>
> *Ce n'est donc qu'au milieu de mai, au plus tôt, qu'on a pu avoir des renseignements sur la manière dont s'était conduite la pièce.*

Ainsi, selon d'Ormescheville, en 1894, rien de plus facile que de se procurer des renseignements sur le frein du 120 : « Il a suffi à Dreyfus de se procurer, soit à la direction de l'artillerie, soit dans des conversations avec des officiers de son arme, les éléments nécessaires de la note. » Et, selon Cavaignac, « c'était un renseignement essentiel, secret » ; selon Roget, « ce n'est qu'au milieu de mai, au plus tôt, qu'on a pu avoir des renseignements sur la manière dont s'était conduite la pièce ».

2° Note sur les troupes de couverture.

Rapport d'Ormeschcville :

Il nous paraît impossible que le capitaine Dreyfus n'ait pas eu connaissance des modifications apportées au fonctionnement du commandement des troupes de couverture *au mois d'avril dernier*, le fait ayant eu un caractère confidentiel mais non absolument secret, et les officiers employés à l'État-Major de l'armée ayant, par suite, pu s'en entretenir entre eux et en sa présence.

Déposition Cavaignac :

L'élaboration d'un nouveau plan avait été décidée par une délibération du conseil supérieur de la guerre du 5 février 1894; *cette décision avait été portée pour la première fois à la connaissance des commandants de corps d'armée le 20 juin 1894*. En même temps, les idées s'étaient modifiées sur l'emploi des troupes de couverture; les troupes de couverture sont celles qui sont chargées, en première ligne, dans les premières heures, de protéger la mobilisation et la concentration des armées. Les idées nouvelles ayant été adoptées sur l'emploi de ces troupes, on résolut, au printemps de 1894, de modifier le dispositif des troupes de couverture, c'est-à-dire l'emplacement, aux premières heures de la déclaration de guerre, de ces troupes. On résolut même, ces modifications paraissant capitales et d'autres considérations secondaires aidant, d'appliquer le nouveau dispositif sans attendre l'adoption du nouveau plan, qui ne devait être mis en vigueur qu'au printemps de 1895. On prévoyait bien des difficultés,

7

mais un accord fut établi entre les différents chefs de bureau de l'État-Major général le 22 mai, et les renseignements nécessaires furent demandés aux commandants de corps d'armée.

Lorsque ces renseignements arrivèrent, *vers le milieu de juillet*, on toucha du doigt les difficultés que l'on avait prévues ; elles résultaient du fait suivant, surtout : une division d'infanterie qui devait figurer dans la concentration était employée en couverture et une division qui était employée précédemment en couverture allait figurer dans la concentration elle-même. La nécessité d'intercaler les transports de cette division dans les transports de concentration créait des difficultés considérables : on surmonta tant bien que mal ces difficultés et l'on se dit : « Allons ainsi jusqu'au printemps de 1895 ; des modifications seront apportées dans le nouveau plan. »

Ces faits s'adaptent donc parfaitement avec les expressions du bordereau.

Déposition Roget :

Je pense pouvoir établir avec certitude, devant la Cour, qu'il s'agit ici de travaux réellement faits à l'État-

> Major de l'armée *au mois d'août* et que le bordereau serait, par suite, de cette date.

Ainsi, même certitude de part et d'autre. En 1894, il s'agit du fonctionnement du commandement des troupes de couverture. Mais, en 1898 et 1899, il s'agit, selon Cavaignac, du nouveau dispositif des troupes de couverture, tel qu'il fut communiqué, le 20 juin 1894, pour la première fois aux chefs de corps ; Roget précise que des travaux furent faits, à cette occasion, à l'État-Major, au mois d'août de la même année, d'où l'affirmation que le bordereau est de cette date.

M. Émile Picot a déclaré devant le conseil de Rennes, que cette page de la déposition de M. Cavaignac a fourni plus de renseignements, à elle seule, aux attachés militaires étrangers, que toutes les notes du bordereau.

3° Note sur une modification aux formations de l'artillerie.

Rapport d'Ormescheville :

Il doit s'agir de la suppression des pontonniers et des modifications en résultant. Il est inadmissible qu'un officier d'artillerie, ayant été employé au 1ᵉʳ bureau de l'État-Major de l'armée, ait pu se désintéresser des suites d'une pareille transformation *au point de l'ignorer quelques semaines avant qu'elle ne devienne officielle.*

Déposition Cavaignac :

Ce paragraphe se réfère aux mesures qui furent la conséquence de la loi sur la réorganisation de l'artillerie. Une loi votée le 21 mai faisait passer les pontonniers de l'artillerie au génie et créait des régiments et des batteries d'artillerie. A la suite du vote de cette loi, des modifications devenaient nécessaires à l'organisation du temps de guerre de l'artillerie. Je ferai remarquer ici que le mot « formation » est pris dans un sens particulier; dans le langage militaire courant lorsqu'on dit « formation », on vise la formation matérielle des troupes, leur formation sur le champ de manœuvres, etc.; il s'agit ici de la répartition des différentes unités de l'ordre supérieur : division, corps d'armée, etc. Le mot « formation » est pris ici dans ce que j'appellerai son sens d'État-Major général. C'est, à proprement parler, une modification à l'organisation du temps de guerre. Ces modifications sont les seules auxquelles le paragraphe du bordereau puisse se référer.

Déposition Roget :

Il n'a été apporté, en 1894, de modifications aux formations de l'artillerie que postérieurement au vote de la loi qui a fait passer les pontonniers de l'artillerie au génie et créé de nouveaux régiments d'artillerie. Cette loi, promulguée le 29 juin avait été votée le 21 mai.

Ce n'est, dis-je, que postérieurement au vote au plus tôt, qu'on a pu modifier l'organisation de l'artillerie, en vue du plan à l'étude. Ces travaux se sont faits au 1ᵉʳ bureau de l'État-Major de l'armée dans le courant du mois de juin. Le résultat en a été notifié aux commandants des corps d'armée par une lettre ministérielle du 4 juillet.

Ainsi, Dreyfus a été condamné, en 1894, pour avoir connu la loi du 29 juin « quelques semaines avant qu'elle ne devienne officielle ». Aujourd'hui, Cavaignac et Roget s'acharnent à le faire recondamner pour avoir divulgué les mesures qui furent postérieures au vote et à la promulgation de la loi.

4° Note relative à Madagascar.

Rapport d'Ormescheville :

Pour ce qui est de la note sur Madagascar, qui présentait un grand intérêt pour une puissance étrangère, si, comme tout le faisait déjà prévoir, une expédition y avait été envoyée au commencement de 1895, le capitaine Dreyfus a pu facilement se la procurer. En effet, au mois de février dernier, le caporal Bernollin, alors secrétaire de M. le colonel de Sancy, chef du 2e bureau de l'État-Major de l'armée, fit une copie d'un travail d'environ vingt-deux pages sur Madagascar, dans l'antichambre contiguë au cabinet de cet officier supérieur. L'exécution de cette

Déposition Cavaignac :

Des études se poursuivaient au ministère de la Guerre pour la préparation de l'expédition de Madagascar dans le courant d'août. La note de février à laquelle on a fait allusion et qui aurait été recopiée par le caporal Bernollin, est une note faite par le commandant Mollard et contenant des renseignements géographiques sur Madagascar *qui ne pouvaient présenter aucun intérêt quelconque. Les études qui se poursuivaient en août pouvaient fournir des renseignements intéressants* soit sur les dispositions projetées pour l'expédition elle-même, soit sur les copie dura environ cinq jours, et pendant ce laps de temps, minute et copie furent laissées dans un carton placé sur la table-bureau du caporal précité à la fin de ses séances de travail. En outre, quand, pendant les heures de bureau, ce gradé s'absentait momentanément, le travail qu'il faisait restait ouvert (et pouvait, par suite, être lu) s'il ne se trouvait pas d'officier étranger au deuxième bureau ou inconnu de lui dans l'antichambre qu'il occupait. Ce gradé nous a déclaré dans sa déposition, mais sans préciser de dates, que le capitaine Dreyfus, qu'il connaissait, était venu quatre ou cinq fois dans cette antichambre pour voir M. le colonel de Sancy, pendant qu'il faisait son stage à la section allemande. Ce document a encore pu être lu par le capitaine Dreyfus quand il a été réintégré à la section anglaise, qui s'occupait alors de Madagascar, en raison de ce qu'il a été placé temporairement dans un carton de casier non fermé.

troupes qui seraient prélevées sur l'armée de terre.

Déposition Roget :

Il y a eu deux notes sur Madagascar. L'une a été établie en décembre 1893, comme travail d'inspection générale, par le commandant Mollard : c'est une note ne renfermant que des renseignements géographiques ; c'est celle qui a été copiée par le caporal Bernollin et dont il est question au rapport d'Ormescheville.

Il y a eu une autre note sur Madagascar, autrement plus importante, puisqu'elle donnait la composition du corps expéditionnaire, la route à suivre, le plan de campagne, et qui a été faite au mois d'août. Les premières expéditions du rapport sont du 20 août et s expéditions définitives du 29 août. Il n'est question dans le rapport d'Ormescheville que de la première note, à ce que je crois. Je ne sais pas si on a visé la seconde dans les débats.

Ainsi, Dreyfus a été condamné, en 1894, pour avoir fourni une note qui, selon Cavaignac, en 1898, « ne pouvait présenter aucun intérêt quelconque ». C'est une note des 20 et 29 août 1894 que Cavaignac et Roget l'accusent, aujourd'hui, d'avoir livrée.

Je signale, en passant, cette phrase de Roget : « Je ne sais pas, dit-il, si, dans les débats de 1894, on a visé la note du 20 août sur Madagascar. » Or, il sait bien qu'elle n'y a pas été visée, puisque d'Ormescheville attribuait au bordereau la date de mars-avril 1894.

IV

Donc, les quadrillés lie de vin et les quadrillés gris bleuté ne concordent pas. Donc, les hypothèses de d'Ormescheville valent celles de Cavaignac et de Roget, et comment en serait-il autrement ? puisque ni Roget, ni Cavaignac, ni d'Ormescheville n'ont vu les notes du bordereau qui sont à Berlin. L'élémentaire loyauté commandait aux uns et aux autres de dire : « Que sais-je ? » Donc, les uns et les autres ont manqué également à leur devoir et à leur serment.

Qui m'empêcherait de dire, si j'avais l'âme faite de la même boue que Cavaignac : « L'expédition de Madagascar a été préparée par le cousin de M. Cavaignac, M. le marquis Du Paty de Clam. Ce plan avait, pour annexe, un traité avec la Société des voitures Lefèvre. C'est ce traité que Du Paty a fait tenir à Esterhazy pour lui permettre, dans le cas où sa trahison serait découverte, de faire chanter les plus hauts personnages de l'État ? »

Et, certes, cette hypothèse serait un gratuit et immonde mensonge. Mais comment Cavaignac et Roget me convaincraient-ils d'imposture ? Et en quoi leurs hypothèses sont-elles plus documentées ou plus solides que celle-ci.

Il n'y a qu'un seul moyen, un seul, de savoir ce qu'il

y a dans les notes du bordereau. C'est de demander ces notes à celui auquel elles ont été livrées par Esterhazy. M. le général Zurlinden a eu la loyauté de le dire nettement, sans ambages, dans sa déposition devant le conseil de guerre. J'attends que MM. Cavaignac, Roget, Mercier et Boisdeffre appuient, à Rennes en pleine audience, cette honorable déclaration. Je les en défie.

Et, dès lors, Cavaignac! si vous n'avez pas le courage de demander, là où elles sont, les notes du bordereau, cessez d'insinuer, d'affirmer, d'inventer : taisez-vous.

PLEINE LUMIÈRE

6 septembre 1899.

Nous avions fait, dans notre bel idéalisme, ce rêve de la dispersion des ténèbres devant une lumière purement française.

Quelle affaire plus simple, dans sa trame première, que cette tragédie prodigieuse qui marquera, peut-être, une ère dans la vie du monde, où s'abîment tant de préjugés, d'où renaissent tant de nobles espérances négligées ! L'historien, qui l'écrira plus tard, ne se heurtera, tant elle est claire, qu'à une seule difficulté, mais redoutable entre toutes : faire comprendre aux lecteurs de l'avenir que, du jour où l'écriture et la vie d'Esterhazy ont été connues, la cause n'ait pas été entendue de tous. Comment expliquer l'invraisemblable aveuglement des uns, la folie furieuse des autres, tant de haine, et de rage stupide, et d'atroce méchanceté ?

Or, c'est précisément cette explosion de toutes les forces mauvaises, perverses, de la nature humaine qui fracasse les ailes de notre rêve, nous prive de cette joie de ne devoir qu'à nous-mêmes la gloire de la justice restaurée et nous fait, à la dernière heure du drame, une obligation douloureuse d'appeler sur cette scène, où le vent de démence s'acharne contre la flamme de nos porteurs de torches, des témoins étrangers.

C'est une déception, quand les jours de calme et de paix seront revenus, que la France ne pardonnera pas à ces ennemis de la nation qui s'appellent les nationalistes, par antiphrase, comme les Furies antiques s'appelaient les Euménides, les *douces*.

Plutôt que de s'incliner devant l'évidence, de renoncer, quand il eût été temps encore de le faire avec bonne grâce, à l'œuvre impossible de la recommandation d'un innocent, et comme ils avaient épuisé les faux témoins indigènes, c'est eux qui, les premiers, ont fait paraître l'étranger à la barre. Il ne nous a pas fallu longtemps pour déshabiller le vingt-quatrième faux témoin de M. Quesnay de Beaurepaire, l'aventurier louche, détraqué, dont cinq généraux français, ô honte! avaient, dans un véritable conseil de guerre, machiné l'entrée en scène — à peu près comme faisait jadis Napoléon pour sa garde, « espoir suprême et suprême pensée ». Alors, il nous a bien fallu, à nous aussi, passer le Rubicon. Et ce ne sera pas le moindre mérite de Labori, dans cette rude bataille, que d'avoir sur-le-champ, avec une décision de grand capitaine, riposté par la convocation du colonel de Schwarzkoppen et du colonel Panizzardi.

Vous avez tiré les premiers. C'est par ceux qui ont tiré en second qu'a été remportée la victoire de Fontenoy.

A vrai dire, et depuis le commencement de cette lutte épique, le parti des faussaires, qui est, logiquement, celui des faux patriotes, n'avait point cessé d'invoquer le témoignage de l'étranger. Seulement, c'était des faux. Henry d'abord, au procès de 1894, jetant dans la balance les propos de la fameuse « personne honorable », l'Espagnol Val-Carlos. Puis, Boisdeffre, avec les fausses lettres de l'Empereur d'Allemagne qui firent la conviction du marquis de Rochefort. Un peu plus tard, Pellieux et Cavaignac, portant, l'un à la tribune de la Chambre, l'autre à la barre de la Cour d'assises, la fausse lettre de Panizzardi à Schwarzkoppen, œuvre du loyal Henry. Et Mercier, avec la fausse lettre du colonel Schneider, et Drumont, avec la fausse déclaration (en anglais) du général Bronzart de Schellendorf, qui ne sait pas l'anglais. J'en passe.

Alors, par tous les dieux ! il eût été vraiment par trop naïf et trop sot de ne point invoquer, enfin, après que le parti des faussaires leur en a attribué tant de faux, le vrai témoignage des deux attachés militaires dont l'un a eu Esterhazy à sa solde et dont l'autre a connu toute la trahison du Hulan national. Grande stupeur dans la fourmilière nationaliste devant l'éclair de cette prompte riposte. Je prédis que, pas plus tard que demain, les mêmes gens, qui acclamaient, hier, le chevalier de Cernusky, le dénonceront comme un agent à la solde du Syndicat. Esterhazy rira bien, qui a connu, lui aussi, ces tours de roues, embrassé hier par un prince d'Orléans et choyé par vingt généraux, traité aujourd'hui de vendu et d'homme de paille par M. Roget. Trop tard, hélas ! Vous avez tiré le vin, vous le boirez jusqu'à la lie.

Cela pour bien fixer les responsabilités. Car, après tout, comme Trarieux l'a dit si bien, hier, dans son admirable déposition, la loi, la loi française, récuse-t-elle le témoignage des étrangers? Ceux qui ont fait le Code, que Napoléon a signé, étaient, j'imagine, des patriotes qui valaient bien les amis du colonel Henry. Ils ont admis, cependant, et inscrit, sans débat, dans la loi, le témoignage des étrangers. Qu'est-ce que cette nouvelle bêtise protectionniste? D'ailleurs, si l'on veut raisonner de sang-froid, où donc le témoignage de l'étranger est-il plus nécessaire à la manifestation de la vérité que dans une affaire de trahison? Il faut être deux pour trahir, comme pour l'adultère. Les législations, qui font de l'adultère un crime social, ignorent-elles l'un des deux complices? C'est même le plus faible des deux que la vieille galanterie frappe le plus durement.

Aussi bien suffit-il de marcher sur les fantômes, pour les faire évanouir. Quand la défense a demandé, hier, la comparution du colonel Panizzardi et du colonel de Schwarzkoppen, le conseil de guerre de Rennes n'a poussé, que je sache, aucun cri d'horreur. Il a trouvé cela fort légitime. Les soldats français, les vrais, ceux qui ne moisissent pas sur des ronds de cuir à fabriquer des faux, ont le respect des soldats étrangers. Leur parole, qu'ils acceptent en temps de guerre, ils savent qu'elle ne sera pas moins loyale en temps de paix. De quel terrible, de quel insupportable fardeau ne vont-ils pas soulager la conscience de cet homme qui, ayant commis la lourde faute d'accepter les offres du bandit hideux qu'est Esterhazy, a été puni par le remords d'avoir causé, pendant tant d'années, le supplice d'un innocent!

Et les juges militaires de Rennes ne s'en sont point tenus là. Assurément, ils ont repoussé la demande de la défense tendant à réclamer, par la voie diplomatique, les notes qui sont mentionnées au bordereau. La question, diplomatique et juridique, est, en effet, des plus complexes, très controversable et, au surplus, sans précédent. Mais, après avoir, en leur âme et conscience, rendu ce jugement, ils se sont empressés, très honorablement, d'exprimer le vif désir que ces notes soient, par tel autre moyen, versées au dossier. M. le commandant Carrière a même, non sans quelque naïveté, demandé à Trarieux de s'y employer. Ainsi, voilà qu'est adoptée publiquement, et par le conseil de guerre, l'idée qui est la nôtre depuis si longtemps, que M. le général Zurlinden avait eu la loyauté, seul entre les anciens ministres de la Guerre, de formuler dans sa déposition, à laquelle le capitaine Dreyfus avait souscrit aussitôt, mais qui avait aussi, en même temps, il est permis de le rappeler, fait frémir d'une colère et d'une terreur comiques tous les amis d'Esterhazy et d'Henry. Le jour où les notes seront en route, de Berlin pour Rennes, adieu le système criminel et scélérat qui leur faisait dire, successivement et contradictoirement, tout ce qui passait par la tête d'une douzaine de bourreaux, acharnés contre un martyr !

J'ignore si l'Empereur allemand, le Lohengrin couronné, répondra à l'appel qu'adresse à sa conscience, par la voix du général Zurlinden et par celle du commandant Carrière, la conscience du monde civilisé. Je crois savoir ce qu'aurait répondu Henry IV. Je sais, en tout cas, des victoires illustres et sanglantes qui sont moins belles que celle que remporterait, sur le protocole et sur un préjugé imbécile, le souverain qui, repoussant du pied l'espion immonde qui se vante de l'avoir dupé, apporterait cette pierre à l'œuvre sacrée de la justice.

JUSTICE !

9 septembre 1899.

S'il n'y avait là une femme en pleurs, des enfants, qui ne savent encore rien, mais qui commencent à deviner tout, et ce frère héroïque, je me laisserais presque aller à commettre ce blasphème contre la pitié, à dire que le sort de Dreyfus est ce qui occupe le moins ma pensée.

La coupe des douleurs terrestres a été transformée pour cet homme en un tonneau des Danaïdes. Épuisée jusqu'à la lie, elle se remplit toujours à nouveau. Sa vie, aux belles ambitions, brisée d'un inexplicable coup de foudre, l'accusation la plus atroce qui puisse être portée contre un soldat, le supplice effroyable de la dégradation ; le poids, pendant des années, de la haine de tout un peuple et du mépris du monde ; et le plus cruel des bagnes, si affreux que la vie n'était plus qu'un devoir, le plus rude des devoirs, qu'il fallait accomplir quand même, pour l'honneur du nom et des enfants. Puis, à l'heure, si longtemps attendue, de la réparation, comme il rêvait d'une armée et d'une nation heureuses de rouvrir leurs bras à l'enfant injustement frappé, à l'impeccable martyr, tout un nouveau Calvaire à remonter, sous les hurlements de la pire sauvagerie, lapidé sans pitié ni merci par des bourreaux plus acharnés, dénoncé par les camarades d'hier, insensibles aux contractions de cette loque expirante et qui escomptent, ô honte ! leurs dénonciations comme des titres à la faveur. Que pèserait, s'ajoutant à tant d'iniques souffrances qui feraient pleurer les pierres, une iniquité de plus ? Cet être, pourtant de chair et d'os encore, s'est entièrement spiritualisé. Il a pris la pureté sublime des métaux qui ont passé par le feu. Son âme plane au-dessus des orages. Son cœur brisé n'a plus de révolte. Ses yeux sont taris. S'il discute, c'est pour l'honneur de la raison défiée, de la vérité. Il pourrait maudire, crier. Il a l'orgueil de rester soldat jusqu'au bout, soldat impassible et stoïque.

Mais, aussi, il est devenu un Symbole, et il le sait, un des quatre ou cinq Symboles qui se dressent le plus haut dans la tragique histoire de la misère humaine. Son nom, maudit hier, est devenu, aux yeux du monde civilisé, sacré entre tous les noms vivants. Pas un homme, depuis de longues années, n'a fait verser plus de pleurs, excité plus de pitié et d'admiration. De son martyre va dater une ère nouvelle. Ce qu'il y a de plus bas et de plus vil dans la nature humaine s'est déchaîné à son sujet. Mais, aussi, ce qu'il y a de plus noble et de plus généreux. Il a réveillé ce qui s'endormait. Nous étions moins bons avant son supplice ; nous sommes meilleurs depuis. Le juif, depuis dix-neuf cents ans, c'était, dans la légende, Judas, le traître. Le juif sera, désormais, quoi qu'il advienne par ailleurs, Dreyfus, le martyr. Une renaissance morale, qui est toute une révolution, a l'île du Diable pour berceau.

Et ceci a-t-il été payé trop cher par cela ? « Crois-tu

donc, dit le chasseur noir, que je t'ai donné cet aigle pour rien ? »

Alors, ô sept juges de Rennes ! si notre pensée s'en va vers vous, anxieuse et frémissante, ce n'est pas tant pour cet homme, qui appartient, blanchi et rayonnant, à l'histoire, que pour cette armée qui est la nation dans sa fleur et dont le destin est entre vos mains ! C'est pour elle que nous vous supplions, que nous espérons en vous au milieu de la furieuse tempête, — pour elle qui, depuis tant de siècles, victorieuse ou vaincue selon le hasard des combats, a toujours, sauf en de rares éclipses, paru au monde comme l'armée du Droit. C'est d'elle qu'il s'agit. C'est d'elle que vous allez dire aujourd'hui si elle reste fidèle à ce passé qui lui a valu l'estime des peuples et l'amour passionné de la France. Ne dites pas, oh ! non ! ne dites pas que la raison, la science, l'évidence lumineuse, la clarté qui crève les yeux du monde, le droit, l'impérissable justice, n'existent pas pour elle. Ne la jetez pas dans cet abîme, dans ce précipice de honte, dans ce Sedan moral cent et mille fois pire que l'autre ! Que Rennes ne soit pas « le lieu hideux de notre histoire » ! Oh ! non, non, ce pays n'a point mérité ça ! Et cela, vous ne le ferez point. Vous avez juré de juger sans haine et sans crainte. Vous jugerez sans crainte et sans haine. D'un mot, d'un seul, vous pouvez apaiser les querelles, les luttes fratricides ; vous les apaiserez. D'un mot, vous réunirez, dans un même élan vers la Justice réparatrice l'armée et la nation. Vous direz ce mot, ô juges de Rennes ! Vous avez le choix entre la pire défaite et la plus pure des victoires : est-ce de la victoire, ô soldats ! que vous ne voudrez pas ?

IL FAUT
DÉGAGER L'HONNEUR DE LA FRANCE

IL FAUT
DÉGAGER L'HONNEUR DE LA FRANCE

11 septembre 1899.

Quand le capitaine Dreyfus eut connaissance de l'horrible arrêt, il n'eut de pensée que pour sa femme et ses enfants : « Je suis prêt, dit-il à Labori, à supporter pour eux les pires tortures ; qu'ils attendent, comme moi, patiemment, l'heure de la justice. » Toutes les vertus de l'âme stoïcienne, toutes celles de l'âme chrétienne, sont dans ce juif.

Cependant M. le marquis de Rochefort, devenu l'auteur préféré des salons et des sacristies, se réjouit d'avance à la pensée des nouveaux supplices qui attendent, espère-t-il, l'innocent. « Nous aurons de nouveau, écrit-il, l'intéressant spectacle de la cérémonie de l'arrachement des galons. » Et Lebon a l'âme en joie.

Il faut être aveugle comme le furent les reîtres anglais et les prêtres normands qui brûlèrent Jeanne d'Arc pour ne pas voir monter à l'horizon l'immense pilori. Il y a des crimes qu'il est glorieux ou, tout au moins, difficile de dénoncer, d'aller prendre dans les ténèbres, de traîner au grand jour. Ici, rien de tel. Le verdict de

Rennes s'offre de lui-même, s'étale, patent, cynique, d'une évidence qui rend toute démonstration superflue. Ses auteurs eux-mêmes, les cinq juges de Rennes — car il y a eu deux vrais soldats dans ce tribunal, deux hommes vaillants, fidèles à leur serments, — les cinq ont proclamé eux-mêmes, tout de suite, spontanément, l'inanité et l'horreur de leur verdict. Qu'est-ce que des circonstances atténuantes à la trahison?

Je voudrais entendre les cinq juges expliquer à des soldats que la trahison n'est point, par excellence, le crime irrémissible, qu'elle comporte des excuses, qu'il y a des circonstances atténuantes à l'acte d'un officier d'État-Major qui, pour le plaisir ou pour de l'argent, aurait vendu les secrets de la défense nationale à un attaché militaire étranger, à l'attaché allemand. Cela serait curieux. C'est là leur hypothèse, en effet, celle dont ils ont fait une vérité militairement juridique, ce que le monde civilisé appelle un mensonge. Si ce n'était pas là leur hypothèse, ils s'accuseraient eux-mêmes de folie ou de forfaiture. Alors, ô cinq juges de Rennes! si vous êtes convaincus, en votre âme et conscience, que Dreyfus a commis cette trahison, — car, encore une fois, si vous n'en étiez point convaincus, vous seriez, de votre propre aveu, des déments ou des assassins, — où sont, où voyez-vous les circonstances atténuantes à une trahison pareille? Il faut être un traître soi-même, en avoir l'âme, pour découvrir des circonstances atténuantes à la trahison. Je ne suis qu'un civil et de plus, très enclin aux indulgences scientifiques: cependant, je ne connais point d'excuses à la trahison; je n'en trouve à aucune trahison, surtout, j'en chercherais vainement, si elle avait été vraiment commise, à celle de Dreyfus. Or, vous n'êtes point des traîtres, dans le sens du Code, puisque vous n'avez

IL FAUT DÉGAGER L'HONNEUR DE LA FRANCE 117

trahi que la justice. Donc, vos circonstances atténuantes ne sont là, dans votre arrêt, que parce que ce qui reste en vous de conscience vous a mordus à la dernière minute. C'est la fissure par où a passé, malgré vous, votre conviction de l'innocence de Dreyfus. C'est la preuve, indéniable, que cette certitude est en vous. Vous auriez eu horreur de vous-mêmes si vous aviez renvoyé Dreyfus à l'île du Diable. Et par cette cote mal taillée, plus immorale encore, vous avez cru tout sauver, vos âmes et vos généraux !

Malheureux ! vous vous êtes couverts d'un opprobre qui durera aussi longtemps que l'histoire, — et, seul, le Droit vainqueur eût pu faire grâce à vos trois ou quatre généraux de mensonge et d'imposture, — et vous avez arraché à l'Humanité un tel cri d'horreur, vous avez jeté sur le drapeau qui nous est cher une telle tache de boue, vous avez porté au flanc de la France une telle blessure que les pires désastres d'autrefois, les Azincourt et les Sedan qui n'étaient que des défaites matérielles, plaisent presque, comme pleurait le poète, à nos mélancolies !

Et ce que j'écrivais, hier, avant la dernière audience, je le récris aujourd'hui. Quelque atroce que soit le destin qui est fait à cet admirable soldat, quelque déchirante que soit la vision de sa femme replongée au gouffre, ce n'est point à eux que va notre plus douloureuse pensée, mais à l'armée éclaboussée, mais à la France, atteinte dans le plus pur d'elle-même, dans toutes les gloires de son passé, dans tout ce qui faisait d'elle la plus grande personne morale qui fût au monde, par cet attentat contre la vérité et contre le droit.

Et il est entendu de tous, même des triomphateurs d'hier, et il est à peine besoin de dire que les porteurs de torche vont élever leur flambeau sacré plus haut que jamais ; que les défenseurs de la justice vont continuer leur bataille avec plus d'ardeur et de sainte passion que jamais ; qu'aucun obstacle et qu'aucune menace ne nous arrêteront ; que nous poursuivrons les scélérats dans leur passagère victoire avec plus d'acharnement que jamais ; que nous les traquerons sans trêve ni repos ; que nous appellerons les procès, loin de les craindre, parce que les faits nouveaux vengeurs en jailliront comme les étincelles de l'enclume sous le marteau ; que, tant que justice ne sera pas faite, nous ne désarmerons point.

Mais si cette bataille qui continue, si notre bataille a pu suffire, jusqu'à présent, à sauver devant le monde l'honneur de la France, il faut avoir le courage de reconnaître qu'aujourd'hui, après le crime de Rennes, le Non des républicains restés fidèles à l'idéal impérissable de la République, ce Non, pour inflexible qu'il soit et pour innombrables que soient les bouches qui le prononcent, il ne suffit plus, à cette heure, à désolidariser la Nation d'avec les cinq hommes qui ont, « au nom du peuple français », condamné un innocent. C'est le Gouvernement de la République, c'est lui seul qui peut rompre, briser en morceaux, détruire cette solidarité. C'est son devoir strict, absolu, envers la France, envers tout son passé historique, envers ces milliers et ces milliers de morts glorieux qui, de leur sang, ont fait la patrie et qui se retournent, effarés dans leurs tombes, — et envers la France de demain comme envers la France d'hier, pour que nos enfants et nos petits-enfants puissent continuer à porter fièrement la tête, pour qu'ils puissent dire à leur tour, comme faisaient leurs aïeux, avec orgueil et avec joie : *Civis Gallus sum !* — pour qu'il n'y ait pas, demain, dans la carte du monde et sous les yeux de l'humanité tout entière, pleine de stupeur et de colère, un trou béant à la place où fut la France.

Le devoir, l'impératif catégorique est là ; le verdict que l'insolence menaçante de quelques grands chefs aussi criminels que galonnés a arraché à cinq subalternes éblouis devant leurs broderies d'or et leurs croix, façonnés à la discipline, ignorant de la loi, effrayés peut-être des abîmes d'infamie qui s'ouvraient sous leurs pieds, et qui, enfin, ont pu croire, en toute sincérité, qu'ils avaient le droit de combler ce gouffre par le cadavre d'un innocent, — ce verdict, le Gouvernement de la République n'a pas le droit de l'accepter, sous le prétexte qu'il y a été étranger, sans s'en rendre complice ; ce verdict, il a le devoir absolu de le déchirer ; cette solidarité, il faut qu'elle soit répudiée.

Aucun de nous ne récriminera contre le passé d'hier. Des erreurs, des fautes ont-elles été commises ? Les représentants du Gouvernement à Rennes l'ont-ils trompé ? Pourquoi n'avoir pas rappelé à l'ordre les témoins militaires qui s'arrogeaient impudemment le rôle d'accusateurs publics, qui organisaient ouvertement la rébellion et la collusion ? Pourquoi n'avoir pas mis, d'office, la main au collet de vingt faux témoins ? Tout cela est possible, je n'en veux pas discuter. Il est manifeste, d'ailleurs, que tout cela était nécessaire pour achever de démontrer que des soldats ne sont pas des juges, que quelques-unes même de leurs vertus professionnelles les empêchent de l'être, que Napoléon avait raison quand il refusait de créer une justice militaire spéciale, quand il ne voulait qu'une seule justice, civile, pour tous les Français, civils ou soldats et que le Code de justice militaire a vécu. Ainsi, d'un grand mal peut sortir encore un grand bien. Mais ce n'est point là la question urgente. Encore une fois, le devoir d'aujourd'hui, impérieux, c'est de dégager la France du verdict de Rennes.

Et rien de plus simple, les moyens ne manquent pas, soit que le ministre de la Justice défère à la Cour de cassation un jugement rendu en violation de ses prescriptions formelles ; soit que le gouvernement intente aux vrais coupables, aux faux témoins, le procès d'où sortira une nouvelle revision ; soit que le ministre de la Guerre propose au Président de la République la grâce immédiate de l'innocent. Est-il, d'ailleurs, nécessaire d'ajouter que la grâce, commandée par les sentiments de la plus élémentaire humanité, qui efface les conséquences matérielles d'un odieux verdict, ne sera acceptée, par le martyr comme par les amis de la justice, que comme une mesure de transition, comme la préface de la réhabilitation solennelle qui est devenue pour la nation le plus auguste des devoirs ? Mais, quoi qu'il en soit, à quelque solution que s'arrête le Gouvernement de la République, il a le devoir d'agir, d'agir tout de suite, sans retard, de dégager l'honneur de la France.

PROMÉTHÉE ENCHAINÉ

17 septembre 1899.

I

Une grande tristesse, plus pesante chaque jour, est sur les choses. Ce radieux automne déploie en vain ses splendeurs ; ce ciel de septembre, infini et léger, semble bas et lourd. J'ai passé devant l'Arc de Triomphe : la *Marseillaise* de Rude me parut immobile. Pour la première fois, la voix de tonnerre s'est figée dans le gosier de pierre. Pour la première fois, dans cette marche prodigieuse en avant qui avait été son histoire, la France paraît arrêtée, brusquement.

Elle la reprendra, pourtant, cette marche aux étoiles, et dès ce soir. Et je n'en veux de preuve que sa douleur même, sa noble douleur égoïste qui ne va pas tant au prisonnier, glorieux aujourd'hui entre les hommes, qu'à elle-même, l'infortunée, que le verdict de Rennes a constitué le geôlier d'un innocent et qui ne méritait point cette affreuse tristesse. Non, la France, depuis trente années, avait fait trop de sacrifices à son armée, d'un consentement unanime, sans une plainte, en toute confiance, lui donnant, sans compter, la fleur de sa jeunesse et des montagnes d'or, pour que cinq officiers, parlant au nom du peuple français, aient eu le droit de lui infliger une pareille souffrance. Et c'est de cela qu'elle souffre, la noble blessée !

Ce nom auguste lui avait été donné par le monde entier, à la fin de l'Année terrible, après la perte des deux provinces inoubliables. Combien elle en est plus digne, aujourd'hui, après la perte de ces deux provinces morales, comme disait Duruy, la Pitié et la Justice !

Seulement, ces deux provinces morales, il ne dépend que d'elle de les reprendre à l'ennemi. Et elle va les reprendre !

Le poète chantait sur le rocher de Guernesey :

On ne peut pas vivre sans pain,
On ne peut pas non plus vivre sans la patrie.

Et la patrie, elle-même, ne peut pas vivre sans justice et sans bonté.

Demain elle délivrera l'homme, le martyr ; et après-demain, le Droit, le Prométhée enchaîné.

II

Je connais, aussi bien que tout autre, la part qu'il convient de faire aux sentiments les plus divers dans le concert des cris d'horreur qui ont accueilli, d'un bout à l'autre du monde civilisé, le verdict de Rennes. Ici, c'est la douleur qui pleure, la douleur profonde des vrais amis de la France, de tous ces peuples dont elle fut, pendant des siècles, le porte-flambeau, qui avaient en elle une foi pareille à une religion, qui l'aiment pour tout ce qui avait fait d'elle « la douce France » dans le langage des hommes, pour sa passion du droit, pour les idées sans nombre, belles, fortes et généreuses, qui essaimaient d'elle, à travers le ciel, comme d'une ruche inépuisable, pour tout ce qu'elle avait souffert, à travers vingt révolutions sanglantes, au service de l'éternelle justice, pour ses convulsions fécondes, pour le sang qu'elle avait versé à flots, sur tant de champs de bataille, à l'appel des opprimés. Et là, c'est la jalousie, l'envie, la haine, qui éprouvent, mêlée à une révolte sincère de l'idée de justice, car cette idée est chez les barbares et les sauvages eux-mêmes, une satisfaction intime, parfois peut-être inconsciente, de cette éclipse d'un trop brillant soleil. C'est un fait cependant que cette révolte de la conscience universelle contre un verdict qui vient de France ! Cette conscience, aucun peuple, plus que la France, n'a contribué à la former. Et ainsi, c'est l'écho même de la France qui lui renvoie cette immense protestation, tout comme la France de 1813 avait vu se dresser contre elle, contre Napoléon, les principes mêmes qu'elle avait semés à travers l'Europe.

Or, c'est l'évidence que la France ne peut rester ni sourde, ni insensible à une telle clameur, et rien que par cette raison que jamais peuple, à travers l'histoire, n'a tenu plus profondément à l'estime du monde, du monde imbu de ses propres idées et des doctrines qui sont les siennes par droit de naissance. « Je ne saurais trop répéter », écrivait, en 1797, le général Desaix au général Bonaparte, de je ne sais plus quelle ville conquise, « combien il est superbe d'être Français en pays étranger. » Et, s'il était superbe, en 1797, d'être Français en pays étranger, ce n'était point, est-il besoin de le dire? du fait de nos victoires, puisqu'elles avaient été des défaites pour ceux-là mêmes qui acclamaient la cocarde tricolore, mais pour tout ce qui s'envolait d'ailé des plis du drapeau de la Révolution !

Donc, ce drapeau replié, il faut le déployer à nouveau, large, au grand vent du ciel.

III

Et alors même que le monde se serait tu, qu'il aurait fait à la France cette injure de se taire, de trouver toute naturelle la sentence de Rennes, comme s'il s'était agi de quelque assassinat juridique commis en Turquie ou en Perse, qu'on enregistre comme un simple fait divers, — car cette protestation, c'est encore un hommage à la France et à son génie, — alors même, ou alors surtout, le devoir qui s'impose à nous serait le même, pressant et impérieux entre tous.

L'innocent délivré de ses liens matériels, quel poids de moins sur nos cœurs ! quelle explosion de reconnaissance vers celui qui, usant du plus noble des privilèges, aura chassé ce cauchemar de nos nuits ! Cependant, la tâche restera entière devant nous, et plus haute et plus grande même qu'hier, car ce sera alors que passeront à l'épreuve de la pierre de touche l'or pur des vrais amis de la Justice et le métal vulgaire de ceux qui ne faisaient que souffrir de la souffrance d'un innocent. C'est le Droit même qu'il s'agira de délivrer.

Que ceux qui vont ceindre leurs reins le sachent bien : il n'y aura jamais eu de bataille plus idéale que celle qu'il nous reste à combattre. Matériellement, de quoi s'agira-t-il ? De rendre à celui qui fut le martyr de l'île du Diable l'honneur officiel dont la patrie reste débitrice envers lui. Quoi ! dira quelqu'un, n'est-il point assez réhabilité ? Y eut-il jamais d'homme plus solennellement et plus magnifiquement réhabilité que lui ? N'a-t-il point le droit de porter haut la tête ? Ses enfants n'ont-ils pas le droit et le devoir d'être fiers d'un tel père ? Oui, cela est vrai. Seulement, ce qui est plus vrai encore, c'est que la France n'a point le droit de rester débitrice envers un innocent, fût-ce d'une parcelle de son honneur. Et c'est cette dette, cette toute petite dette en apparence, au poids où l'on pèse les denrées et les marchandises, c'est celle qui constitue, dans toute sa majesté, non pas tant l'honneur d'un homme que l'honneur même d'un peuple, c'est-à-dire le droit lui-même, le droit vivant, le droit immortel et absolu, sans lequel toutes les inscriptions qui s'étalent sur les monuments publics ne sont que des mensonges, sans lequel il ne vaut pas la peine de vivre, en l'absence duquel il vaudrait mieux pour les hommes retourner franchement aux cavernes des troglodytes ! C'est ce Droit enchaîné qu'il va falloir délivrer sur son Caucase.

Dirai-je que cette bataille de demain sera plus rude que l'autre, celle d'hier ? Je ne le crois pas. Plus haute, oui, mais non plus rude. Et cela, par cette raison bien simple, que le terrain est déjà plus qu'à moitié déblayé, qu'il se fait depuis huit jours un immense travail dans toutes ces âmes, hier encore indécises, trompées ou hostiles ; que ce verdict de Rennes, boiteux et absurde, et précisément parce qu'il est absurde, parce qu'il accorde des circonstances atténuantes au seul crime qui, s'il était établi, n'en comporterait point, fera et a déjà plus fait pour le triomphe de la Vérité que tous nos discours et tous nos écrits, que toutes les souffrances de Dreyfus et que tout l'héroïsme de Picquart. Quand toute cette semence nouvelle aura germé, — et ce sera bientôt, — tout à coup, un matin, la France, se réveillera couverte, tout entière, d'une immense moisson. Alors les porteurs d'idéal, les moissonneurs sacrés, n'auront plus qu'à engranger la victoire.

Me trompé-je ? C'est possible. Si la bataille de demain doit être plus dure encore, on la livrera quand même. Mais, quoi qu'il en soit, le devoir est là, l'inéluctable devoir, et il sera suivi de l'entière victoire du Droit — ou la France ne serait plus qu'une autre Atlantide. N'entendez-vous pas, déjà, comme dans le divin poème (1), le chant du triomphe ?

« Subir des peines que l'espérance a cru infinies ; pardonner des torts plus noirs que la nuit et la mort ; défier le Pouvoir qui semble tout-puissant ; aimer et souffrir ; espérer jusqu'à ce que l'espérance crée de son propre naufrage l'œuvre même qui est son ambition ; ni changer, ni trébucher, ni se repentir ; cela, ô Titan ! c'est être, comme ta propre gloire, bon, grand et joyeux, beau et libre ; cela seul, c'est la Vie, l'Allégresse, l'Empire et la Victoire ! »

---

(1) SHELLEY, *Prométhée délivré*, fin.

SCHEURER-KESTNER

20 septembre 1899.

A l'heure même où le Gouvernement de la République décidait la grâce du capitaine Dreyfus, le noble citoyen qui avait été l'un des premiers et l'un des plus illustres promoteurs de l'œuvre de justice qu'il nous reste à achever, Scheurer-Kestner mourait à Bagnères-de-Luchon.

Il est écrit que tout, dans cette extraordinaire affaire, sera tragique, jusqu'à la rencontre fortuite des événements : Dreyfus sortant de prison, Scheurer sortant de la vie, — hélas ! en sortant, lui aussi, comme d'une prison.

Il était malade, depuis plus d'un an, d'un mal qui ne pardonne point et qui l'avait contraint à se retirer de la bataille qu'il avait engagée avec tant de courage, avec tant d'espoirs généreux au cœur, avec de si belles et si touchantes illusions sur cette République à laquelle il avait donné sa vie et dont il ne doutait pas, à l'heure où il lui apportait une grande œuvre de réparation et de justice à accomplir, qu'elle s'en emparerait avec joie.

Je me souviens des lettres qu'il m'écrivait d'Alsace,

à la veille de son retour à Paris, au mois d'octobre 1897. Il apporterait au Gouvernement de la République la preuve qu'une cruelle iniquité avait été commise ; ce Gouvernement, le ministre de la Guerre, seraient heureux de s'honorer devant le monde en réparant la déplorable erreur, en rouvrant au fils injustement frappé les bras de la patrie et de l'armée. Lui, il ne demandait même pas que son nom fût prononcé. La conscience d'avoir aidé à provoquer une œuvre de justice lui suffirait. Il voulait que toute la gloire en fût réservée à sa chère République, à la France.

Naïve et sainte, ô trois fois sainte illusion ! Il était de ces républicains pour qui la République n'est pas qu'une étiquette, pour qui l'immortelle devise de la Révolution est une réalité. Ce grand Alsacien était de ces Français pour qui la France cesserait d'être elle-même le jour où elle renoncerait à porter, en tête des nations en marche, le flambeau de la justice et du droit.

Et, comme les hommes qui étaient au pouvoir continuaient à parler, dans les lieux publics, le langage des républicains, il croyait qu'ils en avaient encore l'âme et qu'ils comprenaient le sens des mots dont ils usaient.

Quant l'atroce réalité insoupçonnée parut à ses yeux, qui dira jamais quelle fut sa douleur et combien son pauvre cœur fut meurtri et déchiré ? Quelle chute ! Quelle catastrophe morale ! Les outrages dont la presse immonde l'accabla le laissaient indifférent. Ce fils de l'Alsace, ce dernier représentant de l'Alsace française dans le Parlement français, fut traité de Prussien par une bande de drôles qui, consciemment ou inconsciemment, on n'en saurait décider, faisaient ainsi, dans les inoubliables provinces perdues, la besogne même de la

Prusse. Scheurer, Picquart, Alfred et Mathieu Dreyfus, Leblois, Lalance, tous les meilleurs entre les meilleurs de l'Alsace, le destin ironique en avait fait les héros de ce drame. Et les pires injures, les pires iniquités, c'était sur eux, précisément, qu'elles s'accumulaient.

Fort de sa conscience, de toute une vie noblement consacrée à la science et à la liberté, — car ce républicain avait connu les prisons de l'Empire, — Scheurer ne souffrait que pour son idéal républicain, éclipsé, obscurci, souillé. Tous les jours se précipitait un peu plus l'affreuse descente dans l'abîme. Il vit acquitter et acclamer Esterhazy, condamner Zola, jeter en prison Picquart. Pendant toute cette longue nuit sinistre, il cherchait, à tâtons, la France d'autrefois, sa République, et il ne les trouvait plus. La douleur en fut plus effroyable pour lui que pour tout autre. Il était notre aîné à tous, de beaucoup. Les plus jeunes retrouveraient la terre promise, la terre perdue. Lui, la reverrait-il jamais?

Et, pour que le naufrage de son rêve fût plus complet, pour que sa douleur fût plus saignante, un jour se leva où il crut que le crépuscule qui blanchissait serait l'aurore de la justice et qu'il ne fermerait pas les yeux sans avoir revu le Soleil, la grande Lumière. Il en était si heureux! il en oubliait le mal qui le torturait et qu'il supportait avec un admirable stoïcisme! Or, cette aube se levait à peine que les ténèbres, de nouveau, remplirent le ciel. La vie épuisa contre lui toutes ses férocités. Il vit recondamner l'innocent par cinq officiers français. Et il a cessé de souffrir avant d'apprendre le grand acte de pitié par où le Gouvernement de la République fait rentrer la France dans l'humanité!

Je venais de rédiger la dépêche qui devait lui apporter cette nouvelle, lui donner cette suprême joie. Un coup de téléphone m'apprend, brutalement, que ce noble cœur a cessé de battre.

Quel soulagement, dans ce deuil, d'être de ceux pour qui cette amère tristesse n'est qu'une tristesse et non un remords ! Je ferai l'aumône aux amis d'hier, qui ont désolé la vie de ce grand citoyen, de ne pas écrire aujourd'hui leurs noms.

Maintenant, il va aller dormir son dernier sommeil dans cette terre d'Alsace, qui lui doit une gloire de plus et qui, elle, du moins, ne l'a jamais méconnu. Et il y aura un jour où on lui dressera des statues, à ce petit-fils de Voltaire, à l'avocat du nouveau Calas. Que n'eût-il donné pour voir relever la statue du Droit !

Nous restons, nous, dans le deuil. Mais ton œuvre, ô Scheurer ! je le jure sur ce cercueil qui va se fermer à jamais sur toi, nous la poursuivrons, invincibles, jusqu'à la victoire définitive et complète de la Justice ! Nous devons à la France ce suprême effort. Nous le devons encore à ta mémoire. Tu fus, aux jours sombres de l'Année terrible, l'un des collaborateurs de l'homme qui ne voulut jamais désespérer de l'honneur et du salut de la France. Et nous, non plus dans cette nouvelle Année terrible, nous n'en désespérerons pas !

VERDICT DÉCHIRÉ

22 septembre 1899.

I

Le verdict est déchiré ; pour la deuxième fois, l'innocent est décloué ; et les chiens rouges peuvent continuer à aboyer : leur proie leur a échappé à jamais.

Les poètes, sans doute, auraient rédigé autrement le rapport où M. le général de Galliffet a proposé la grâce de Dreyfus au chef de l'État : « S'il vous manquait une preuve de l'innocence de Dreyfus, le verdict de Rennes vous l'a donnée. Cinq officiers français n'accordent point de circonstances atténuantes au seul crime qui, pour un soldat, n'en comporte point. Je vous demande de dégager d'un pareil jugement l'honneur de la France et de rendre un irréprochable soldat à la liberté. » Hélas ! on ne parle ainsi que dans les tragédies héroïques et les drames de cape et d'épée. C'est un grand malheur, d'ailleurs, que notre politique s'obstine à traiter la poésie en ennemie. Les plus grandes politiques de l'histoire n'en usaient pas ainsi. Ayant pénétré jusqu'au tréfonds de l'âme des peuples, il leur arrivait même d'habiller de poésie de très positives ambitions. On a changé tout cela. Ce sont les plus nobles pensées qu'on habille de prose.

Et telle est cependant la supériorité d'un fait, du fait, sur toutes les paroles et toutes les gloses, que la grâce de Dreyfus n'en apparaît pas moins au monde comme l'acte par lequel le Gouvernement de la République arrache, lacère et rejette le détestable papier. « On respire plus librement ! » m'écrit Labori. Ah ! certes, oui, l'on respire plus librement : ce martyr traînant son agonie de prison en prison, cette femme admirable condamnée à des larmes éternelles, ces enfants à qui il n'était plus possible de celer plus longtemps la désolante vérité, la vision de tant de misères et de souffrances pesait, comme une montagne de rochers, sur la conscience de l'humanité tout entière. Mais ce qui pesait le plus lourdement sur nos poitrines, ce qui nous opprimait, nous qui savons ce qu'est restée, à travers toutes les convulsions de sa redoutable histoire, l'âme de la France, c'était, bien plus que l'atroce infortune d'un homme, l'infortune plus atroce du grand pays qui n'avait point mérité ça : c'est cette obsession qui nous rendait la vie intolérable, enlaidissait la nature, voilait la lumière, obscurcissait le ciel. Voilà pourquoi nous respirons, aujourd'hui, plus librement.

II

Et ce n'est pas seulement dans ses conséquences matérielles que le verdict de Rennes a été aboli par le décret de grâce ; mais le coup porté à l'affreuse chose jugée a été plus profond encore. Le décret du 19 septembre, signé Loubet, contre-signé Galliffet ; ce décret qui, sur la proposition du ministre de la Guerre, fait remise entière de sa peine à un homme condamné pour trahison et quand l'encre est humide encore sur le papier qui trembla si fort aux mains du juge devenu blême devant son œuvre : ou cet acte du premier magistrat de la République est un monstrueux abus de pouvoir, ou c'est déjà, à lui seul, aux termes mêmes de la loi, le fait nouveau qui va permettre de rouvrir la procédure de revision.

Je dis — et j'attends, avec quelque ironie, que les professionnels du patriotisme et autres amis d'Esterhazy me donnent le démenti — je dis que la trahison est le crime irrémissible par excellence. Elle l'est de la part d'un paysan qui, pour quelques pièces d'or, livre le secret d'un sentier plus rapide qui conduit à un point stratégique. Elle l'est de la part du soldat ou du caporal qui livre un paquet de cartouches. Combien, dès lors, plus encore de la part d'un officier instruit, sortant des grandes écoles, riche, qui aurait trahi par amour du lucre, par haine ou pour l'inepte plaisir ! Tel, s'il l'avait commis, serait le crime de Dreyfus. Aucun châtiment ne serait à la hauteur d'un tel crime. Quelles qu'aient été ses souffrances pendant une première expiation, il aurait été justement condamné à nouveau.

Et c'est l'homme qui aurait commis ce crime sans excuses, c'est cet officier à qui cinq officiers auraient accordé les circonstances atténuantes ! C'est lui qui, le lendemain même du verdict vengeur, aurait été gracié par le chef de l'État, sur la proposition du ministre de la Guerre ! Ce chef de l'État est-il un fou ? Ce ministre de la Guerre est-il lui-même un traître ? Alors, quand la poussière de la bataille sera tombée, ce pays de robuste bon sens et de claire intelligence comprendra ; il comprend déjà : « Cette grâce complète, immédiate, n'est point que l'œuvre d'une pitié qui n'aurait pas eu le droit de s'attendrir sur l'auteur d'un tel crime ; elle est l'affirmation, la proclamation solennelle, par le Gouvernement même de la République, que le condamné est innocent. » Le fait nouveau, le voilà ! Quoi ! ces républicains éprouvés qui sont au pouvoir, quoi ! ce général couvert de glorieuses cicatrices, ils auraient gracié un traître ! On ne jette point à la raison d'un grand peuple le défi d'une pareille accusation. S'ils l'ont gracié ainsi, c'est qu'ils le savaient innocent de tout crime, de toute compromission, de toute faute.

« La revision, dit l'article 443 du Code pénal, pourra être demandée lorsque, après une condamnation, un fait viendra à se produire de nature à établir l'innocence du condamné. » Quel fait plus éclatant que celui-là, que cette grâce !

III

Donnez à la semence, jetée hier par le Président de la République ; donnez à celle qui a été jetée avant-hier par les deux juges de Rennes qui ont voté l'acquittement ; et à celle encore qui a été jetée par les cinq officiers qui ont accordé des circonstances atténuantes au crime inexpiable entre tous : donnez à ces semences le temps de germer. Ce ne sera pas long. Et ce jour-là l'œuvre de la justice se fera toute seule, d'elle-même.

C'est une vérité éternelle, et d'autant plus méconnue même par les plus nobles esprits, que la nature ne fait point de sauts. La nature morale de l'homme comme l'immense nature physique. Le magnifique « *Fiat lux !* »

de l'Écriture hante le cerveau des rêveurs. Eux aussi, ils voudraient faire jaillir, éclater brusquement la lumière dans les ténèbres. Certes, cela serait plus beau. Mais les choses, qui se passent peut-être de la sorte dans Sirius ou dans Aldébaran, ne se passent pas ainsi sur la Terre.

Ce temps nécessaire à l'éclosion définitive de la vérité, apportera avec lui d'autres faits nouveaux, au sens juridique, que la grâce. Nous relisons, la plume à la main, le procès de Rennes fécond en faux témoignages. Le procès que Zola, par son retour, a réveillé, ne sera pas stérile, ni le procès qui m'est intenté pour la gloire d'Henry. Un procès Mercier, que Millerand ni Viviani ne laisseront pas supprimer, est engagé devant la Chambre. Qui donc douterait que la Justice définitive ne sortira point de tout cela! On luttera, on rusera encore contre nous. C'est entendu, prévu. Luttes et ruses tourneront contre l'Iniquité. Le général de Luxer abandonnera son procès? Aveu du *Par ordre*, aveu de la trahison d'Esterhazy. Les instigateurs du procès Henry y renonceront? Aveu de la complicité d'Esterhazy et d'Henry. Nous cernons le crime : il ne peut plus échapper.

CONTRE L'AMNISTIE

COMMENT PANGLOSS
PRONOSTIQUA DES SUITES DE L'AFFAIRE

1ᵉʳ octobre 1899.

I

On a vu, dans un autre chapitre, comment Candide, délaissant son jardin, était venu à Paris pour s'y enquérir par lui-même de l'Affaire. On sait aussi qu'il acheva de former son opinion dans la boutique du libraire Stock, quand il y eut observé que ceux-là seuls qu'on appelait « dreyfusards » réunissaient leurs articles en volumes et osaient publier les documents de l'immense procès. Il était donc rentré à sa métairie du Bosphore, ayant éclairé sa conscience et plein de foi dans le triomphe prochain de la vérité. La belle Cunégonde ne l'avait trompé, pendant son absence, qu'une demi-douzaine de fois. Elle l'accueillit en conséquence avec des transports qui ne semblèrent suspects qu'au sagace Pangloss. Pourtant, le bon docteur n'en fit rien paraître ; il tenait à ne pas se fâcher avec Candide et pensait que l'ignorance n'est pas toujours le premier des maux.

Candide raconta ses aventures à Cunégonde et à la vieille. Puis, il se remit à cultiver son jardin. Tout le monde attendait les nouvelles avec impatience. On apprit d'abord l'arrêt de la Cour suprême. Candide pleura de joie.

« Voilà, dit-il, une affaire qui finit à merveille.

— Je ne crois point, reprit Pangloss, que l'affaire soit finie. Il dépendait de la Cour suprême de la terminer et d'affirmer ainsi la force du pouvoir civil. Il se pourrait bien qu'elle fût amenée à regretter de n'avoir point usé de tout son droit. »

Ce discours fit hausser les épaules à Candide. Il traita Pangloss de pessimiste.

C'était la première fois de sa vie que Pangloss était injurié de la sorte ; il s'amusa de cette nouveauté.

II

Comme la métairie de Candide était située dans un endroit assez éloigné de l'escale où abordent les bateaux d'Europe, on n'y recevait les journaux de Paris que deux fois par mois. Ces jours-là, Candide ne s'occupait pas de son jardin et n'avait même pas un regard pour la belle Cunégonde. Il s'emparait, avec une hâte fiévreuse, du paquet de journaux et, suivi de Pangloss, allait les lire sur sa terrasse. C'est ainsi qu'ils apprirent, en une fois, l'issue du procès de Rennes et des événements qui suivirent.

Lorsque que Candide lut que l'infortuné Dreyfus avait été condamné, une seconde fois, comme étant l'auteur de la pièce qui était de l'écriture d'Esterhazy, lequel, au surplus, l'avait avoué et s'en était même vanté, il n'en voulut pas croire ses yeux.

« Quoi ! s'écria-t-il, sept officiers français ont pu juger ainsi !

— Ils ne sont plus que cinq, observa Pangloss, c'est un grand progrès. »

Candide regarda Pangloss avec colère :

« Vous n'avez pas de cœur ! » lui dit-il; et il éclata en sanglots.

Pangloss laissa passer ce flot de sensibilité; puis, il reprit :

« Je ne vous ai point dit, mon cher Candide, que ce verdict ne soit pas inique ni qu'il ne soit pas absurde. Quand on est né au château de Tunder-ten-Tronck et quand on est devenu Turc sur ses vieux jours, il est même assez plaisant de voir cinq officiers français trouver des circonstances atténuantes à la trahison. C'est là quelque chose de nouveau et qui eût fort surpris M. le maréchal de Villars et M. le maréchal de Richelieu. Mais je pense que ce verdict de Rennes était nécessaire.

— Quoi ! interrompit Candide, vous n'auriez pas préféré que la justice militaire acquittât ce malheureux capitaine !

— Je m'en serais évidemment consolé, répondit tranquillement Pangloss. La première condamnation de cet officier et l'acquittement du Hulan, espion avéré de Sa Majesté le roi des Bulgares, avaient porté un coup terrible à l'institution des conseils de guerre. Si le conseil de guerre de Rennes avait acquitté le capitaine Dreyfus, on aurait eu beau dire qu'il n'y avait point grand mérite à cela, puisque l'innocence de cet infortuné éclate comme la lumière du soleil et qu'il n'y a point, à cette heure, de Cosaque, de Bachi-Bouzouck, ni même de nègre fétichiste pour qui elle fasse doute ; on aurait eu beau dire cela et autre chose encore : les tribunaux militaires étaient sauvés ; ils échappaient, une fois de plus.

— Cela est probable, dit Candide, qui était un peu calmé.

— Et cela eût été un grand malheur pour la France, continua Pangloss, Or, le verdict de Rennes, c'est, au contraire, l'arrêt de mort des conseils de guerre. Il est connu que le premier empire allemand fut appelé le « Saint Empire romain », parce qu'il n'était ni romain ni saint. De même, la justice militaire. Elle n'a jamais été une justice, et, depuis qu'elle trouve des excuses à la trahison d'un officier, elle n'est plus militaire. Ce n'est plus qu'une chose sans nom et sa fin en est désormais certaine, du moins en France. Plût au ciel que nous en fussions là en Turquie !

— Je conviens, répondit Candide, qu'il y a du vrai dans votre paradoxe.

— Le paradoxe, dit Pangloss, c'est le côté de la lune qu'on ne voit pas. »

III

Candide regarda, pendant quelques instants, danser les mouettes sur les jolies vagues bleues de la Propontide ; puis, il reprit la lecture des journaux. Quand il y lut que le capitaine Dreyfus avait été gracié par le Conseil des ministres, sa figure s'éclaira d'un joyeux sourire. Il dit que le grand-vizir des Français était un bien brave homme, qu'il enverrait à sa femme les plus belles oranges de son jardin et des cédrats confits. Pangloss lui objecta qu'il serait accusé de faire partie du Syndicat ; Candide repartit que cela lui semblerait un titre d'honneur. Il se figurait assister à la mise en liberté de l'infortuné ; il le voyait dans les bras de sa femme, de ses enfants, de son frère. Il respirait plus légèrement l'air embaumé de son jardin ; la nature lui en parut embellie.

Toutefois comme il avait le goût de se tourmenter, il s'inquiéta de savoir si la grâce de Dreyfus ne détendrait pas l'ardeur de ses amis, s'ils continueraient à poursuivre la revision avec la même passion généreuse. Pangloss lui expliqua que les amis de la justice avaient été souvent retenus par la crainte des contre-coups que le prisonnier de l'île du Diable pouvait éprouver des coups qu'ils portaient à ses bourreaux. Délivrés maintenant de cet honorable souci, ils seraient sans ménagement pour les scélérats.

Candide, pendant son séjour à Paris, avait admiré les petits soldats français, si vifs, si alertes : qu'allaient-ils penser de la grâce ?

Pangloss n'eut point de peine à lui démontrer qu'ils en concluraient que le capitaine Dreyfus est innocent. Le chef d'un grand pays, le vizir, les ministres, le Séraskier, — c'est le ministre de la Guerre, — ne mettent point en liberté, huit jours après qu'il a été condamné comme traître, un officier dont l'innocence ne leur serait pas démontrée. Gracier Dreyfus, c'est crier au monde, qui le sait, et à l'armée, encore indécise : « Ce verdict est injuste, cet homme est innocent. » Dreyfus vient d'assister au dépouillement de ce redoutable dossier secret, qui n'est, au surplus, qu'un ramassis d'immondices et de niaiseries ; ce serait un traître, il saurait ces mystères, et on lui donnerait aussitôt la clef des champs ! Donc, pour ces petits soldats, la grâce, c'est la preuve même que le capitaine est un martyr et que les cinq officiers sont de mauvais juges.

Candide approuva fort le raisonnement de son bon maître et il continua sa lecture. Il arriva ainsi à l'ordre du jour que le Séraskier avait adressé à l'armée. Il ne put dissimuler un violent mouvement de contrariété. Ce papier lui gâtait sa joie :

« Comment, dit-il à Pangloss, le Séraskier a-t-il eu le cœur d'appeler *incident* cette tragédie épouvantable qui a fait couler tant de larmes ?

— C'est peut-être, observa Pangloss, qu'il se place au point de vue de Sirius. La Révolution française, la chute de l'Empire romain et le siège de Troie ne sont, eux aussi, que des incidents.

— L'incident est clos ! répétait Candide. Quand l'innocent n'a pas retrouvé tout son honneur, j'entends : son honneur officiel, et quand les scélérats sont impunis, peut-on dire honnêtement que l'incident est clos ?

— C'est peut-être, dit Pangloss, que le Séraskier est jaloux des lauriers de l'homme d'État qui s'écria un jour : « Il n'y a pas d'affaire Dreyfus ! »

— Et comment, demanda encore Candide, a-t-il pu prendre sur lui d'écrire qu'il s'inclinait devant le verdict de Rennes, sachant, comme il le sait, que ce verdict est injuste ?

— C'est peut-être, dit Pangloss, qu'il se souvient de ce personnage de comédie qui respectait la loi, parce qu'il la tournait. Il s'incline devant cet arrêt, puisqu'il le déchire.

— Vous ne me persuadez plus, mon bon maître, reprit Candide, et je trouve encore bien fâcheux que ce Séraskier ait promis qu'il n'y aurait point de représailles.

— Je pourrais, dit Pangloss, vous répondre qu'il conviendrait, d'abord, de définir ce mot de représailles. Une représaille, c'est un acte de vengeance. Or, rien n'est plus étranger que la vengeance à l'idée de justice.

— Croyez-vous vraiment, interrompit Candide, que telle a été la pensée du Séraskier? J'ai bien peur que non. Ce Séraskier est double : il est, à la fois, général et marquis. Le général a déchiré un verdict qui était une honte pour l'armée ; le marquis s'en excuse auprès de ses amis du cercle. Cet Ordre à l'armée est à l'adresse de ses amis du cercle.

— Mon cher Candide, répondit Pangloss, vous avez trop d'esprit : vous mourrez jeune. Pour moi, je suis enchanté de cet ordre du Séraskier. Il ne recolle pas les morceaux déchirés du verdict et il rend inévitable l'œuvre de la justice intégrale. En effet, il ne dépend pas d'un Séraskier, sauf en Turquie, d'arrêter les lois en marche. Ceux des citoyens français qui étaient portés le plus à l'indulgence, vont se cabrer devant ce qui n'est, sans doute, qu'une boutade, mais qui leur paraîtra une injonction. L'éponge va aller rejoindre le verdict de Rennes. La Chambre hésitait à frapper le principal auteur de tant de crimes : elle le frappera demain, car elle ne voudra pas que le pays l'accuse, avec raison, d'une odieuse complicité avec des faussaires et des parjures. Vous ne voyez que la graine ; je vois l'arbre qui en sortira. C'est celui de la justice.

— Une potence? demanda Candide.

— Non, dit Pangloss, un pilori suffit. Un pendu n'a jamais servi de rien. »

IV

Ils restèrent silencieux pendant quelques instants. Puis, Pangloss, devenu grave, dit lentement :

« Mon bon Candide, tout ce que vous avez vu jusqu'à présent est bien extraordinaire ; pourtant, ce n'est qu'un prologue, le prologue du vrai drame qui va commencer. Les jeunes gens sont heureux : ils verront de belles choses. Le militarisme n'est pas plus l'armée que le cléricalisme n'est la religion. Ce sont ces deux contrefaçons abominables qu'il va s'agir de supprimer, de balayer de la face du pays qui a fait la Révolution. Ce sera une grande et noble bataille. Elle aura, comme toutes les batailles, ses péripéties. Mais, je vous le dis en vérité, les deux monstres périront. »

Candide, qui n'était pas accoutumé à entendre un langage aussi solennel dans la bouche de Pangloss, le regardait avec surprise. Cunégonde apparut à la fenêtre et cria, de sa voix aiguë qui semblait à Candide une voix d'or, que le dîner était prêt.

« Allons manger ! dit Candide.
— Allons, dit Pangloss, boire joyeusement à l'avenir ! »

L'AMNISTIE

11 octobre 1899.

I

On continue à parler de l'amnistie, — de l'amnistie pour tous les faits relatifs à l'affaire Dreyfus, — mais on en parle bas, très bas, comme d'une chose honteuse. Très honteuse, en effet, puisqu'il s'agit de confondre dans une même mesure, de clémence ou d'oubli, l'innocence qui saigne encore et le crime impuni. S'il se trouvait un Parlement pour voter une pareille mesure, que deviendrait, dans le pays qui a fondé le Droit moderne, je ne dis pas : l'idéal, mais, simplement, l'idée la plus élémentaire de la justice ? Et que serait la France sans justice ? Quelque chose comme le tombeau d'une grande âme morte. On ne sait quelle colonie européenne de la République du Paraguay, avant l'expulsion des jésuites.

II

Il faut montrer, dans toute sa laideur, le marché qu'osent proposer les complices du crime — et leurs dupes.

Une information a passé dans les journaux, d'après laquelle de notables fonctionnaires seraient occupés, à la chancellerie, à faire le relevé de toutes les condamnations qui ont été prononcées au sujet de l'affaire Dreyfus.

Voilà une commission qui gagne, avec quelque effronterie, — à supposer quelle existe, — les deniers de la République.

Il n'y a plus qu'une condamnation, une seule, qui ait été prononcée au sujet de l'affaire Dreyfus : c'est la condamnation de Dreyfus.

La condamnation, par défaut, qui avait été prononcée contre Zola par la Cour d'assises de Versailles, n'existe plus : le retour de Zola l'a fait tomber.

Donc, je le répète, l'amnistie ne s'appliquerait, rétroactivement, qu'à la condamnation de Dreyfus, au verdict de Rennes dont la grâce n'a aboli que les conséquences matérielles, dont toutes les conséquences morales subsistent.

Eh ! quoi ! dira-t-on, vous repoussez une mesure qui effacerait entièrement ce verdict, qui rendrait au condamné de Rennes ses droits civils, ses droits politiques, son grade dans l'armée ?

Il est certain, en effet, et légalement incontestable que l'amnistie rendrait à Dreyfus tout cela, ni plus ni moins qu'un nouvel arrêt de la Cour de cassation brisant, sans renvoi cette fois, le verdict de Rennes. Mais à quel prix ? Peu de chose, en vérité ! La loi d'amnistie emporterait, du même coup, l'abandon de toutes poursuites à engager contre les quelques auteurs de cet amas de forfaits qui ont été commis, depuis quatre ans, pour faire condamner un innocent, pour le maintenir au bagne et pour le faire recondamner.

Et je comprends, assurément, que les auteurs de ces forfaits, tremblant sous leur peau, souhaitent ardemment cette amnistie. J'observe, d'ailleurs, que, par cela encore, ils avouent et proclament leur conviction de l'innocence de Dreyfus. Car, enfin, s'ils croyaient que Dreyfus, ainsi qu'ils l'ont juré à Paris et à Rennes, est un traître, consentiraient-ils, surtout au prix d'une amnistie préventive à leur profit, à laisser rentrer ce traître dans l'armée ? Quoi ! tous ces généraux, qui portent ou qui ont porté « la triple étoile et l'épaulette d'or », qui ont commandé en chef à l'armée française ou à l'État-Major, diraient : « Que le traître rentre dans l'armée, mais que nos nuits soient délivrées du cauchemar qui les hante ! »

Vous voyez bien qu'ils savent Dreyfus innocent !

III

Je ne me dissimule pas les difficultés qu'il reste à surmonter, si l'on veut que la France reste le pays du Droit, que la République ne soit pas une étiquette menteuse, que l'idée de justice ne soit pas à tel point abolie qu'il serait désormais impossible, sans une immoralité dont rougiraient les sauvages, de condamner un soldat pour vol d'effets militaires, quand les chefs qui ont entassé des Ossa de faux sur des Pélion de parjures resteraient impunis ?

Je sais, hélas ! quel courage il faudra pour pousser jusqu'au bout l'enquête sur tant de scélératesses, dont on ne connaît encore qu'une partie. Je sais aussi que Machiavel a dit « qu'on ne sort d'un péril que par un autre péril ». Oui, certes, cette enquête sera périlleuse, au milieu des cris et des menaces de la tourbe devant laquelle tant de gouvernements et tant d'assemblées ont déjà capitulé. Mais qui voudrait comparer cet honorable péril, dont la République est assez forte, j'imagine, pour triompher, avec cet autre péril ignoble, qui nous menace, de laisser le crime debout, sinon triomphant, et de détruire à jamais tout respect de la Loi dans l'armée, la Justice et la Morale en France ?

Or, s'il peut être dit que, par deux fois, des chefs de l'armée ont pu tromper impunément la justice de l'armée par des actes que le Code qualifie de crimes, qu'ils ont commis eux-mêmes ou qu'ils ont laissé ou fait commettre, c'est dans cette déchéance que tomberait la France. Et ce serait là le crime des crimes, le crime contre l'Esprit.

La forfaiture est-elle un crime ? La collusion est-elle un crime ? Le faux est-il un crime ? Appliquez la loi ou abolissez le Code !

IV

J'allais oublier... L'amnistie, telle que l'a proposée M. Codet, député, dans sa lettre à M. le président de la Chambre, comprend aussi les peines disciplinaires qui ont été prononcées par des conseils d'enquête. Ces sentences sont au nombre de trois. La première a mis le colonel Picquart en réforme. La seconde (dans l'ordre chronologique), m'a privé de mon grade dans l'armée territoriale. La troisième a frappé le commandant Walsin-Esterhazy, non pas comme espion ou, même, comme associé d'une proxénète, mais pour inconduite habituelle, parce qu'il avait une maîtresse. Effacées par la loi d'amnistie ces trois sentences. Picquart retrouve son grade. Et moi aussi. Et Esterhazy reprend le commandement d'un bataillon.

Peut-on excepter de la loi d'amnistie les peines disciplinaires quand on abolit, par cette même loi, les peines criminelles? Évidemment, non. Ce serait manquer de logique. Donc, il faut les y comprendre ou ne pas faire de loi du tout.

Et j'ai montré déjà comment et pourquoi les généraux qui, par deux fois, ont fait condamner Dreyfus innocent, consentent à ce qu'il rentre dans l'armée — pourvu que la justice cesse d'être la justice en renonçant, par ordre des Chambres, à les inquiéter. Mais, comme nous autres, par grand malheur, nous n'avons commis ni forfaiture, ni faux, ni aux témoignages, nous n'infligerons pas à des soldats français l'honneur d'être commandés à nouveau par Esterhazy.

N'EN PARLONS PLUS!

25 octobre 1899.

I

Le *Figaro* a ouvert une enquête « sur les moyens les plus pratiques pour arriver à l'apaisement ».

J'avoue très humblement que je ne comprends pas bien.

Les passions qui ont été aux prises dans l'Affaire ne sont point issues d'elle et ne sont point nouvelles dans l'histoire. Les unes sont aussi vieilles que l'humanité elle-même, l'amour de la vérité, l'amour de la justice, et leurs contraires, le culte du mensonge et celui de l'iniquité. Espère-t-on réconcilier, pour la plus grande gloire de l'Exposition, le bien et le mal, Ormuzd et Ahriman, la lumière et les ténèbres ? Les autres sont aussi vieilles que les société politiques, l'amour de la liberté et le goût de la servitude, l'amour de la légalité et la fureur du privilège. Croit-on pouvoir éteindre ces éternelles passions comme de simples volcans d'Auvergne ? La lutte contre le militarisme est-elle une invention d'hier? Je m'étais laissé dire que le *Cedant arma togæ* est une formule qui compte déjà quelques années. Le conflit entre la société laïque et le cléricalisme date de quelque vingt siècles avant Jésus-Christ : l'Égypte des Pharaons l'a connu. La Réforme, la Révolution Française, ont déchaîné, elles aussi, des idées qui sont difficilement conciliables. L'antisémitisme n'est point, que je sache, une invention de M. Drumont ni même de son maître, le pasteur prussien Stœcker. Donc, encore une fois, je ne comprends pas.

L'affaire Dreyfus a été un de ces carrefours de l'histoire où toutes les passions contraires, éternellement ennemies, se sont rencontrées à la fois, en champ clos. Lutte épique, glorieuse pour la France qui a vraiment rallumé le flambeau sacré, vacillant depuis bien des années sous les vents sauvages et dans la nuit. Et lutte heureuse aussi puisque la France s'en allait mourant, très doucement, d'un mal interne qu'elle ignorait et que l'héroïque opération chirurgicale lui a révélé à temps. Elle descendait, elle, fille de la Révolution et de l'Encyclopédie, la pente savonnée au bas de laquelle elle se serait réveillée Espagne. Or, est-ce que l'histoire s'arrêtera demain ? Et si l'histoire ne doit pas s'arrêter demain, si le temps ne suspend pas son vol, les hommes resteront les hommes, les sociétés resteront les sociétés. Donc, avec les mêmes passions qui continueront à se combattre jusqu'à la consommation des siècles ou jusqu'à la victoire définitive du génie du bien sur le génie du mal.

Ainsi l'objet même de l'enquête du *Figaro* est une illusion, un mirage, la *Fata Morgana* qui trompe les caravanes cheminant au désert, le serpent-mensonge sous les mots fleuris de Réconciliation nationale. Supprimez artificiellement l'Affaire ou qu'elle meure d'elle-même, car il est incontestable qu'elle finira un jour :

les passions, les forces ennemies, qui s'y sont rencontrées et mesurées, n'en mourront pas. La lutte se poursuivra entre elles. Ce sera, seulement, sur un autre terrain. Et ce que je comprends alors, et fort bien, c'est que les ennemis de la vérité et de la justice en préfèrent un autre.

Il y a là, peut-être, une première raison pour que nous ne quittions pas celui où nous avons remporté tant de victoires, où nos défaites mêmes ont été des victoires pour nous.

II

Aussi bien suffit-il de lire les réponses des hommes éminents ou distingués auxquels le *Figaro* a posé la question de l'apaisement. « Pour obtenir l'apaisement, écrit M. Mézières, je ne connais qu'un moyen : le Silence. Ne parlons plus de l'Affaire dont l'intérêt est d'ailleurs épuisé. » — M. Mézières est-il bien sûr que l'intérêt de l'Affaire soit épuisé pour les généraux Mercier et de Boisdeffre ? — « N'en plus parler ! » répond également M. Albert Vandal. Et, de même, M. le doyen Brouardel : « Ne plus parler de l'Affaire, même dans les journaux. »

Ainsi, l'apaisement, c'est le silence, le vieux silence, éternel, lui aussi, comme ces passions dont le conflit est toute l'histoire de l'humanité, — le silence de Tibère et de Napoléon, et l'on sait pourtant où il mène. Quoi ! le silence sur Dreyfus, quand ce martyr n'a recouvré, légalement, que la liberté et alors que la France, débitrice qui, jusqu'ici, avait été solvable et tenait à ne point faire faillite à sa signature, lui doit encore l'Honneur ! Et le silence sur Picquart, chassé de l'armée parce qu'il a été le héros du devoir et de la conscience, parce que ce soldat a refusé de séparer de l'idée de l'Armée, l'idée de la Justice et du Droit ! Oui, c'est bien cela, et, surtout, — j'entends dans la bouche de ceux qui voudraient faire de la France la plus grande Muette, ce qui faciliterait d'ailleurs la besogne à ceux qui veulent faire de l'armée la grande Bavarde, — et, surtout, le silence sur Mercier et sur Maurel, sur Boisdeffre et sur Gonse, sur Lauth et sur Roget, sur les quelques auteurs de cette interminable série de crimes, de forfaitures, de parjures et de faux. Le voilà, le silence, sur le bien et sur le mal, sur la vérité et sur le mensonge, sur la vertu et sur le crime. Oh ! la belle leçon de morale à donner aux jeunes générations, aux puissants et aux humbles, aux heureux et à ceux qui souffrent, à la sainte fidélité au devoir, d'une part, et, de l'autre, aux convoitises cyniques, aux ambitions débridées ! Ignoble silence et bienheureux apaisement !

Je le répète : la tactique n'est pas neuve ; elle est vieille, au contraire, très vieille, comme la tyrannie et la force brutale quand la lâcheté ambiante leur vient en aide. *Et ubi solitudinem fecerunt, pacem appellant.* « Et où ils ont fait la solitude, ils appellent cela la paix. » Vous n'avez même pas à remplacer le mot de solitude par celui de silence. Car ce silence, lui aussi, serait une solitude, et le plus affreux des déserts. Non point cette solitude des campagnes ravagées, des villes et des villages incendiés, des populations décimées et emmenées, avec leurs troupeaux et comme des troupeaux, en esclavage. Cette solitude-là, quelques nuits d'hiver, selon la parole de Napoléon, et un beau printemps en réparent les ruines. Mais l'horrible solitude des belles aspirations fauchées, sans lesquelles il ne vaut point la peine de vivre, des idées aux ailes brisées, des principes coupés au ras du sol, de la justice violée, de la vérité bannie, du droit étouffé, et c'est ça qui serait l'apaisement ! C'est ça qui serait le couronnement de ce grand siècle né de la Révolution, qui a renouvelé le monde en le bouleversant, que le grand Gœthe avait salué, à sa naissance, dans ces vers immortels : « Qui peut nier que son cœur ne se soit épanoui, qu'il ne l'ai senti battre plus joyeusement dans sa poitrine, aux premiers rayons du nouveau soleil, lorsqu'on entendit parler du droit commun à tous les hommes, de la liberté qui exalte les âmes et de la précieuse égalité ! » C'est dans ce sale brouillard que ce soleil glorieux descendrait à l'horizon ! C'est ça qui serait demain l'aurore du vingtième siècle !

Et je me répète les vers d'un autre poète, de celui qui refusa de consentir à la paix qui mutilait la France des deux provinces sacrées, qui aurait refusé de signer celle qui la mutilerait de ces deux « provinces morales », la Justice et le Droit :

 Dieu ! ne fais point tomber la France
 Dans l'abime de cette paix !

III

Apaisement : abdication du droit ; amnistie, littéralement : effacement, oubli. J'ai montré la beauté morale de l'opération ; j'ose demander maintenant par quels moyens pratiques on compte la réaliser.

« Ne plus parler de l'Affaire, même dans les journaux. » J'attends de pied ferme, mais sans avoir besoin de beaucoup de courage, la loi qui défendra de prononcer ou d'écrire les noms de Picquart et de Dreyfus, ceux de Boisdeffre et de Mercier. Assurément, l'histoire offrirait des précédents. C'était, sous Tibère, crime de lèse-majesté d'avoir appelé Brutus et Cassius les derniers des Romains, d'avoir chez soi un portrait de Cassius, d'avoir eu un songe sur l'Empereur et d'être allé à la garde-robe, sans avoir vidé ses poches, et en conservant dans son vêtement un jeton à face royale. Je ne vois pas bien M. Charles Dupuy lui-même proposant cette loi.

Et que sera l'amnistie ? M. Codet, semble-t-il, a d'autres affaires. Il paraît, d'ailleurs, que les promoteurs de l'amnistie ont réfléchi, qu'ils n'y comprennent plus les peines disciplinaires prononcées à l'occasion de l'Affaire, qu'on veut bien laisser Picquart et me laisser moi-même devant le Conseil d'État, que M. le commandant Walsin-Esterhazy ne sera pas remis en possession de son grade. Grand merci ! Mais en revanche, on demandera à la Chambre de repousser la mise en accusation de M. le général Mercier et de rayer des rôles le procès Zola et le procès Henry.

Et cela deviendrait même l'objet principal de la loi. Elle proclamerait, en ce qui concerne Mercier et consorts, que la forfaiture et le faux ne sont plus des crimes. Elle interdirait à Zola de prouver que l'acquittement d'Esterhazy a été « un soufflet suprême à toute justice et à toute vérité ». Elle me défendrait de prouver qu'Esterhazy a commis les crimes dont j'ai accusé Henry d'être le complice. Labori se propose de faire jaillir de ces grands débats contradictoires la preuve éclatante de la trahison d'Esterhazy, c'est-à-dire de l'innocence de Dreyfus. Défense à Labori de démontrer, devant des jurés français, l'innocence qui a été proclamée par le monde entier et par le Gouvernement lui-même puisqu'il a déchiré en morceaux le verdict de Rennes.

Tout cela est très bien. Zola m'écrivait l'autre jour : « *Si on a la justice de laisser venir nos procès, ce sera sûrement la victoire définitive.* » C'est la victoire définitive dont on ne veut pas. On cherche un moyen de ne pas laisser venir nos procès. Mais, encore : comment ?

IV

Et je sais bien que le législateur peut édicter tout ce qui lui plaît, même l'inique et l'absurde, et que le Parlement français, comme celui de la Grande-Bretagne, a le pouvoir de tout faire, sauf de changer un homme en femme et réciproquement. Mais d'abord, si je ne vois pas Dupuy lui-même, après avoir proposé de mettre Mercier en accusation, apporter à la tribune la loi qui interdira aux journaux de parler de l'Affaire, je vois moins encore Millerand s'associant, comme ministre, au rejet d'une motion de justice qu'il a signée comme député. Et j'ose croire ensuite que M. Ribot, grand juriste, comme on sait, devant l'Éternel, trouvera à redire à une loi qui ferait défense à des particuliers de poursuivre la répression d'une atteinte à leur honneur dont ils se croient victimes.

Car, enfin, si on supprime par une loi le procès Zola et le procès Henry, on ne se borne pas à nous infliger à nous autres, misérables défenseurs de la Justice, un nouveau déni de justice, — nous y sommes faits et cela ne compte plus, — et à nous empêcher d'établir que nous n'avons pas été des diffamateurs, mais des amants passionnés de la Vérité. Il s'agit encore de nos adversaires. Ces procès, on l'oublie, ne sont pas intentés par le ministère public. Ils le sont par des particuliers, agissant en cette qualité. Par M. le général de Luxer qui ne veut pas avoir acquitté par ordre un traître abominable et se juge diffamé par l'accusation d'avoir soufflété la justice. Par Mme Henry, dont je n'ai jamais mêlé le nom, ce qui eût été une infamie, à mes polémiques, mais qui trouve mauvais que l'histoire recherche pour quelles causes Esterhazy a été protégé par tant de crimes. Ils ont eu tort d'intenter ces malencontreux procès que l'habile procédure de Labori a su retarder jusqu'à l'heure opportune. Pourtant, c'est leur droit. Alors, de quel droit le législateur viendra-t-il dire au général de Luxer et à ses six camarades : « Vous ne revendiquerez pas votre honneur ? » Et de quel droit fermera-t-il la bouche aux instigateurs du procès Henry ?

C'est grave, cela ; cette innovation ne serait point sans présenter, pour l'avenir, quelques inconvénients ; ce précédent serait même destructeur de tous les principes connus du droit. Et cependant, si on ne va point jusque-là, rien de fait. Sinon, il faudra se résigner à laisser venir ces procès, à la victoire définitive de la Vérité.

Donc, la chose n'est point précisément commode et l'apaisement du silence paraît bien compromis. La vérité est pareille à ce génie d'un conte des *Mille et une Nuits* qu'aucune force humaine ne peut faire rentrer dans la prison d'où on a commis la faute de le laisser échapper. Et cela est bien fâcheux pour ceux qui ont commis l'œuvre d'iniquité. Mais c'est ainsi. Quoi ! pas de trêve, même à la veille de l'Exposition ! Je la connais

aussi, cette politique, la politique de la rue du Caire !
Et toutes les lâchetés, toutes les bassesses qu'elle a déjà
fait commettre ! Mais, j'y pense, lui sacrifiez-vous le
procès de la Haute-Cour? Alors pourquoi lui sacrifier la
justice elle-même? Et, au surplus, qui comprend le
mieux la haute signification morale de cette grande fête
du Travail et du Progrès, de vous qui méditez d'y
montrer la France *pœnitens ac devota*, repentante d'avoir
voulu être, dans l'histoire, l'initiatrice de la Justice et
du Droit, n'ayant d'haleine que pour trois jours au plus,
abdiquant sa mission, renonçant à sa tâche, désarmée
et apeurée devant l'iniquité quand elle a un sabre au
côté, impuissante à écrire dans un arrêt l'innocence qui
est écrite dans la conscience universelle ; — ou de nous
qui ne voulons inviter les nations que chez une France
digne d'elle-même, digne de son passé, digne des espérances illimitées qui s'incarnent en son nom, digne de
cet amour ou de cette estime des peuples qu'elle ne
doit point, j'imagine, aux fleurs et aux violons de ses
galas, mais aux idées qu'elle a semées à travers le
monde et pour le triomphe desquelles, depuis tant de
siècles, elle s'épuise en efforts, a versé tant de sang et
a livré tant de glorieuses batailles?

CONDAMNÉS A LA LUMIÈRE

2 novembre 1899.

I

Beaucoup de républicains, et des plus éminents, des plus chamarrés, des plus chevronnés aussi, se résignent à l'amnistie. Ils n'en prendraient pas l'initiative. Peut-être même ne la voteront-ils pas. Cependant, ils l'acceptent déjà, d'avance, comme quelque chose d'inévitable. « Il pleut : puis-je empêcher qu'il pleuve ? » Êtes-vous bien certains qu'il pleuve ou, du moins, qu'il pleuve si fort ? Je vois clairement la petite bande de scélérats, les partis politiques engagés dans le crime, qui ont intérêt à l'amnistie. Encore n'osent-ils pas le dire eux-mêmes, ni très haut. C'est des comparses qu'ils poussent en avant, qu'ils font parler. Où donc ce grand courant, irrésistible, de clémence ou seulement d'oubli ? J'entends que le Boulevard est saturé de l'Affaire, qu'il voudrait passer à d'autres exercices. Cela est exact. Seulement, le Boulevard n'est pas la France : est-il même Paris ? Bien au contraire, les républicains des départements, ceux qui forment les cadres et sont la force du parti, ne semblent point du tout enclins à passer l'éponge. Ils ne sont pas entrés, du premier jour, dans la lutte ; ils n'y sont engagés que depuis quelques mois : ils n'en sont pas las. L'amnistie est-elle donc à ce point inévitable ? Le moyen le plus sûr d'assurer le succès d'une mesure qu'on réprouve, d'une cause ennemie, c'est d'en annoncer par avance le succès. Ainsi fut votée, il y a huit mois, la loi honteuse, la loi de dessaisissement. Résignation qui est une demi-complicité, tout au moins une complicité morale. L'histoire enseigne que ces résignations-là sont très souvent grosses de remords, qu'elles sont pires, presque toujours, que les belles défaites fécondes qui sauvent l'honneur et, si l'on ose encore s'exprimer ainsi : les principes. Il est très ridicule, en effet, de parler de principes, à la veille de l'Exposition, quand tintent déjà les grelots du café-concert babylonien. Saluons-les, ces principes, comme de vieilles connaissances devenues gênantes, et passons. Fort bien. Mais eux, par malheur, ils ne passent pas. Ils reviennent toujours, les principes, et parfois, comme des spectres. Ils sont les revenants immortels de l'éternelle terrasse d'Elseneur qu'est l'histoire. Leurs vengeances sont terribles contre ceux qui ont été sourds à leur appel.

II

« Il n'y a pas, répond une voix, que les principes : il y a encore la politique. Le crime de l'ancien État-Major n'est pas le premier que la politique aura épargné. La flétrissure morale suffit : quoi de plus inutile que la sanction pénale ? A quoi bon remuer encore, plus longtemps, ces hontes, ces tristesses? Oublions-les; chassons-les de nos mémoires. D'autres travaux nous appellent, d'autres devoirs plus grands, plus urgents. »

Croyez-vous?

Un devoir plus haut, plus impérieux que celui de faire la justice? Je ne le connais pas. Excusez mon ignorance. Quel est-il?

Quoi de plus inutile que les sanctions pénales? Ça, du moins, c'est une théorie : celle de l'anarchie. Le premier article du programme anarchiste est la suppression des tribunaux, des lois répressives, des Codes : est-ce votre programme?

Et, je l'ai dit déjà, aucun de nous ne tient à envoyer qui que ce soit à l'île du Diable, surtout à l'île du Diable, rocher désormais sacré du martyre. Le soir même du jour où les verdicts nécessaires auront été prononcés, nous ferons nous-mêmes l'amnistie, pour grandir encore et ennoblir encore la pure victoire du Droit. *Parcere subjectis et debellare superbos.* Encore faut-il, d'abord, que les superbes aient été vaincus, désarmés, brisés. La voilà, la politique. Il y a tout un chapitre de Nicolas Machiavel, qui n'était point un rêveur d'idéal, un songe-creux, sur ce sujet. Relisez le *Prince*, ou lisez-le. Avons-nous entièrement vaincu? Nous tenons la victoire; nous ne l'avons pas encore remportée.

Quoi! il ne serait pas essentiel d'établir, juridiquement devant la Haute-Cour, ou politiquement devant une commission d'enquête parlementaire, toute la vérité! La vérité, toute la vérité, n'est-elle pas le moins que doive la France aux victimes de ce drame, à celui qui a été crucifié pendant quatre années, à Picquart chassé de l'armée pour avoir voulu la justice, pour avoir refusé de se faire le complice conscient de l'iniquité? La postérité dressera des statues à ce héros de Plutarque et, dans les écoles, son exemple rayonnera dans tous les manuels d'éducation civique. C'est entendu. Mais cela vous suffit-il, à vous, ô contemporains ! La moindre dette que vous ayez contractée, c'est de proclamer la vérité. Cet effort est-il au-dessus de vos forces ?

Et je le sais bien que le crime des chefs qui ont voulu, eux, l'iniquité, ne serait pas le premier crime militaire qui aurait été épargné par la politique ! Cependant, ô politiques ! n'eût-il pas mieux valu qu'ils n'aient pas été épargnés ? La nuit de Décembre a ce berceau : Brumaire glorifié. Et de la nuit de Décembre à Sedan, il n'y a eu qu'un pas. Un crime glorifié, un crime qui recommence, c'est tout un. Vous plaît-il de voir recommencer les forfaitures et les faux ? Ne serait-il pas plus *politique* d'en faire perdre le goût aux chefs galonnés de demain ? C'est la beauté de la nature humaine que la Vertu, opprimée et persécutée, trouve toujours des imitateurs. Toute l'histoire des martyrs est là. Mais c'est l'infirmité vile de cette même humanité que le Crime, impuni, sinon triomphant, trouve, lui aussi, des imitateurs. Il serait, peut-être, sage d'y penser. Il serait, peut-être, prudent de dire au sabre qu'il y a des lois. Il serait, peut-être, politique, ô républicains ! d'affirmer par des actes la suprématie du pouvoir, le Pouvoir civil.

III

J'ose croire que c'est à ces considérations, de justice et de politique, qu'il serait honorable d'obéir. J'ajoute, d'ailleurs, que ceci diminue nos inquiétudes, à savoir que l'œuvre de vérité a trouvé des alliés, quelques auxiliaires, dont il ne sera pas commode de se débarrasser. Ce sont les dates, de simples et vulgaires échéances. La Haute-Cour sera à peine réunie pour juger le complot que le Parlement rentrera en session. La Chambre votera-t-elle l'amnistie avant que la Haute-Cour ait prononcé son verdict sur les auteurs du complot? Je ne vois pas bien la même assemblée, les mêmes hommes, siéger au Palais du Luxembourg pour juger, en tant que Haute-Cour, aux jours pairs, les conspirateurs royalistes, et pour amnistier, en tant que Sénat, aux jours impairs, les conjurés militaires. Ou la Chambre attendra-t-elle pour voter l'amnistie que la Haute-Cour ait prononcé? Que répondrez-vous alors aux amis des conspirateurs royalistes, qui sont les mêmes, comme par hasard, que les amis des conjurés militaires, quand ils vous proposeront de comprendre les uns et les autres dans la même mesure, comme ils étaient engagés, au surplus, dans le même complot contre la République, contre les principes républicains, contre les conquêtes de la Révolution, l'affaire Dreyfus et le coup d'État monarchiste et clérical n'étant que des incidents, liés intimement entre eux, d'une même bataille? Je ne plaide point les circonstances atténuantes pour le crime contre la Liberté : le crime contre la Justice n'est-il pas pire? Et, pendant que vous hésiterez devant ces contradictions, voici l'échéance du procès Zola qui arrive; et l'échéance du mien. Et c'est toute l'Affaire qui recommence.

Ainsi, encore une fois, ces choses plus fortes que les hommes, les dates, les simples échéances, vous condamnent à la lumière.

L'EXTRADITION D'ESTERHAZY

8 novembre 1899.

Il ne sera pas aisé d'étendre le bénéfice de la future loi d'amnistie à la condamnation en trois années d'emprisonnement qui vient d'être prononcée par la neuvième chambre correctionnelle contre M. le commandant Esterhazy. La forfaiture, le faux témoignage et le faux sont des crimes; l'escroquerie n'est qu'un délit. C'est cependant devant le délit que l'éponge hésitera.

Il n'y a pas deux ans, les amis de M. le commandant Esterhazy étaient légion. C'était M. le général de Pellieux qui l'appelait, dans une lettre destinée à la publicité : « Mon cher commandant ! » et saluait en lui « la victime d'une abominable campagne ». C'était M. le général de Boisdeffre qui ordonnait à ses officiers de serrer la main de l'homme dont il connaissait tout le crime. C'était M. le prince Henri d'Orléans qui se faisait présenter à lui par M. Vervoort. C'était M. Drumont dont il avait été le collaborateur, non indigne, à la *Libre Parole*. Et j'entends encore l'avocat de M. de Rochefort célébrer « le brave commandant », aux applaudissements des patriotes de profession. Et Paris a entendu crier : « Vive Esterhazy ! »

Les temps sont changés, si M. le commandant Esterhazy est resté le même. Notre Hulan national n'est pas plus infâme aujourd'hui qu'alors. Seulement, il est malheureux. « Bonsoir, monsieur ! » lui a dit M. Arthur Meyer. On n'a plus besoin que de son silence. Aussi, voilà quatre mois qu'on le lui paie. Ai-je besoin de démontrer que si, malgré le sauf-conduit protecteur qui lui avait été adressé, Esterhazy n'est pas venu à Rennes, c'est qu'il a été payé, par ceux que sa présence aurait gênés, par le véritable, le seul syndicat de trahison, pour rester à Londres ? Il se contenta de correspondre amicalement avec M. le général Roget. Une fois assurés de son silence, il se trouva même quelques témoins assez vils pour insinuer, sous la foi du serment, qu'Esterhazy était soit « l'homme de paille » de la famille Dreyfus, soit le complice de Dreyfus qui ne l'a jamais vu. Mais aujourd'hui pas une voix ne s'élève en sa faveur. M. le prince Henri d'Orléans s'est lavé les mains et M. Drumont se souvient d'Esterhazy comme de feu Stamir.

Pourtant, il ne faudrait point croire que les choses en resteront là. Les lettres d'Esterhazy au cousin qu'il escroquait ont réjoui nos cœurs de balzaciens. Ce prodigieux Balzac, qui avait déjà deviné Morny (Rastignac), avait également prévu Esterhazy. Philippe Bridau aurait signé ces lettres où le « cher commandant » de M. de Pellieux, le « brave commandant » de M. de Rochefort, se gausse du « Dieu des armées » et de ses prêtres, du « calotin dont la conversation lui a cassé les reins », recommande l'étude de l'économie politique et la profession d'un royalisme ardent comme de bons moyens pour faire des dupes, — ô J.-B. Say ! ô Henri IV !

qu'auraient dit vos grandes âmes ! — et pose en principe qu'il n'y a qu'un procédé pour réussir, « c'est de f... les gens dedans » et « de maquiller la vérité ». Le gredin est parfait. Mais on s'en doutait. Que serait-il advenu de la plainte de M. Christian Esterhazy si son cousin n'avait pas attendu, pour le dépouiller, de n'être plus en activité de service ? Le « cher commandant » aurait passé, dans ce cas, devant un conseil de guerre. Il y aurait incarné, une fois de plus « l'honneur de l'armée ». Le commissaire du Gouvernement s'y serait fait un devoir de lire, une fois de plus, les notes des généraux qui eurent ce bandit sous leurs ordres. Mais, par malheur, c'est la justice civile qui a eu à se prononcer. Et, par malheur encore, il existe entre la France et l'Angleterre un traité d'extradition.

Quand M. le ministre des Affaires étrangères et M. le garde des Sceaux auront réclamé l'extradition d'Esterhazy, qui peut douter de la réponse que fera l'Angleterre à cette demande ? Et je sais bien qu'Esterhazy, extradé pour un délit de droit commun, ne pourra pas être jugé pour les crimes de trahison qu'il a commis, postérieurement au bordereau, et qui ont été révélés, avec la clarté de l'évidence, au procès de Rennes. Mais il n'en faut pas moins que force reste à la loi. Le dilemme est implacable : ou demander la livraison de l'escroc (1), ou déchirer tous les traités d'extradition qui lient la France aux autres peuples civilisés.

Et quand Esterhazy aura été ramené, entre deux gendarmes, dans « cette France maudite », dans ce Paris qu'il rêvait de voir « livré au pillage de cent mille soldats ivres » ; quand il sera, en prison, dans l'impossibi-

---

(1) L'extradition ne fut pas demandée je fus même le seul, dans la presse, à la réclamer.

lité d'y recevoir les exhortations au silence, sonnantes et trébuchantes, de ses protecteurs d'hier, alors il parlera. Nous le verrons à Versailles, au procès Zola, où Labori lui posera quelques questions auxquelles il faudra bien, cette fois, qu'il réponde. Nous le verrons à Paris, au procès Henry, où il faudra bien qu'il s'explique sur sa vieille intimité avec le faussaire national. Quelques confrontations, avec Du Paty, avec Boisdeffre, avec Gonse, avec Ecalle, ne manqueront pas d'intérêt. Et la Vérité aura fait un pas de plus.

J'ajoute tout de suite qu'il y a un moyen, mais un seul, d'éviter cet épouvantable malheur : c'est de déclarer la guerre à l'Angleterre.

L'AMNISTIE CONTRE LE DROIT

13 novembre 1899.

Qu'à la France d'autrefois, affamée de justice, ait succédé une France affamée de silence, d'un silence précurseur des lourdes tyrannies, libre aux pessimistes de le dire : je repousse ce blasphème. C'est beaucoup plus simple et moins triste : une fois de plus, ce bon et crédule pays aura été dupe des mots. Le beau mot d'apaisement sonne, comme une agréable musique, à ses oreilles. S'il savait ce qu'il y a derrière le mot, peut-être ne voudrait-il pas de la chose. Quand il saura, ce sera trop tard. Enhardis, redevenus aussi bruyants qu'ils sont silencieux aujourd'hui, les amis des grands coupables continueront la lutte sur d'autres terrains. Ce ne sera pas l'apaisement; mais l'armée aura perdu une grande leçon de morale et de droit.

I

On a déjà observé que la chance la plus sérieuse des adversaires de l'amnistie, c'est la difficulté que rencontreront ses partisans à rédiger une loi qui se tienne.

Le gouvernement s'en est aperçu dès hier ; il a fait annoncer, après une première étude, que le capitaine Dreyfus ne serait point compris dans l'amnistie de l'affaire Dreyfus. Cette exception, à première vue, paraît bizarre, illogique. Au contraire, elle a été reçue par Dreyfus avec une grande joie.

L'amnistie, en effet, ne supprime pas seulement toutes les conséquences matérielles et morales de la condamnation ; elle supprime la condamnation elle-même qui est censée n'avoir jamais été prononcée, n'avoir jamais existé. Donc, ainsi que M. Yves Guyot l'a très clairement montré, impossibilité pour Dreyfus, s'il avait été amnistié, de poursuivre la revision du jugement de Rennes que la loi aurait aboli. On ne revise pas ce qui n'existe point. Après la justice militaire qui, par deux fois, lui avait ravi injustement son honneur, la loi serait venue, à son tour, le dépouiller, lui enlever le seul droit qui lui reste, celui de reconquérir son patrimoine le plus précieux par la seule manifestation de la vérité.

La liberté lui avait été octroyée moins dans son intérêt propre que dans celui de la France dégagée, par la grâce immédiate, du verdict de Rennes ; l'amnistie l'eût rendu plus pauvre dans cette liberté, trop chèrement payée, que sur le rocher où, la double boucle aux pieds, Lebon lui-même ne lui avait pas enlevé l'espoir sacré de la réhabilitation, de la vérité solennellement proclamée, de son nom restitué sans tache à ses enfants.

Ainsi l'amnistie aurait été pour cet homme, une iniquité de plus, la plus atroce de toutes.

Cet homme, ce n'est pas sa faute ! est un juif. Il n'y a jamais eu de race plus idéaliste. Humiliée pendant des siècles, emprisonnée dans la fétidité des ghettos, abreuvée de calomnies, condamnée aux métiers impurs et vils, elle n'a jamais vécu que de l'idée et pour l'idée. C'est même pour cela qu'elle a vécu, qu'elle a traversé l'histoire, alors que dépérissaient et mouraient autour d'elle les nations plus jeunes, heureuses et brillantes. Donc, cet homme, lui aussi, ce juif, n'a vécu, depuis cinq mortelles années, que pour l'idée. Quelle idée ? L'honneur. Il a été accusé, lui soldat, lui, alsacien, d'avoir vendu son pays pour de l'argent : vingt-cinq louis. Les siens ont été accusés d'avoir poursuivi la conquête de la vérité à coups d'argent : trente-sept millions. Que ne se contente-t-il, dès lors, de la bonne liberté matérielle, de la vie grasse, tranquille, dans une large aisance ! Eh bien ! non, il est juif, il a mis tout son bonheur dans l'idée, il lui faut son honneur qu'on lui a volé. Le monde entier l'a réhabilité, glorifié ! Et, de cela, encore un autre se contenterait. Lui, non. Et quel est le vrai fils ou de l'Évangile ou de la Révolution qui ne pense pas comme lui ? Reclouez-le plutôt sur son rocher, mais qu'il garde son droit à la justice, à la justice de son pays !

C'est ce droit que lui laisse le gouvernement en l'excluant de l'amnistie. Merci !

II

Pourtant, s'il lui laisse le droit, lui laisse-t-il tous les moyens de le faire valoir ?

Il n'en n'est rien.

Le ministère ayant la loyauté d'exclure le capitaine Dreyfus de l'amnistie, cette amnistie aura ce caractère, tout à fait nouveau dans l'histoire juridique, et, vraiment, un peu inexplicable en droit, de ne s'appliquer à aucun condamné. Elle sera faite tout entière pour — ou contre — des gens dont aucun n'est condamné et dont la plupart ne sont pas encore poursuivis. Sont seuls poursuivis, à cette heure, Picquart, Zola et moi. Il faut quelque bonne volonté pour rattacher, juridiquement, l'affaire Boulot et l'affaire des pigeons voyageurs, pour lesquelles Picquart est traduit devant le conseil de guerre, à l'affaire Dreyfus. — Je dis : juridiquement, parce que, en fait, si Picquart n'avait point affirmé la culpabilité d'Esterhazy et l'innocence de Dreyfus, s'il n'avait pas refusé d'être un faux témoin et le complice d'un crime, l'affaire des pigeons voyageurs et l'affaire Boulot n'auraient jamais existé. — Et ni le procès Zola ni le procès Henry ne sont intentés à la requête du ministère public. Ainsi, l'amnistie s'appliquera, si elle est votée : 1° à trois hommes qui ne sont pas encore poursuivis et qui ont peut-être quelques chances, s'il y a une justice, d'être acquittés ; 2° à tous ceux qui, auteurs principaux ou complices de vingt crimes, ne sont même pas encore poursuivis, mais qui tremblent de l'être.

Or, c'est précisément parce que l'amnistie s'applique à ces accusés *en puissance* et à ces trois accusateurs qu'elle réduit ou paralyse les moyens d'action du capitaine Dreyfus.

Estherazy ayant été acquitté du fait du bordereau, la revision, en effet, ne peut s'ouvrir pour Dreyfus que dans deux cas : celui du paragraphe 3 et celui du paragraphe 4 de l'article 443 du code d'instruction criminelle.

Le paragraphe 3 est ainsi conçu :

« La revision pourra être demandée lorsqu'un des témoins entendu aura été, postérieurement à la condamnation, poursuivi et condamné pour faux témoignage. »

Donc, si l'amnistie comprend, sans exception, toutes les affaires connexes à l'affaire Dreyfus, celles qui sont à la veille d'être intentées comme celles qui sont en cours, ce moyen échappe à l'innocent. Qu'il acquière demain la preuve que l'un ou l'autre des témoins de Rennes s'est parjuré et a menti sous la foi du serment, l'amnistie lui barre ici la route de la revision. Il ne pourra dénoncer ni poursuivre aucun de ces faux témoins. L'amnistie n'aura pas seulement prescrit en quelques mois, mais supprimé leurs crimes.

Et, de même, bien que de façon moins formelle, pour le paragraphe 4 dont je rappelle le texte : « La revision pourra être demandée lorsque, après une condamnation, un fait viendra à se produire ou à se révéler, ou lorsque des pièces inconnues lors des débats seront représentées, de nature à établir l'innocence du condamné. »

Donc, si l'amnistie s'étend au procès Zola et au mien, l'innocent perd du coup quelques-unes de ses chances, et des plus importantes, de voir surgir le fait nouveau qui lui rendra l'honneur officiel. On imagine bien que, si Zola a provoqué son procès par son admirable lettre au Président de la République, et si j'ai accepté le mien, ce n'est pas pour le plaisir de plaider : c'est dans l'espoir de faire jaillir des débats, sous la parole pressante de Labori, le fait nouveau, d'y amener l'un ou l'autre de ceux qui détiennent les pièces d'où résulte, matériellement, la culpabilité d'Esterhazy.

Le fait nouveau, évidemment, peut se produire ailleurs, et sa conscience finira, peut-être, par parler un peu plus haut à Schwarzkoppen. Cependant une grande source de vérité aura été tarie.

Et, d'autre part, si vous exceptez de l'amnistie ces

trois défenseurs de la vérité et ces coupables, ces accusés en puissance, il n'y a plus d'amnistie.

Laissez ouverte, par un article additionnel, l'action publique contre les faux témoins du procès de Rennes, X... ou Y..., dont le crime pourra être prouvé demain ou ce soir, et que reste-t-il alors de l'amnistie ? Et comment ne feriez-vous pas cette exception ?

III

Enfin, il n'y a point que le cas de Dreyfus, qui n'est pas, au surplus, un cas individuel, parce que le droit d'un seul ne peut être lésé sans que le droit de tous ne soit atteint; mais peut-on faire l'amnistie, passer l'éponge sur Mercier et les siens, sans infliger à l'armée une nouvelle blessure ?

Faut-il répéter, une fois de plus, qu'aucun de nous ne demande une seule de leurs têtes ? Qu'en ferions-nous ? Mais est-il possible que les représentants de la France disent à son armée que la forfaiture, le faux témoignage et le faux ne sont des crimes que lorsque des civils en sont les auteurs ; que les chefs galonnés, empanachés, étoilés, les peuvent commettre à leur aise ; que l'éclat des grades couvre toutes les vilenies ; et qu'il n'y a qu'un crime, un seul, qu'un officier ne puisse commettre impunément, c'est d'avoir une conscience et de lui obéir ?

Il n'était question, il y a quelques années, que du rôle éducateur et moralisateur des officiers. Un officier, du plus rare mérite, publia sur cette grave question une étude magistrale, pleine à déborder des plus nobles pensées et dont le retentissement fut considérable. Et c'est à cela qu'aboutirait ce généreux effort ! La voilà la leçon de morale et de justice que la République donnerait à l'armée !

Le colonel Bertin, au procès de Rennes, a résumé, dans une phrase d'un charmant cynisme, le crime de Picquart : « J'ai compris qu'il y avait quelqu'un qui ne marchait plus derrière les chefs. » Et Billot, reconnaissant, de lui rendre aussitôt la politesse : « Le colonel Bertin avait toutes les qualités de l'officier d'état-major : *l'impersonnalité...* » Il aurait fallu, sans doute, pour bien faire, que les tirailleurs de Voulet et Chanoine marchassent, eux aussi, derrière les chefs ! O beauté de l'obéissance passive ! ô lois mystérieuses de l'histoire qui a voulu que le problème où s'était brisée toute l'éloquente raison des penseurs, fût résolu au milieu des sables de l'Afrique ! Picquart refuse de se faire le complice conscient d'un assassinat, de se parjurer par ordre ; et le seul officier qui aura été chassé de l'armée, c'est lui !

Je pense, et je le dis franchement, que la monarchie d'autrefois, celle qui ne mettait pas la main du Roi dans celle des bandits et qui ne parlait pas le langage des mauvais lieux, je pense que ce n'est point cette leçon qu'elle eût donnée à l'armée. Elle avait une autre notion de la justice. De tous les corps constitués qui forment une nation, celui où il est le plus dangereux de beaucoup de laisser s'introduire des germes de démoralisation, où la plus élémentaire prudence commande de les extirper à la première manifestation de leur œuvre corruptrice, où le culte de l'honneur doit être le plus jalousement entretenu, c'est l'armée. Prenez-y garde, républicains ! Demain, après-demain, il pourrait être trop trop tard. La gangrène travaille vite. Ce dépôt, que vous avez reçu intact de la vieille France, tremblez qu'il ne risque de se dégrader entre vos mains! Tout ce que vous ferez contre la justice, vous le ferez, du même coup, contre la liberté. Quand vous aurez décrété l'impunité des crimes qui ont été commis, c'est contre vous que se retourneront ces crimes féconds. Car ce sont des crimes qui ont été commis, et vous le savez bien, et vous le proclamez vous-même en les amnistiant d'avance, avant qu'ils aient été frappés! Ce n'est pas la vertu qu'on amnistie.

Que vous demandons-nous? D'attendre, pour amnistier, que l'encre soit sèche sur le verdict qui aura dit que la forfaiture est et reste un crime? Non, pas même cela. Vous amnistierez, nous amnistierons avec vous, quand l'encre sera encore humide sur l'arrêt. Quelle hâte inexplicable vous emporte? Laissez seulement rendre l'arrêt vengeur. Laissez seulement passer la justice...

L'HOMME DU CRIME

11 décembre 1899.

I

Des hommes, les plus sincèrement épris de justice et les meilleurs, se laissent parfois séduire par le mirage de la raison d'État; ils projettent des actes qui s'expliqueraient seulement par la politique, ou par ce que l'on appelle ainsi, l'intérêt bien ou mal entendu. On peut le regretter, non s'en inquiéter. Ils ne savent pas s'y prendre; l'habitude leur manque de ces sortes de coups. Les œuvres de la justice sont lentes: *patiens quia æterna*. Celles de l'injustice veulent être brusquées. Demandez à Dupuy: il n'a pas laissé traîner la loi de dessaisissement. La loi d'amnistie devait être emportée à la housarde; il ne fallait laisser le temps ni à la réflexion de réagir, ni au crime enhardi de se redresser.

J'ai été des premiers, le premier peut-être, à combattre l'idée de l'amnistie. Non pas parce que j'y étais intéressé. Si j'avais cru l'amnistie juste, politique dans le haut sens du mot, je l'aurais appuyée; j'aurais eu le plus haut courage, celui de paraître en manquer. Mais j'ai pensé, et je n'ai pas cessé de penser que ce grand pays du droit, où la justice a subi tant de désastres, se doit, à lui-même de ne pas donner, pour un apaisement d'une heure, une éternelle leçon d'immoralité au peuple et à l'armée.

Ce n'était alors que le projet d'un simple député, M. Codet; le Gouvernement l'a repris et aggravé. Son projet comporte l'extinction des actions civiles en même temps que des actions publiques. Cela a paru roide, même à mon ami Cornély, l'inventeur de l'*éponge*. C'est le retour, disait-il, au vieux droit régalien d'abolition. Cornély faisait erreur. Les lettres d'abolition se terminaient par cette formule : « *Satisfaction préalablement faite à partie civile, si fait n'a été*, imposons sur ce silence à nos procureurs généraux, leurs substituts et tous autres. » Ainsi, l'ancien régime lui-même n'osait pas toucher au droit des individus; il ne renonçait qu'au sien. Pourtant, il faut aller jusque-là, plus d'un siècle après la Révolution, ou ne rien faire. Car, si on ne va pas jusque-là, le procès de Zola et le mien ne feront que passer d'une juridiction à une autre, avec leurs processions de témoins.

La commission sénatoriale ne s'est réunie qu'une fois, pour recevoir le projet du Gouvernement; elle s'est ensuite ajournée *sine die*. La nuit porte conseil. Ce qui ne veut pas dire seulement que le calme des nuits est propice aux judicieuses pensées. Elles naissent encore et se développent mystérieusement dans le sommeil. Au réveil, l'on voit clair, plus clair. J'attendais le réveil de la commission.

II

L'opinion a été d'abord indifférente. Nos protestations, au nom du droit idéal, tombaient dans le vide. Nous avions l'apparence fâcheuse de gêneurs; nous étions les ennemis de l'Exposition!

Le moindre fait est plus éloquent que les plus beaux discours. Quelques menus faits se produisirent. Zola fait opposition au jugement qui l'a condamné, par défaut, dans son procès contre le trio d'expert; il a dû payer trente ou quarante mille francs aux trois Couard qui avaient attesté que le bordereau d'Esterhazy, reconnu par Esterhazy, n'était pas d'Esterhazy. Loi d'amnistie : la justice ne passe pas. Picquart avait été odieusement diffamé par un journal; le *Jour* a publié qu'il s'était rencontré avec Schwarzkoppen à Carlsruhe, qu'une photographie instantanée de l'entrevue avait été prise et qu'elle était en sa possession. Picquart poursuit, depuis dix-huit mois, le journal qui se dérobe. Il le tient enfin. Loi d'amnistie : la justice ne passe pas.

Ainsi, même avant d'être la loi, le projet d'amnistie n'avait d'autre résultat que de barrer la route à la justice. Que sera-ce quand le projet sera devenu loi?

III

Oui, mais l'apaisement? L'argument de l'apaisement restait; il était très redoutable, bien que, sans amnistie, l'apaisement se faisait de lui-même, par la seule force des choses, dans les esprits. On ne peut pas toujours se battre; les réparations nécessaires peuvent être poursuivies, sans accompagnement de guerre civile.

C'est alors que M. le général Mercier est sorti de l'ombre où il s'était réfugié, après son abominable victoire de Rennes. Des âmes naïves avaient supposé à cette âme sombre, sinon des remords, du moins quelque pudeur. Qu'on le laisse prisonnier de son crime: il est assez puni !

C'était mal connaître cet homme et aussi, hélas! le parti royaliste, ce qui s'appelle aujourd'hui le parti royaliste. Ce fut un grand et noble parti, parce que la monarchie française a été une noble et grande chose. Elle avait fait la France; le parti, qui avait survécu au Roi, à celui qui mourut enveloppé de son drapeau et qui voulait que les lys restassent blancs, avait gardé un reflet de tant de gloires. Et c'est ce parti, qui fut celui de Chateaubriand et de Berryer, c'est lui qui est allé chercher cet homme dans sa honte pour lui offrir, sur un plat d'argent, une candidature au Sénat.

Ordre du duc. Car c'est Monseigneur lui-même qui a voulu cette bravade stupide, ce défi à l'honneur, à la conscience. L'aïeul avait combattu à Valmy. Le grand-père avait été le lieutenant des lieutenants de l'Empereur. Le père eut Boulanger. Le fils tombe à Mercier.

Ses pires ennemis n'en espéraient point tant. S'il avait mis sa main royale dans celle de M. Jules Guérin, il avait, du moins, refusé sa porte à M. Arthur Meyer. Et il prend Mercier!

IV

Nous avons plus de chance que nous n'en méritons. Quelques-uns — et des meilleurs, je le répète — avaient pensé à jeter sur les crimes de cet homme, qui fut général et ministre de la République, le voile de l'oubli. Et le voici, défiant la conscience du monde, qui relève le front, se pose en chef de parti, fait à l'armée l'atroce injure de confondre sa cause avec la sienne, se prépare à forcer, par effraction, avec une bande de chouans, l'entrée du Sénat de la République !

Il convient de remercier Mercier. Prenant le Sénat de la République pour celui de l'Empire, l'auteur responsable de tant de désastres

> Se sent assez forçat pour être sénateur.

Il ouvre ainsi les yeux à ceux qui les fermaient. Il devient, à la façon de Cavaignac, un puissant auxiliaire de la Justice et de la Vérité.

Des républicains allaient laisser à l'Histoire le soin de le marquer à l'épaule. Il les oblige, lui-même, à avancer l'opération. On allait oublier ses crimes. Lui-même, il les rappelle, s'en targue, les étale comme des blessures glorieuses ou des titres d'honneur. La République allait déserter son devoir. Il l'y accule, j'entends : au droit, à la justice.

Il s'est produit, l'autre soir, en public, entre un luthier et un cuistre d'Académie. La tourbe l'accueille d'un grand cri : « A bas Galliffet ! » Mercier s'incline, salue. C'est les mêmes patriotes qui criaient, à tue-tête, le 11 janvier 1898, aux abords du Cherche-Midi : « Vive Esterhazy ! »

Et maintenant, amnistiez cet homme, ce crime vivant, impuni !

LES ÉTAPES DE L'AMNISTIE

27 décembre 1899.

Ce nuage noir, qui menaçait d'envahir tout le ciel, de crever sur notre moisson de justice, fauchant les épis encore verts, à peine dorés, il s'éloigne, sous le vent, vers l'horizon.

Ce n'est point nos discours qui le dispersent, mais les actes de ceux qui auraient le plus besoin de clémence et d'oubli.

Depuis le commencement de cette trilogie qu'est l'affaire Dreyfus, il y a eu plusieurs moments où l'amnistie eût été possible, où il eût été aisé de jeter le pieux manteau sur les crimes de ceux qui avaient fait condamner un innocent, ou qui, le sachant innocent, le gardaient au bagne.

Je ne dis pas que les principes de l'éternelle justice y auraient trouvé leur compte : — mais, quand donc, à quelle époque, dans quel pays l'ont-ils trouvé? Et quels sont-ils? demandera quelqu'un. Le droit de punir est-il un droit? N'est-il qu'un pouvoir s'exerçant au profit d'une collectivité sociale, sans que personne puisse affirmer, en conscience, que l'humanité en soit devenue meilleure depuis tant de siècles qu'il s'exerce ?... Je dis seulement que, plus d'une fois, la chose eût été possible.

Elle l'eût été, quand Picquart découvrit la trahison d'Esterhazy. Le crime judiciaire de 1894 ne lui sembla qu'une erreur. La revision de l'inique condamnation eût tout emporté, tout lavé, tout effacé, sans qu'on sût même tout ce qu'il y avait à effacer et à laver. Rien de plus facile. Il n'y avait qu'un homme à sacrifier, le traître. Billot, général alors républicain, n'avait qu'un mot à dire, un seul, pour faire cette grande œuvre, pour ajouter à l'histoire française cette noble page : l'Armée elle-même, spontanément, sans sommations véhémentes ou violentes, reconnaissant son erreur, rouvrant ses bras à l'infortuné qui n'avait jamais cessé d'être digne d'elle. On éprouve une cuisante douleur à la pensée que cela aurait pu être, si aisément, au milieu de l'admiration du monde, — et que cela n'a pas été. Billot, du coup, passait grand citoyen ; le mérite en eût été pour lui, plus que pour Picquart. Or, cette gloire que lui offrait Picquart, il la repoussa, sans qu'on puisse dire exactement pourquoi. Fut-il réellement trompé par le faux Henry ? Je ne puis le croire. Parce que l'homme est intelligent, que les circonstances où cette pièce lui parvint ont dû lui sembler suspectes. Parce que cette pièce, qu'il aurait dû étaler, s'il l'avait crue authentique, il l'a cachée à tous, même à Picquart. Parce que, de toute cette crise aiguë de l'État-Major, il ne dit rien alors à ses collègues du ministère, ni à Méline, ni à Hanotaux, et cela à la veille de l'interpellation Castelin sur l'affaire Dreyfus, au moment où commença la campagne pour la revision. On ne m'ôtera pas de l'idée que Billot a dû être prisonnier de quelque menace. C'est un des problèmes que je me propose d'élucider à mon procès.

Un an plus tard, il eût été encore possible de jeter le voile sur les crimes de l'État-Major. Quand Scheurer apporta, à son tour, la revision au même Billot, il la lui portait comme à un vieil ami, à un républicain qu'il croyait animé des mêmes sentiments que lui ; il ne voulait rien pour lui de la gloire d'être le Voltaire du nouveau Calas, la voulait tout entière pour la République. Dans l'ignorance profonde où nous étions tous, à cette époque, des faits aujourd'hui établis, la revision eût suffi. Combien facile encore ! Proposée par le chef de l'armée, au lendemain du voyage triomphal de Félix Faure en Russie, à l'apogée du ministère Méline, chef d'une majorité confiante et fidèle, la revision se serait faite sans trouble, n'excitant la colère que de la presse antisémite. Notre corps d'officiers, le pays, dans leur immense majorité, n'avaient pas encore été empoisonnés par de hideux sophismes ; ils ne confondaient pas avec l'honneur de l'armée le prétendu respect d'une chose injustement jugée, le maintien d'un innocent au bagne et dans la honte. Alors encore, il eût suffi de sacrifier Esterhazy, et un peu d'amour-propre. Et pourquoi ne l'a-t-on pas fait ?

Dix mois après, malgré tant de crimes et de fautes que le refus de rendre justice à l'innocent avait révélés ou fait commettre, l'aveu d'Henry offrait aux chefs de l'armée une chance nouvelle de faire à la fois la revision et l'amnistie. Sans doute, bien des ruines s'étaient déjà accumulées ; la France avait été déjà déchirée cruellement ; quelque chose de cette vieille réputation de loyauté, de générosité, qui était l'auréole du haut commandement militaire, avait été déjà dédoré. Cependant, tout le crime pouvait être encore celui du seul Henry qui aurait trompé ses chefs et qui s'était condamné lui-même. Toute cette crise eût pu n'être qu'un immense malentendu. La réparation de l'erreur aurait suffi aux plus impatients, aux plus meurtris, à Picquart calomnié, chassé de l'armée, jeté en prison, à Zola diffamé et proscrit. Or, une fois de plus, les chefs de l'armée ne voulurent pas : Cavaignac, puis Zurlinden, puis Chanoine. Pourquoi, malgré tant d'éblouissante évidence ? Pourquoi, à cette heure où tous les yeux s'ouvraient, où les adversaires les plus acharnés de la révision s'y résignaient, pourquoi avoir recommencé la lutte, une lutte tous les jours plus périlleuse pour ceux qui s'y engageaient ? Qui ne voit qu'il y a là, quelque part, un mystère horrible, plus horrible que tout ce nous savons, qu'on veut cacher à tout prix, qu'on forcera ainsi par cela même, un jour ou l'autre, à éclater ?

Pourtant, comme si elle eût voulu épargner une telle douleur à la France et à l'armée, la Fortune propice ne se lassa point. Si la Cour de cassation est très loin d'avoir fait la lumière sur le drame tout entier, du moins l'a-t-elle faite sur Dreyfus, si innocent, l'infortuné, de toute faute ! Esterhazy, lui-même, s'avouait l'auteur du bordereau. Si ceux qui n'étaient plus, dès lors, les chefs de l'armée, qui l'avaient été sans nul espoir de le redevenir, s'ils s'étaient inclinés devant le verdict de la Cour suprême, tout était fini. Il leur eût suffit de dire, comme Pauline : « Je vois, je crois, je sais... », pour que Rennes, aujourd'hui la cité du crime, devînt le théâtre d'une touchante réconciliation nationale. Alors encore, dans l'immense joie de la justice reconquise, l'oubli, le pardon auraient été aisés. Les coupables n'avaient-ils pas été punis par assez de honte, par la perte de leurs brillantes fonctions, par leurs rêves d'avenir irrémédiablement brisés ? Mais quoi ! la lutte reprend, plus âpre, cent fois plus abominable que par le passé. Quand tout sera connu du procès de Rennes, celui de 1894 en paraîtra presque anodin, malgré la forfaiture de Mercier, les faux témoignages et les faux d'Henry. Ces hommes arrachent à cinq juges un verdict qui est un outrage à la raison humaine. Et, s'ils ne sont pas fous, et ni Mercier ni Boisdeffre ne le sont, pourquoi s'obstinent-ils ainsi?

Dirai-je qu'une cinquième fois le destin leur a offert le salut, malgré l'iniquité renouvelée? C'est un fait. Le décret de grâce, en déchirant le verdict de Rennes, en rendant à l'innocent la liberté, en arrachant à la cause de la revision l'arme puissante de la pitié, rouvrait la porte à l'amnistie. Dans ce pays fatigué par trois années d'une véritable guerre civile, déjà fatigué avant ces trois années, très vieux, où si peu d'hommes ont assez de foi au cœur pour que la délivance du Droit idéal, du Prométhée enchaîné, leur semble valoir la peine du plus sacré des combats, où beaucoup, et des meilleurs, en avaient assez de remuer sans fin tant de boue, dont la grande soif insatiable est de repos et de paix, que fallait-il pour assurer le succès de l'amnistie, quelque immorale qu'elle fût? Bien peu de chose. Rien qu'un peu de pudeur chez les vainqueurs de cette affreuse bataille, chez ceux qui avaient emporté l'imbécile sentence de Rennes! Qu'ils se cachent, qu'ils se taisent pendant quelques heures, et les derniers efforts des derniers des Romains, des derniers soldats du Droit idéal, se briseront à l'universelle lassitude. Et ce sera l'amnistie, l'oubli — jusqu'à l'inéluctable revanche de l'Histoire.

Eh bien, non! Et il ne fallait pas, sans doute, qu'il en fût ainsi, puisque Mercier lance à la conscience publique, bien plus — on entend ce que je veux dire par

« bien plus » — aux intérêts politiques, d'ailleurs les plus légitimes, le défi de sa candidature au Sénat et d'un nouveau boulangisme, plus honteux cent fois que l'autre. Aussitôt, l'amnistie subit un nouveau recul ; elle redevient impossible, — si les républicains n'ont point perdu clairvoyance et raison. O Mercier, Gribouille gigantesque qui, par peur du bagne, t'y replonges.

Tarquin avait été plus sage que les auteurs de ce grand crime. A chaque fois que la Sibylle jetait au feu l'un des livres du Destin, elle élevait le prix de ceux qu'elle continuait à lui offrir. Mais il ne lui permit pas de brûler le dernier, il l'acheta pour le prix qu'il avait refusé pour les trois.

Est-ce le dernier livre de la Sibylle qui vient d'être jeté dans le brasier ? Est-il consumé tout entier ? N'en reste-t-il pas une page ?

Je veux croire que ce dernier livre de la Sibylle n'est plus qu'une pincée de cendres. Je pense, en effet, que l'amnistie serait un grand malheur pour ce pays, où il est nécessaire de rétablir la claire notion du Droit, comme pour l'Armée, qui ne retrouvera son équilibre que par une grande leçon de morale et de justice. Je ne crois pas que le droit de juger ne soit pas un droit. Quand le Dieu rémunérateur et vengeur disparait du ciel, les religions sont mortes. Quand le juge rémunérateur et vengeur disparaîtra de la terre, ce sera la fin des sociétés civilisées.

Il est mauvais qu'on mette un crime dans un temple.

Il faut un exemple qui empêche, de longtemps, la race des Mercier de recommencer.

ASSEZ!

21 janvier 1900.

Je lis, dans l'*Aurore*, sous la signature de M. Urbain Gohier :

Il y a cinq ans, la vue de l'uniforme éveillait chez le bon citoyen de tristes souvenirs. Il se rappelait les désastres sans nom, les lâchetés, les trahisons, les troupeaux de généraux livrant les tas de drapeaux, les capitulations honteuses, la patrie rançonnée, mutilée. Il se rappelait encore le massacre de trente-cinq mille Parisiens ; les Galliffet, les Boulanger, les Déroulède, se vautrant dans le sang français, égorgeant les vieillards et les femmes, rôtissant les blessés, pour se rattraper de leur couardise devant l'envahisseur.

J'ai, évidemment, les yeux autrement faits que ceux de M. Gohier et je me crois aussi bon citoyen que lui ; je suis même, certainement, un plus ancien républicain que l'ex-rédacteur du *Soleil*. Mais la vue de l'uniforme français n'a jamais éveillé chez moi les mêmes souvenirs que chez lui.

Oui, certes cette vue me rappelait les désastres de l'Année terrible. A peine au sortir de l'enfance, j'ai vu passer la guerre et l'invasion ; et ceux de nous qui ont vu ces choses en resteront, jusqu'à la fin de leurs jours, très différents de ceux qui les ont seulement lues dans les livres. Aucune évocation historique ne fera éprouver à leurs cœurs la douleur qui a été la nôtre, qui a empoisonné et, aussi, ennobli toute notre vie.

Cependant, il suffirait d'avoir lu les livres pour ne point parler de ces souvenirs comme en parle M. Gohier et comme jamais n'en a parlé aucun écrivain étranger, allemand, anglais ou italien, quelle que fût sa gallophobie ou quel que fût son mépris de la vérité historique. De la vérité historique ou de cette armée d'autrefois, je ne sais pas, en effet, à laquelle M. Gohier fait le plus injustement injure.

Il n'y a pas eu en 1870, monsieur Gohier, que des Bazaine. Depuis le premier coup de canon de Wissembourg jusqu'au dernier coup de fusil de Buzenval, il y a eu des milliers et des milliers de braves gens qui ont fait courageusement leur devoir, qui ont disputé pied à pied, à un ennemi plus nombreux et plus savant, le sol de la patrie, qui l'ont arrosé de leur sang et qui ont lutté jusqu'à la dernière cartouche et jusqu'à la dernière bouchée de pain, faisant l'émerveillement du monde et de la postérité, alors que l'espérance elle-même semblait morte.

Et je ne parle pas seulement du soldat, de l'humble soldat anonyme, d'autant plus héroïque et d'autant plus glorieux, puisqu'il ne combat et ne meurt, sans espoir de lauriers et de statues, que pour le devoir et pour la patrie. Mais je parle aussi des chefs, de tant de chefs que vous n'avez pas le droit, parce qu'ils ont été malheureux, d'englober dans cette atroce formule, « les troupeaux de généraux livrant les tas de drapeaux ».

Hélas ! à côté du seul traître, Bazaine, il y a eu des chefs incapables, ignorants, des généraux de cour et des généraux d'antichambre qui furent indignes de commander à ces soldats. Mais combien d'autres qui furent dignes d'eux ; qui, depuis des années, dénonçaient les causes profondes d'où sortirent nos désastres ; qui ne furent pas écoutés et qui, devant l'ennemi, firent leur devoir, tout leur devoir, avec d'autant plus de courage et d'abnégation ! Faut-il les nommer, ceux qui tombèrent sur les champs de bataille, morts ou cruellement blessés, les Douai, les Margueritte, les de Sonis, tant d'autres ? Et tous ceux qui, tel jour, purent croire qu'ils tenaient la victoire et qui certainement, ont sauvé l'honneur : Mac-Mahon à Wœrth, Canrobert à Gravelotte, Trochu et Ducrot sur la Marne, d'Aurelles et Chanzy sur la Loire, Bourbaki à Villersexel, Faidherbe à Bapaume, Charette à Loigny, Denfert à Belfort ? Quoi ! cet uniforme ne vous rappelle que les hontes, et rien de ces gloires, pas même cette charge que conduisait Galliffet et qui arrachait au vieux roi Guillaume un cri d'admiration !

Je vous plains, monsieur Gohier.

Je suis de ceux qui, dans la *République française* d'autrefois, aux côtés de Gambetta, ont plaidé la cause de l'amnistie pour les vaincus de la Commune. Où étiez-vous alors ? Sans doute, encore au collège. Mais, alors même, dans l'ardeur des polémiques, les amis de Gambetta auraient brisé leur plume plutôt que d'accuser les généraux de l'armée de Versailles « d'avoir rôti les blessés, pour se rattraper de leur couardise devant l'envahisseur. »

Je crois avoir combattu Boulanger avec quelque vigueur. Le *Soleil* de M. Hervé, votre directeur politique, le recommandait aux suffrages des Parisiens (1).

(1) En fait, le *Soleil* conseillait l'abstention. Vacquerie, dans le *Rappel*, démontra que c'était une façon indirecte, hypo-

Election qui ne fut pas moins honteuse que ne le serait demain celle de Mercier. Et j'ai échangé quelques balles avec M. Déroulède. Mais jamais je ne leur aurais jeté à la face d'aussi atroces et ridicules inventions.

Je crois, et je l'écris comme je le pense, qu'on a abusé du *Gloria Victis !* La pure, la sainte inspiration de mon ami Mercié a été, depuis quelques années, dénaturée, faussée, endormant les âmes. Il y avait plus de santé morale, de revanches latentes, de victoires en puissance, dans le brutal *Væ victis !* du vieux brenn gaulois.

Cependant, il y a une auréole sur ces grands deuils de la patrie : malheur à qui le méconnaît !

M. Gohier écrit encore ceci :

Maintenant, la vue de l'uniforme évoque d'autres pensées. L'honnête homme songe aux parjures, aux faux témoignages, aux faux, aux escroqueries, aux vols, aux ignominies féroces, à tous les crimes bas et vils que la caste militaire a commis sans relâche et qu'un hasard a découverts.

Sur l'uniforme militaire, la boue a recouvert le sang.

Eh bien ! non, encore non, et cent fois non !

Ces parjures, ces faux, ces crimes de toutes sortes, je ne pense pas que M. Gohier reproche au *Siècle* de ne les avoir pas flétris avec assez de vigueur. Mais nous n'avons accusé jamais que leurs seuls auteurs, dans plusieurs centaines d'articles et dans près de deux mille pages ; nous n'avons jamais poursuivi que des responsabilités individuelles, en dégageant l'armée elle-même, qui y était étrangère, et qu'il est inique, sinon perfide,

---

crite, « orléaniste », d'assurer le succès de Boulanger contre Jacques.

d'associer à la honte de quelques scélérats, traîtres ou faussaires.

Est-ce seulement pour la cause de la Justice, du Droit, de la Vérité, que nous avons combattu ? Toutes ces batailles que nous livrons depuis trois longues années, ne les avons-nous pas livrées aussi pour l'Armée, pour l'armée nationale, pour son véritable honneur, parce que nous la voulons pure de toute compromission, de toute souillure, et parce qu'elle a été toujours, et parce qu'elle sera toujours, notre espoir et notre suprême pensée !

Quoi ! la vue de l'uniforme n'évoque, aujourd'hui, chez M. Gohier, que la pensée d'Esterhazy, d'Henry ou de Mercier ! Malheureux que vous êtes, cet uniforme n'est-il pas aussi, ou n'a-t-il pas été, celui de Picquart, des Freystætter et des Hartmann, des Forzinetti et des Sébert et des Ducros ? Et alors même que ces justes ne se seraient pas trouvés dans l'armée, de quel limon croyez-vous qu'est faite l'âme de ceux que vous appelez des « honnêtes hommes », quand vous écrivez qu'ils ne voient sur l'uniforme français que la boue recouvrant le sang ?

Sans doute, beaucoup de chefs et beaucoup d'officiers, — la plupart, si vous voulez, bien qu'à mon sens la grande muette soit très loin de partager les haines et les préjugés de quelques braillards galonnés, — oui, beaucoup d'officiers se sont trompés dans cette tragique affaire et, s'étant une fois trompés, trompés par une presse immonde, se suggestionnant eux-mêmes, ils se sont laissé emporter, avec la fougue du tempérament, à de fâcheux excès de paroles et, surtout, de pensée ! Ils ont cru, et, quand ils vous lisaient, ils pouvaient croire que les défenseurs de la justice ne poursuivaient pas que le seul redressement d'une criminelle erreur et la réforme des abus. Ils ont cru, à tort, mais souvent, de bonne foi, que l'Armée, que la Patrie elle-même, étaient en jeu.

Eh bien ! je ne leur en veux pas, et nul de ceux qui pensent comme moi ne leur en a voulu ! Ils ont pensé que le Drapeau était menacé, et ils ont volé au Drapeau. Fatal malentendu, erreur plus déplorable encore que celle qui a fait condamner un innocent, qui nous a remplis, combien de fois, d'une immense douleur, qui nous a fait verser combien de larmes silencieuses ! Quoi ! d'un côté, la Justice, le Droit, et, de l'autre, l'Armée ! Et cela quand notre ambition était l'Armée plus forte, plus juste, plus digne de ses gloires passées et d'elle-même ! Mais, quand même, je les saluais, ceux qui se trompaient ainsi, — j'entends : ceux dont l'erreur a été loyale, que la passion politique ou religieuse n'a point dominés, — parce que leur erreur était due à un noble sentiment ; et je les salue encore, et pour la même cause, ceux-là mêmes qui sont pleins de haine pour moi, parce que j'ai été et que je reste l'un des soldats de la Justice, qui me tiennent pour je ne sais quel affreux malfaiteur et qui m'ont arraché mon uniforme !

Oui, monsieur Gohier, vous pouvez railler, si cela vous plaît, les sentiments chrétiens du juif que je suis et les naïvetés patriotiques de l'horrible sans-patrie que je suis aussi ! Raillez-moi, monsieur Gohier ! Mais je continue à saluer ces hommes qui ont été trompés, qui seront détrompés un jour, j'en ai la ferme espérance, et qui, même s'ils ne doivent jamais être détrompés, n'en sont pas moins dignes de respect et d'estime, parce que la pensée qui les guide, et qui les trompe, a sa source dans l'amour de la Patrie et de l'Armée.

Nous avons montré, nous autres, que le sentiment du Droit n'est point mort dans notre pays. Ils ont montré, eux, tout en faisant erreur sur les faits, quelle est, dans notre corps d'officiers, l'ardeur d'un patriotisme jaloux. Moi, qui, peut-être plus que vous, ai été insulté, outragé, vilipendé, traîné dans la boue et haï, je m'incline devant leur patriotisme et je les en honore.

Écoutez, monsieur Gohier, ces paroles de Gambetta :

Il faut réfléchir quand on parle du patrimoine de la France. La France, vous avez eu raison de le dire, sera d'autant plus attrayante qu'elle ne sera régie que par la loi, qu'elle sera aux mains de tous les citoyens et non plus aux mains et soumise aux caprices d'un seul.

Ah! oui, la France glorieuse et replacée sous l'égide de la République, à la tête du monde, groupant sous ses ailes tous ses enfants désormais unis pour la défendre au nom d'un seul principe et présentant au monde ses légions d'artistes, d'ouvriers, de bourgeois et de paysans ; ah, oui, il est bon de faire partie d'une France pareille, et il n'est pas un homme qui, alors, ne se glorifiât de dire, à son tour : « Je suis citoyen français ! »

Mais il n'y a pas que cette France, que cette France glorieuse, que cette France révolutionnaire, que cette France émancipatrice et initiatrice du genre humain, que cette France d'une activité merveilleuse et, comme on l'a dit, cette France nourrice des idées générales du monde ; il y a une autre France que je n'aime pas moins, une autre France qui m'est encore plus chère, c'est la France misérable, c'est la France vaincue et humiliée, c'est la France qui est accablée, c'est la France qui traîne son boulet depuis quatorze siècles, la France suppliante vers la justice et vers la liberté, la France que les despotes poussent constamment sur les champs de bataille, sous prétexte de liberté, pour lui faire verser son sang par toutes les artères et par toutes les veines, la France que, dans sa défaite, on calomnie, que l'on outrage, oh ! cette France-là je l'aime comme l'on aime une mère ; c'est à celle-là qu'il faut faire le sacrifice de sa vie, de son amour-propre et de ses jouissances égoïstes ; c'est de celle-là qu'il faut dire : là où est la France, là est la patrie !

Eh bien! ce que Gambetta disait de la France, je le dis, moi, le plus modeste, mais non pas le moins fidèle de ses disciples, je le dis de l'Armée.

Ah! oui, il est bon de faire partie d'une armée victorieuse, promenant à travers le monde les idées émancipatrices de la Révolution, portant la Justice dans les plis de son drapeau et plantant les arbres de la Liberté dans les villes conquises! Mais il y a une autre armée qu'il ne faut pas moins aimer, c'est cette armée qui, par une faute qui n'était pas la sienne, a été vaincue et humiliée, qui traîne sa défaite depuis trente années, qui ne retrouvera son équilibre moral qu'avec la victoire, comme la France ne retrouvera l'intégrité de son cerveau qu'avec l'intégrité de son territoire, qui crie vers la Gloire, dont le patriotisme s'affole au moindre vent d'orage, à cause du souvenir même de ses défaites, terriblement inquiète et susceptible, et dont les plus douloureuses erreurs sont respectables, parce qu'elles ont leur origine profonde dans le plus sacré des sentiments. Et c'est cette armée-là qui est la nôtre, et que nous aimons.

Enfin, est-ce que l'erreur de ces hommes n'est pas analogue à la vôtre? Vous rendez solidaire des crimes de quelques scélérats tout un corps d'officiers que vous appelez « la caste militaire ». Eux, ils rendent solidaires de vos excès de plume tous ces défenseurs de la justice qu'ils appellent le « syndicat ». — J'ajoute, tout de suite, que ces excès de plume ont plus d'une excuse, dans on ne sait quel bizarre patriotisme détraqué. — Mais ce n'en est pas moins la même maladie des généralisations hâtives, maladie funeste et qui, par un triste contraste, n'est plus fréquente nulle part et ne sévit nulle part avec plus de violence que dans le pays de Descartes.

Je sais très bien ce qui m'attend demain, et quelles piqûres me réserve le stylet acéré que M. Gohier trempe dans le vitriol. Il va essayer l'impossible : de rajeunir les attaques, d'un charmant antisémitisme, auxquelles je suis en butte depuis si longtemps. Cela ne m'émeut point. J'ai la peau très dure et cuirassée. *Pœte, non dolet !* Mais, à écrire ces lignes, il y avait pour moi un devoir.

Avouerai-je que la pensée de ce devoir m'obsédait depuis déjà pas mal de temps ? Le voilà accompli. Je suis très tranquille.

INJURE A L'ARMÉE

27 janvier 1900.

Il est injuste de rendre une collectivité responsable du crime de quelques-uns. Mais voici qui est plus injuste encore et plus injurieux : c'est de présenter, comme l'incarnation de cette collectivité, de cette armée qu'on feint d'honorer, un malfaiteur chargé de crimes.

Cette injure grossière à l'armée, les électeurs sénatoriaux de la Loire-Inférieure s'apprêtent à la commettre ; M. le duc d'Orléans l'a déjà commise en donnant son investiture à M. le général Mercier.

Des personnes bien informées veulent que M. Arthur Meyer soit l'inventeur de cette candidature. C'est possible ; c'est bien là une imagination de rénégat. Ce déserteur de la République a tout ce qu'il faut pour plaire à ce déserteur du judaïsme.

Je n'ai point goûté la fameuse lettre du duc d'Orléans au duc de Luynes, au sujet de M. Arthur Meyer. La famille de Bourbon, dont ce prétendant a hérité, a été la plus grande maison royale des temps modernes. Un Roi de France ne donne point de coups de pieds dans le bas du dos.

Quoi qu'il en soit de l'inventeur de cette candidature, M. le duc d'Orléans l'a adoptée. Il l'a imposée aux royalistes du dernier de nos départements qui ait gardé la foi monarchique. Il pouvait y faire élire un de ces hommes qui pensent, avec Montesquieu, que l'honneur est le principe de la monarchie et qui ont conformé leur vie à ce principe. Il a pris Mercier.

Le Sénat romain frémit quand Caligula lui ordonna de décerner les honneurs à son cheval Incitatus. Ce n'était, cependant, que le cheval d'un scélérat. Les royalistes de la Loire-Inférieure n'ont pas frémi devant le scélérat lui-même. Pas une objection. M. de Montespan fit, jadis, plus de résistance. Il ne s'agissait pourtant que de l'honneur de sa femme, et le Roi d'alors, c'était Louis XIV.

Une telle obéissance — *perinde ac cadaver* — montre qu'il n'y a pas que le Roi dans l'affaire. Une autre puissance y est engagée, dont on ne discute pas les ordres. Avilir les instruments dont elle fait usage, c'est un des préceptes de la société d'Ignace.

Un tel avilissement de la monarchie ne peut que profiter à la République. Depuis plus de dix ans, tout serviteur que la République chasse comme indigne, le parti royaliste et clérical l'adopte, en fait l'un de ses chefs : Boulanger, puis Mercier. Mais j'ai le culte de l'histoire de France, de nos grandeurs mortes : la monarchie de François Ier et d'Henri IV eût mérité de mieux finir. Tout est perdu, et surtout l'honneur.

Les royalistes et les nationalistes qui ont comparu, le mois dernier, devant la Haute-Cour, juraient qu'aucun lien ne les unissait. Quelques-uns de leurs témoins tiraient de leur poche, étrange tabernacle, un crucifix pour prêter serment. Voici le lien commun : il s'appelle Mercier. Même association, même complot. Ils s'aiment en Mercier, en Esterhazy, dans le culte d'Henry.

Quelques-uns s'étonnent que les descendants des vieux chouans se résignent, aussi facilement, à cette turpitude. L'héroïsme, trop vanté, de quelques chefs, d'ailleurs sauvages, leur fait oublier le crime de la Vendée. Elle planta son couteau dans le dos de la Patrie en danger qui faisait face à la coalition des Rois. Le crime le plus lourd de la Commune est d'avoir déchaîné la guerre civile devant les Prussiens campés encore à Saint-Denis. Du moins avait-elle attendu que la paix fût signée.

Je crois, pourtant, que Charette et Cathelineau auraient refusé la main de Mercier. Ils détestaient la Révolution, cette aurore de la Justice, mais ils ne mentaient point, ne se parjuraient pas sur le Christ, ne se servaient point de pièces fausses pour perdre un innocent, ne protégeaient point les traîtres.

L'entrée de Mercier au Sénat, par une telle porte, n'est point pour nous troubler. Bien au contraire. L'exemple sera plus grand quand on le prendra sur son siège de sénateur pour lui demander compte de sa forfaiture, de ses faux témoignages. Une telle provocation sera relevée. Les républicains peuvent redire, avec une légère variante, le vers du poète :

> Les piloris infâmes
> Ont besoin d'être ornés parfois d'un sénateur.

Pour l'armée, quand les dernières ténèbres seront dissipées, elle ressentira cruellement cette injure que va lui faire le parti royaliste. L'identifier en Mercier, que ce soit pour l'humilier ou sous prétexte de la glorifier, c'est l'outrager. Même, cette dernière forme de l'outrage est plus détestable, plus atroce. Ce grand Berryer, ce noble et pur Cazenove de Pradines, ce vrai prince, M. le duc d'Aumale, qui jugea Bazaine et, l'un des premiers, flétrit Boulanger, se retourneront, demain, dans les tombeaux. Quelle honte! quelle bassesse! Les os de sept mille petits soldats français, morts de fièvre, blanchissent là-bas, dans la terre des Houves. Hétacombe qui n'aura pas été inutile! Mercier est sénateur.

Et, maintenant que Mercier a son siège au Luxembourg et Henry son monument, qu'allez-vous faire, monseigneur, pour Esterhazy?

LA DOUBLE BOUCLE

4 février 1900.

M. le Président de la République a signé, sur la proposition de M. de Lanessan, un décret qui supprime la boucle simple et la double boucle de l'échelle des peines disciplinaires en usage dans la marine. Je crois savoir que l'administration des colonies se propose de suivre cet exemple, d'abolir les derniers vestiges des châtiments corporels.

Le supplice infligé par M. André Lebon au capitaine Dreyfus ne l'aura pas été en vain ; les souffrances du prisonnier de l'île du Diable n'ont pas été inutiles.

Encore une fois, le bien sera sorti du mal.

Déjà le général de Galliffet a saisi les Chambres d'un projet de loi réformant le Code de justice militaire. Il faut plus de temps pour voter une loi, même urgente, que pour promulguer un décret. C'est, quelquefois, dommage.

Quand se seront dissipées les fumées de la bataille qui obscurcissent et l'air et les esprits, quand les passions se seront éteintes dans ce qu'elles ont d'excessif, quand la claire vision des choses sera revenue à tous avec le sang-froid et dans le calme, l'affaire Dreyfus apparaîtra, malgré tant de tristesses et trop de hontes, comme ayant été un grand bonheur pour la France.

On ne la verra ainsi que de loin, dans la juste perspective de l'histoire qui rétablit les proportions ; mais on peut déjà annoncer le jour où on la verra ainsi.

Qui de nous n'a souffert cruellement des découvertes que, chaque jour, depuis trois années, apportait avec lui, et de ces haines furieuses qui datent d'un autre âge, de la longue défaillance des pouvoirs publics et du long aveuglement de l'opinion ? Dans la mêlée, qui de nous n'a perdu des amis, et ces amies les plus chères, caressantes, consolatrices et trompeuses comme des femmes, nos belles illusions ?

Mais tout cela était nécessaire, puisque cela a été, et tout cela sera utile, parce que cette violente opération de chirurgie a débridé les plaies et révélé, dans tout son danger et alors qu'il est temps encore d'y porter remède, le mal profond qui nous rongeait, — qui serait devenu incurable, s'il était resté latent.

Quand Scheurer eut réuni les preuves que Dreyfus est innocent, il pensa, dans la noble naïveté de son âme, qu'il lui suffirait de les apporter au Gouvernement de la République pour que celui-ci s'en emparât avec joie. Si son espoir s'était réalisé, si Méline et Billot avaient fait alors, et combien facilement ! la revision, l'affaire Dreyfus n'eût été qu'un retentissant fait-divers, il n'y aurait pas eu d'affaire Dreyfus.

Dès lors, tous les abus qui dévoraient l'administration de la guerre se seraient perpétués, les hommes néfastes qui avaient accaparé le haut commandement y seraient encore, la lente infiltration du poison clérical se serait étendue à tout le corps de la nation, le parti républicain aurait achevé de s'énerver dans l'oubli des principes essentiels de la République, et, parce que nous venions de célébrer, au milieu des cantates et des feux d'artifice, le centenaire de la Révolution, nous aurions continué à croire, à l'heure même où elles allaient être perdues, que ses conquêtes étaient définitives et éternelles.

Par bonheur, il n'en a rien été ; par bonheur, ce qui n'aurait dû être qu'un incident judiciaire est devenu l'un des plus grands drames de l'ère contemporaine ; par bonheur, non seulement les hommes de tous les partis se sont montrés sous leur vrai jour, sans masque, ceux qui étaient restés fidèles à l'idée de justice, aux trois grands mots qui sont la devise de la Révolution, à la simple loi morale, et ceux qui y étaient devenus infidèles ; mais encore les choses elles-mêmes, dont l'enveloppe est tombée en morceaux et qui ont étalé leur faiblesse, leur vétusté ou leur usure.

Les hommes qui ont fait, il y a plus de cent ans, la Révolution, avaient cru, dans leur joyeux orgueil de constructeurs, qu'ils avaient bâti la France moderne sur le granit. Il a bien fallu reconnaître qu'une partie de leur œuvre était moins solide qu'ils ne l'avaient espéré. Ces magnifiques architectes n'ont même été que d'insuffisants destructeurs. Ce n'est pas seulement le furieux esprit de la Ligue qui s'est réveillé, soufflant la haine religieuse et le meurtre. Mais le Moyen Age lui-même est sorti de son tombeau ; nous avons revu la Bête, le Monstre face à face.

Tout ce qui était réputé acquis (dans les livres d'école et dans les discours officiels) a été contesté ; il va falloir rapprendre, au pays de Voltaire, le *b*, *a*, *ba* de l'Encyclopédie.

A la fin du siècle dernier, pendant que se déroulait le triomphal progrès de la Révolution, il y avait un homme qui, d'un œil attentif et profond, en suivait le spectacle. Il calculait comment faire remonter le grand fleuve vers sa source? C'était Joseph de Maistre. D'un côté, la Révolution; de l'autre, ce Savoyard. Il reprit à lui seul l'œuvre impossible où avaient échoué les Rois coalisés de toute l'Europe. Il traça le programme, fonda une école, forma des disciples, les plus patients des hommes. Il tenait la victoire, du fond de son cercueil, quand l'Affaire éclata.

Une minute d'impatience a tout gâté. Le fruit mûrissait, mais il n'était pas encore mûr. Il eût fallu attendre encore, donner l'illusion, en déclouant le juif, que la Révolution, c'est-à-dire, par définition, la Justice, le Droit, était toujours triomphante, que la devise républicaine n'était pas qu'une enseigne sur une maison vide; puis, lentement, reprendre le travail souterrain. Nous aurions continué notre sommeil, sourds au bruit des pioches qui creusaient le sol; nous ne nous serions réveillés qu'au cri de l'envahisseur, surgissant de dessous terre, entré de toutes parts au cœur de la ville.

Ce grand pays se serait endormi France; il se serait réveillé Espagne.

L'Eschyle mystérieux, qui a fait l'Affaire Dreyfus, n'a point voulu qu'on pût accomplir un tel crime contre la Lumière. Que l'Affaire Dreyfus soit bénie!

DISCOURS DU GÉNÉRAL MERCIER AU SÉNAT

5 mars 1900.

Messieurs,

La dernière fois que je suis monté à cette tribune, c'était en ma qualité de ministre de la République. J'y remonte comme l'élu des Chouans. Mais ceci va vous surprendre davantage : si je prends la parole, c'est contre le projet de loi qui a pour objet l'extinction de certaines actions pénales.

Communément, on appelle ce projet : la loi sur l'amnistie. C'est une erreur fâcheuse. Le Gouvernement, en effet, ne vous propose aucune amnistie d'aucune sorte. On n'amnistie ni des innocents ni, surtout, des hommes qui n'ont subi encore aucune condamnation. Ce qu'il vous propose, c'est simplement d'éteindre toutes les actions publiques à raison de faits se rattachant à l'affaire Dreyfus.

C'est moins, beaucoup moins. C'est encore trop.

Je n'ai point le dessein, messieurs, de combattre le principe même de ce projet. Non pas, sans doute, que je m'y rallie. En effet, c'est une idée noble, généreuse :

l'apaisement, la réconciliation entre Français. Je n'y ferai, en passant qu'une objection : cette idée n'est point pratique. L'homme est un animal combatif. Il l'est aujourd'hui comme à l'époque des cavernes. Il a besoin de luttes et de haines. Arrachez-lui, comme un os à un chien, tel motif de haine. Demain, ce soir-même, il en trouvera un autre. L'apaisement est une chimère. Ce temple de la vieille Rome, le temple de Janus, n'a jamais été fermé qu'une fois.

Mais je n'insiste pas. A vrai dire, c'est pour un fait personnel que je suis à cette tribune. Je vous demande de ne point comprendre dans les actions publiques que vous voulez éteindre celles qui, éventuellement, pourraient être dirigées contre moi.

Depuis six mois que le projet d'amnistie est discuté par la presse, je me suis tu. Pensez-vous que ce silence ne m'ait point pesé, alors que protestaient contre l'amnistie tous ceux de mes adversaires qui en étaient menacés?

Le colonel Picquart a refusé le bénéfice de l'amnistie. Et M. Émile Zola. Et M. Joseph Reinach. Ces trois hommes, M. Drumont les appelle « les trois coquins ». Cependant, ils ont protesté contre l'amnistie. Ils n'ont demandé que des juges. Ils n'ont réclamé que cette faveur : la justice. Aujourd'hui encore, ils protestent.

Et moi, messieurs, je me taisais, comme si j'avais peur de la justice, comme si j'avais besoin de l'amnistie, de l'oubli !

Or, le projet du Gouvernement rend ma situation plus humiliante encore. Il ne supprime pas les actions civiles, de telle sorte que mes adversaires auront encore un moyen juridique d'établir leur bonne foi. La loi ne les prive que d'un moyen de faire la lumière sur l'Affaire, de me faire comparaître à la barre, devant le jury, avec mes complices, de nous arracher des aveux décisifs ou de nous prendre en flagrant délit de faux témoignage. Mais moi, messieurs, je reste, je resterais à jamais sous le poids des accusations infamantes qui ont été portées contre moi !

Tant que vous n'aurez point statué sur le projet du Gouvernement, les affaires Zola et Reinach seront rayées des rôles de la cour d'assises. Pareillement, tant que vous n'aurez point statué, la Chambre des députés ne mettra point à son ordre du jour la proposition de mise en accusation qui a été déposée contre moi par mon ancien collègue M. Charles Dupuy. Et, si vous votez la loi, cette proposition tombe, s'évanouit, devient caduque.

Ah! messieurs, serais-je un homme d'honneur si je pouvais accepter une pareille loi, si je m'en réjouissais, si je ne vous suppliais pas de la repousser ou, tout au moins, de m'en exclure !

Quoi ! le colonel Picquart, et M. Emile Zola, et M. Joseph Reinach, ont protesté qu'ils voulaient être jugés, qu'ils revendiquent toute la responsabilité de leurs actes et de leurs écrits, et ils ont ainsi, quoi qu'il advienne, sauvé leur honneur !

Et moi, je me tairais !

Non, messieurs !

De quoi sont-ils accusés, ces hommes ? De bien peu de chose, en vérité ! L'un d'avoir consulté un avocat sur une question de pigeons voyageurs ; les deux autres de simples délits de presse ! Cependant, ils veulent être jugés. Et moi, ancien général, ancien ministre de la Guerre, je ne demanderais pas à être jugé quand je suis accusé de forfaiture, de faux témoignage, de faux, de destruction de pièces judiciaires, de je ne sais combien de crimes, qualifiés par le Code pénal qui, s'ils étaient établis, me feraient passer, sans transition, de cette enceinte au bagne !

Ces crimes, les ai-je commis ?

Messieurs quand j'ai été accusé pour la première fois, je me suis dérobé d'abord dans un sombre silence. Puis, quand l'évidence a éclaté, quand il ne m'a plus été possible de nier que j'avais violé la loi, que j'avais fait condamner un accusé sur des pièces secrètes et fausses, que j'avais détruit les preuves matérielles de ma forfaiture, que je les avais détruites de ma propre main, alors j'ai avoué ces actes, mais pour m'en faire gloire !

Pourquoi ne m'en suis-je pas fait gloire plus tôt, avant d'être pris à la gorge par le Destin vengeur ? Ne me le demandez pas, messieurs, ou n'en accusez que ma modestie.

Il faut quelque orgueil pour se glorifier de pareils crimes. Cet orgueil ne m'est venu que sur le tard.

Mais, maintenant, je veux toute ma gloire, et je refuse l'amnistie, l'avilissante amnistie, et je vous demande de dire que je serai jugé, et jugé par vous-mêmes, sur ces crimes que j'ai commis, que j'avoue et dont je n'ai point honte.

J'en ai dit assez. Autant je suis fier de ces crimes, sans lesquels je n'aurais aucun titre à l'élection dont j'ai été honoré par les royalistes de la Loire-Inférieure, autant je me mépriserais moi-même, comme le plus vil et le plus lâche des hommes, si je laissais à tout autre l'initiative de l'amendement que je dépose sur la tribune du Sénat.

Je voterai contre toute la loi qui vous est soumise. Toutefois, si vous la votez quand même, vous ne refuserez point de maintenir à mon égard les actions pénales qui pourraient être dirigées contre moi.

Le projet du Gouvernement exclut déjà les actions

édictées par les articles 295 et suivants du Code pénal. Ces articles visent les crimes d'assassinat et de meurtre. Le gouvernement n'a point voulu que l'assassin de Labori, s'il venait à être découvert, pût rester impuni.

Eh bien! je vous demande simplement d'ajouter à cette nomenclature l'article 12, paragraphe 2, de la loi du 16 juillet 1875 sur les rapports des pouvoirs publics. C'est, comme vous le savez, l'article qui décide que les ministres peuvent être mis en accusation pour crimes commis dans l'exercice de leurs fonctions. C'est mon cas.

Messieurs les sénateurs, si vous votiez la loi sans y introduire cet amendement que je vous propose, vous prononceriez contre moi la pire, la plus effroyable des flétrissures. Éternellement, devant l'histoire, j'en resterais marqué. Votez mon amendement, ô mes collègues, ne me flétrissez pas!

CONTRE L'AMNISTIE

Lettres à M. Clamageran, président de la commission d'amnistie au Sénat :

Carpentras, 8 mars 1900.

« Monsieur le Président,

» En présence du projet dont le Sénat vient d'être saisi, j'ai le devoir de renouveler la protestation que j'ai eu l'honnneur de vous adresser au mois de décembre quand la question de l'amnistie a été posée.

» Ce projet éteint les actions publiques d'où j'espérais voir sortir des révélations, des aveux peut-être, qui m'auraient permis de saisir la Cour de cassation, de lui demander la revision de la condamnation inique dont j'ai été de nouveau frappé.

» Il me prive ainsi de ma plus chère espérance, celle de voir proclamer légalement mon innocence, cette innocence qui est si évidente, si manifeste que le Gouvernement de la République a tenu à honneur de ne pas laisser exécuter l'arrêt du 8 septembre, et qu'il l'a brisé, sur la proposition du ministre de Guerre lui-même, au lendemain même du jour où il a été rendu.

» Je n'avais sollicité aucune grâce; le droit de l'innocent, ce n'est pas la clémence, c'est la justice. La liberté, quand elle m'a été rendue, m'a été surtout chère parce qu'elle semblait me devoir permettre de poursuivre plus librement la réparation de l'atroce erreur judiciaire dont j'ai été victime.

» J'ose le demander, monsieur le Président, aux jurisconsultes éminents du Sénat : si l'amnistie est votée, si les actions publiques sont éteintes, quel est le moyen juridique qui me reste pour obtenir la revision ?

» Les écrivains à qui étaient intentés les procès d'où ils comptaient faire jaillir une nouvelle lumière, ont protesté au nom de la Vérité, une fois de plus écartée.

» Je proteste plus douloureusement encore, au nom de la Justice, contre une mesure qui me laisse désarmé contre l'Iniquité.

» Nul ne souhaite plus ardemment que moi l'apaisement, la réconciliation des bons Français, la fin des horribles passions dont j'ai été la première victime. Mais la Justice seule peut faire l'apaisement.

» L'amnistie me frappe au cœur, elle ne profite qu'aux scélérats qui ont surpris la bonne foi des juges, qui ont fait sciemment condamner un innocent à coups de forfaitures, de faux témoignages et de faux et m'ont précipité dans l'abîme.

» Cette amnistie ne se ferait qu'au profit exclusif du général Mercier, l'auteur principal du crime judiciaire de 1894, qui, par une ironie du sort, va être appelé, comme sénateur, à la voter à son propre profit.

» Je supplie le Sénat de me laisser mon Droit à la Vérité, à la Justice.

» Veuillez agréer, monsieur le Président, l'assurance de mon profond respect.

» Alfred Dreyfus. »

Paris, 9 mars 1900.

« Monsieur le Président,

» La loi qui est soumise à l'examen de la commission que vous présidez, menace de m'atteindre dans mon droit de citoyen à être jugé pour les accusations que j'ai portées volontairement, afin d'arriver à la connaissance publique de la vérité.

» Je proteste de toute ma force contre l'amnistie, je veux être jugé et achever mon œuvre. Il est impossible qu'on interrompe le cours de la justice, en me laissant sous le coup d'une condamnation par défaut, à laquelle j'ai fait opposition.

» Et, comme ma voix d'intéressé doit être entendue dans un débat où se trouve engagé l'honneur du Sénat et du pays tout entier, je vous prie de vouloir bien demander à la commission de m'entendre, après avoir entendu le Gouvernement.

» Veuillez agréer, monsieur le Président, l'assurance de ma haute considération.

» Émile Zola. »

Paris, 9 mars 1900.

« Monsieur le Président,

» Au moment où le Gouvernement va être entendu par la commission que vous présidez, je tiens à protester, à nouveau, contre une loi qui, si elle est votée, m'atteindrait deux fois, puisqu'elle m'amnistierait d'un délit que je n'ai pas commis et me comprendrait dans une même mesure avec le général Mercier et ses complices.

» J'ai l'honneur de demander à présenter mes explications à la commission.

» Veuillez agréer, monsieur le Président, l'assurance de ma haute considération.

G. PICQUART. »

Paris, 9 mars 1909.

« Monsieur le Président,

» Le projet de loi sur l'extinction de certaines actions pénales me lèse dans l'un de mes droits essentiels : celui de prouver devant le jury de la Seine que j'ai fait œuvre d'historien soucieux seulement d'établir le véritable rôle des principaux auteurs d'un crime judiciaire.

» Je demande à la commission que vous présidez d'entendre mes observations à cet égard.

» Veuillez agréer, monsieur le Président, l'assurance de ma plus haute considération.

» JOSEPH REINACH. »

La commission sénatoriale de l'amnistie, réunie sous la présidence de M. Clamageran, entendit, le 13 mars, MM. Joseph Reinach, le colonel Picquart et Émile Zola.

DÉCLARATION DE M. JOSEPH REINACH

M. Joseph Reinach rappelle l'origine du procès qui lui a été intenté à l'instigation de la *Libre Parole*, quand ce journal publia ses dix-huit fameuses listes de souscription. Il est poursuivi comme diffamateur pour avoir raconté, selon son droit d'historien, l'étroite association d'Henri et d'Esterhazy. En réalité, c'est lui qui est le diffamé, car c'est calomnier un honnête homme que de porter contre lui l'accusation d'avoir voulu, en retraçant le rôle d'un faussaire, porter atteinte à l'honneur ou à la considération de sa veuve et de son enfant. Une intention aussi horrible ne pourrait venir qu'à un sauvage.

Ce serait priver l'intéressé d'un de ses droits essentiels que de l'empêcher de se faire laver par le jury d'une aussi outrageante imputation.

On a dit que, si M. Joseph Reinach, comme M. Zola, tient à conserver l'intégralité de son droit, c'est qu'il espère voir jaillir du procès Henry le fait nouveau qui permettra une nouvelle revision du procès Dreyfus. Cela est exact. M. Reinach a la conviction que les procès en cours fourniront le moyen de réparer définitivement la plus déplorable des erreurs judiciaires. Quand a commencé le premier procès Zola, nul ne prévoyait qu'il en sortirait le faux Henry, d'où sortit la première revision. Nous savions seulement que le débat public amènerait des témoignages, peut-être des aveux qui aideraient au progrès de la vérité.

On objecte que, par l'ouverture de ces grands procès, l'agitation va recommencer et que la France a soif d'apaisement.

Avant que le colonel Picquart, M. Zola et M. Reinach aient demandé publiquement à être entendus par la commission sénatoriale, ils étaient dénoncés, matin et soir, comme des partisans honteux de l'amnistie, qui avaient conscience de leurs crimes, qui avaient peur de la justice. Depuis leurs lettres de protestations, ils sont accusés d'être de mauvais citoyens, assoiffés de désordre, de trouble-fête, ennemis du repos de leur pays. Cette volte-face audacieuse pourra faire des dupes parmi un public ignorant, mais point dans une assemblée comme le Sénat.

M. Reinach rappelle une lettre qui lui fut adressée, il y a quelques années, en d'autres circonstances par le comte d'Haussonville et publiée dans le *Soleil*: « Il a été beaucoup parlé d'apaisement, lui écrivait M. d'Haussonville, en matière politique, je n'y crois guère. J'aurai même la franchise de dire que je ne le désire pas, si apaisement veut dire reniement. »

Qui pourrait vouloir d'une mesure qui impliquerait, pour la République, le reniement de ses principes, du droit pour le droit?

La justice seule peut faire l'apaisement. La loi empêchera-t-elle les hommes qui sont convaincus que Dreyfus est innocent, de continuer à affirmer leur certitude? Leur défendra-t-elle de tout mettre en œuvre pour faire reviser un jugement contre lequel proteste leur conscience? Non. Alors, où est l'efficacité de la loi?

Mais on invoque un autre argument: c'est le désir des pouvoirs publics d'assurer le calme des esprits pendant la grande fête nationale que sera l'Exposition, où la France a convié le monde, où elle va lui montrer les chefs-d'œuvre de ses légions d'artistes et de travailleurs, où elle aurait mauvaise grâce à le rendre témoin de redoutables conflits, où elle a l'ambition de se contempler elle-même dans ce qu'elle a de meilleur et de plus beau.

Le Sénat n'ignore pas ce précédent: le procès de Boulanger, devant la Haute-Cour de justice, n'a point compromis le succès de l'Exposition de 1889. En tout cas, c'est un fait que le seul dépôt du projet sur la cessation des poursuites a eu pour résultat de faire rayer les divers procès du rôle de la Cour d'assises. Ils n'y seront réinscrits que le jour où les Chambres rejetteront la loi qui leur est soumise. En déposant le projet de loi, le pouvoir exécutif a, en fait, transmis au pouvoir législatif le droit, qui appartient en doctrine au pouvoir judiciaire, de fixer la date des procès. Il est donc inexact de prétendre que le repos des esprits pendant l'Exposition ne peut être assuré que par l'amnistie ; *il peut l'être également par l'armistice.*

L'amnistie peut être, selon les cas, politique ou impolitique, morale ou immorale. L'amnistie serait impolitique qui laisserait tant de bons citoyens désarmés devant l'injure d'être les amis d'un traître. Il est immoral d'effacer des crimes qui n'ont pas été frappés, bien qu'avoués. Et ce serait en outre, la première fois que la loi abdiquerait devant des crimes inconnus et que demain peut révéler.

M. Reinach, en ce qui le concerne, aimerait mieux paraître devant le jury de la Seine aujourd'hui que demain. Mais ce qu'il demande surtout à la commission, c'est de ne pas éteindre l'action pénale qui a été engagée contre lui. Il a été diffamé dans son honneur d'homme et dans son honneur d'écrivain ; il veut garder tout son droit de confondre ses diffamateurs devant la seule juridiction où la preuve est admise.

DÉCLARATION DU COLONEL PICQUART

Le colonel Picquart développe les raisons qu'il a données dans sa lettre à M. Clamageran pour repousser l'amnistie.

Sur le premier point (inanité des délits qui lui sont reprochés), il fait connaître à la commission en quoi consistaient réellement l'affaire Boulot et l'affaire des pigeons voyageurs.

Il déclare que loin de craindre un débat public sur ces deux questions, il ne demande qu'à ce qu'elles soient vidées à la confusion du général Gonse, de Gribelin et de la mémoire d'Henry.

Sur le second point (répugnance à être compris dans une même mesure avec le général Mercier et ses complices), le colonel Picquart rappelle les « crimes judiciaires » commis en 1894 et postérieurement.

Il insiste notamment sur les « faux témoignages produits à Rennes par Czernucky, Savignaud et Capiaux ».

Enfin, il fait remarquer que, contrairement aux assertions d'un journal du matin, il n'a jamais eu d'entretien avec le président du Conseil, pas plus qu'il n'en avait eu antérieurement avec M. Waldeck-Rousseau, et qu'il lui avait été impossible, par conséquent, d'exprimer à celui-ci son opinion sur la possibilité de trouver un fait nouveau pouvant amener la revision du procès Dreyfus.

Il attire également l'attention de la commission sur « la situation singulière dans laquelle il se trouve, lui et ses amis, vis-à-vis des injures quotidiennes de la « presse esterhazyste ». Le gouvernement empêche toute poursuite correctionnelle, et l'assurance de l'impunité n'est pas pour peu de chose dans le redoublement d'injures déversées actuellement sur les défenseurs de Dreyfus.

DÉCLARATION DE M. ZOLA

M. Émile Zola remercie d'abord les membres de la commission d'avoir bien voulu l'entendre. Il a le désir, ajoute-t-il, de faire passer dans leurs consciences la conviction absolue qui est dans la sienne.

Il rappelle l'histoire de son procès; comment, à la suite de l'acquittement d'Esterhazy, il avait cédé au besoin de susciter une action civile, espérant que la lumière pourrait en jaillir. Le procès a eu lieu, on sait dans quelles conditions, et on se souvient que la Cour de cassation cassa l'arrêt.

M. Zola est convaincu que, dans cette cassation, en dehors des questions juridiques, la Cour crut, la première fois, faire une œuvre d'apaisement. Elle se dit que jamais personne ne serait assez fou pour recommencer le procès Zola. Le gouvernement était, d'ailleurs, de cet avis, et M. Zola, par des amis qu'il avait alors à l'Élysée, était informé que personne ne voulait plus de son procès. Pour éviter que le conseil de guerre ne fût tenté de le recommencer, le Gouvernement lui offrit de choisir entre deux solutions: un procès nouveau ou la radiation de la Légion d'honneur. Le conseil demanda les deux.

On va donc à Versailles, et là le premier président se vantait de *serrer la vis à Labori*: il fallut prendre les mesures que la procédure mettait à notre disposition

La première fois, l'affaire fut renvoyée; la deuxième fois, le moyen de droit présenté par Labori ayant été rejeté, M. Zola céda aux conseils pressants de ses amis et quitta Paris. Il était si peu préparé à cette décision qu'il partit le soir même, sans rentrer chez lui, avec une chemise enveloppée dans un journal.

M. Zola rappelle la vente faite chez lui, ses meubles mis aux enchères, les mille ennuis qu'on lui a suscités.

Il rentre en France après l'arrêt de la Cour de cassation, et, depuis cette date, l'affaire est renvoyée d'audience en audience. Telle est la situation juridique de M. Zola.

Il voudrait avoir le temps de faire l'historique des amnisties antérieures : aucune ne s'est présentée dans des conditions pareilles. Toutes ont lieu après des condamnations prononcées après des troubles publics ; elles sauvent des condamnés qui subissent leurs peines.

L'amnistie d'aujourd'hui vise les cas les plus différents : le colonel Picquart non poursuivi ; M. Zola condamné, puis poursuivi sans être condamné.

M. Zola fait observer qu'il est bien certain que ce n'est pas pour lui, pour le colonel Picquart ou pour M. Reinach qu'on fait l'amnistie.

Il s'agit de sauver le général Mercier : encore s'il n'y avait que lui, il y a longtemps qu'on aurait réglé son cas. Mais il y en a beaucoup derrière lui qui ont eu l'aberration de lier leur cause à la sienne.

Ainsi, de recul en recul on se trouve adossé à la situation actuelle. Rien n'était plus facile que de faire l'apaisement quand le colonel Picquart découvrit la trahison d'Esterhazy, ou encore quand Scheurer-Kestner est allé trouver le général Billot, et depuis, à vingt reprises, on aurait pu sortir honorablement d'embarras. Mais il faut avouer que plus on avance, plus la difficulté est grande.

« Je n'ai rien contre le Gouvernement, déclare Zola, je désire même qu'il accomplisse victorieusement sa tâche de défense républicaine. Mais ma conviction est absolue : l'apaisement ne peut se faire que par la justice, et je croirais faire une mauvaise action en ne le disant pas bien haut. »

L'heure où viendra le procès lui importe peu. Il comprend que le Gouvernement choisisse l'heure qui lui paraîtra la plus favorable pour ces grands débats. N'a-t-il pas lui-même, dans des circonstances qu'il a rappelées, refusé de livrer bataille à une heure qui lui semblait défavorable à sa cause. Il ne repousse donc pas l'ajournement, c'est l'amnistie qu'il repousse.

L'apaisement est-il possible par la loi proposée?

M. Zola rappelle à la commission ce que l'on disait à la veille du vote de la loi de dessaisissement : elle devait donner aussi l'apaisement et elle a abouti à l'arrêt de Rennes, qui a soulevé la conscience du monde entier.

L'impunité n'a jamais pu faire l'apaisement : vous en avez deux exemples, en Algérie où les troubles n'ont cessé que lorsque justice a été faite et à Paris où la rue n'a été tranquille que lorsque, vous-mêmes, messieurs les sénateurs, vous avez frappé les quelques factieux qui entretenaient le désordre.

Eh bien! au lendemain de la loi d'amnistie, on aura fait commettre au Sénat une faiblesse : loin d'être arrivé à l'apaisement on aura donné une arme nouvelle aux adversaires de la République. Ce sont ses adversaires qui triompheront de cette loi, qui diront qu'elle a été faite à notre profit, et qui continueront à empoisonner par le mensonge la conscience publique.

C'est surtout au pays que pense M. Zola, car on nous parle encore de l'affaire Dreyfus et il n'y a plus d'affaire Dreyfus. Personnellement, quand il a voulu prendre part à l'affaire, son but unique était de sauver un innocent de ses bourreaux ; il s'attendait à des obstacles, mais il est arrivé ceci, c'est que le terrain de l'affaire

CONTRE L'AMNISTIE

Dreyfus est devenu le terrain même où l'éternelle bataille se poursuit entre les forces d'action et de réaction. Nous avons eu contre nous tout le passé, et c'est ainsi qu'aujourd'hui encore, bien que Dreyfus soit libre, la lutte continue aussi âpre. L'amnistie, on ne la demande plus pour enterrer l'affaire Dreyfus, on tâche d'y enterrer la conscience nationale elle-même.

M. Zola est venu au Sénat pour protester contre cette leçon épouvantable qu'on donnerait au pays, pour supplier la commission de ne pas laisser cette conscience nationale dans les ténèbres où on l'a plongée. Il voudrait que la France se retrouvât la France de liberté et de justice qui est aimée dans le monde entier.

Et lorsqu'on nous demande l'amnistie pour ne pas donner aux étrangers qui vont venir le spectacle de nos discordes, il est d'avis que la France a surtout le devoir de paraître devant le monde ayant accompli sa grande œuvre de justice.

D'ailleurs, que se passera-t-il au lendemain du vote de la loi? On espère éteindre toutes les affaires.

Pourtant, il faut bien respecter l'action civile. M. Zola est convaincu que, dans son cas, le conseil de guerre le poursuivra devant le tribunal civil, et savez-vous combien peut durer un tel procès? Il peut durer des années — quatre ou cinq ans. Oui, pendant quatre ou cinq ans, on aura encore l'affaire Dreyfus.

M. le président Clamageran avait, au début, posé une question à M. Zola, en lui demandant s'il avait dans ses mains une preuve décisive, un de ces faits nouveaux qui apporteraient une preuve éclatante.

M. Zola s'est étonné de cette demande. D'abord, on ne peut prévoir les incidents qui peuvent résulter d'un procès : la vérité n'est pas un objet matériel qu'on apporte dans sa poche. Il y faut quelque intelligence et quelque raisonnement. Et, d'ailleurs, il dépend de M. le président du Conseil que M. Zola apporte la preuve décisive ; si cela ne dépend pas du président du Conseil, cela dépend du garde des Sceaux. Si cela ne dépend pas de ce dernier, cela dépend du Parquet.

M. Émile Zola demande qu'on n'arrête pas ses commissions rogatoires, qu'on lui laisse citer tous ses témoins, et il se fait fort d'apporter toute la terrible vérité.

Il termine en disant que l'on ferait commettre au Sénat une faute nouvelle. Toutes les fautes se payent, et une telle loi est une arme qu'on met dans les mains des adversaires de la République.

Selon le mot si poétique du colonel Picquart, dit M. Zola avant de se retirer, nous avons « semé des blés d'hiver ». Quand pousseront-ils ? Nous l'ignorons. Mais nous avons la certitude qu'ils germeront et qu'un jour nous ferons la récolte (1).

(1) D'où le titre de ce livre.

LES BLÉS D'HIVER

16 mars 1900.

La *Libre Parole* publie la lettre suivante qu'Estérhazy vient d'adresser à la commission sénatoriale de l'amnistie :

Londres, le 13 mars 1900.

Messieurs les sénateurs,

A diverses reprises, j'ai protesté de toutes mes forces contre l'amnistie que vous allez voter. L'amnistie, malgré mes protestations pour des faits sur lesquels une enquête a été solennellement ouverte; clore cette enquête malgré moi, alors que je réclame instamment qu'elle soit menée jusqu'au bout, acceptant d'avance toutes les conséquences, est une chose monstrueuse.

Juridiquement, c'est une violation des lois, un abus de pouvoir, un déni de justice. Ce n'est point fait pour vous arrêter, d'ailleurs.

Devant le consul général de France, j'ai fait, ces jours-ci, quatre longues dépositions consignées dans quatre procès-verbaux. Si je n'ai point dit tout ce que j'ai à dire, rien de ce que j'ai dit ne peut être l'objet d'un démenti quelconque, je l'ai prouvé d'une indéniable manière par des faits, des dates, la production de documents. Je vous mets au défi, après avoir pris connaissance de ce dossier, d'étouffer l'enquête que je réclame.

Le prétexte d'apaisement qu'on fait valoir est un mensonge. Et il est connu ici que ceux-là qui l'invoquent sont d'accord avec les dreyfusards pour reprendre avec plus de violence que jamais la campagne, après l'Exposition

Ce qu'on veut, ce que vous allez faire, *et par ordre, cette fois,* c'est assurer certaines impunités, mais c'est surtout sauver l'étonnant trio qui, à la même heure, le même jour, avec un accord parfait, jouait la farce de la protestation, comme si chacun ne savait pas que tout cela est convenu d'avance entre Reinach et ceux qui lui obéissent servilement.

Ce que l'on veut, c'est sauver Picquart dont seraient enfin mises à jour les ignobles manœuvres pour me substituer à Dreyfus, deux fois justement condamné, et dont, tout récemment, des faits ignorés et soigneusement tenus secrets, sont venus démontrer à nouveau la culpabilité, culpabilité que certains de ses propres partisans osent même aujourd'hui avouer en ricanant cyniquement; — c'est sauver Reinach qui, s'il comparaissait devant des jurés, serait durement condamné pour ses calomnies odieuses et imbéciles, fatras de questions dont il fait lui-même la réponse, contre la mémoire d'un pauvre homme mort victime de son dévouement à ses chefs.

Ce que l'on craint, et on a bien osé vous le laisser entendre, c'est que la France, se réveillant enfin, ne jette à l'eau ceux qui ont promis de la chambarder et ceux dont l'appui leur permet de tenir impunément leur promesse.

Commandant ESTERHAZY.

La *Libre Parole* reste le journal officiel d'Esterhazy. Cependant, Drumont ne reproduit « qu'à titre de document » la lettre de son ancien collaborateur, dans un coin de sa seconde page. Visiblement, la cordialité n'est plus la même qu'autrefois, entre ces deux hommes. Drumont trouve qu'Esterhazy le compromet. Mais Esterhazy doit avoir des « papiers ».

L'autre grand ami du « cher commandant », M. le

marquis de Rochefort, s'était, lui aussi, — avec l'adversité, — refroidi à son égard. Il était allé jusqu'à l'accuser d'être « l'homme de paille » de la famille Dreyfus. L'étrange « homme de paille » affirme aujourd'hui, de nouveau, la culpabilité du capitaine Dreyfus. M. de Rochefort va rendre toute son affectueuse estime à Esterhazy.

Les âmes naïves s'étonneront qu'Esterhazy proteste contre l'amnistie et que Mercier reste coi. Elles imagineront peut-être que le traître a la conscience moins noire que le sénateur des chouans. Ce serait une erreur. Esterhazy est *déjà* à l'abri, sur la rive hospitalière de l'Angleterre. Mercier tremble, sur son fauteuil curule, que l'amnistie ne soit pas votée. Le maître-chanteur de Londres roucoule sur sa guitare : « *Si je n'ai point dit tout ce que j'ai à dire...* »

La lettre d'Esterhazy donne une curieuse information : il raconte avoir déposé à Londres, devant le consul général de France, pendant quatre longues séances. Ses dépositions ont été consignées dans quatre procès-verbaux. Il met au défi la commission sénatoriale « d'étouffer, après avoir pris connaissance de ce dossier, l'enquête qu'il réclame ».

Les défis du forban valent ses injures, qui valent ses affirmations. La commission, toutefois, voudra certainement connaître ce dossier. Il comprend, écrit Esterhazy, « des documents ». Ces documents pourraient être intéressants. Même à travers les mensonges contradictoires d'Esterhazy perce un peu de vérité. J'ai déjà rappelé sa réponse au général de Luxer qui l'interrogeait au sujet de la dame voilée : « Tout ce que j'ai dit est aussi vrai que je suis innocent. » La publication de tout ce dossier s'impose. Elle exercera le sens critique des historiens.

Cette publication, indispensable, ennuiera peut-être quelques hautes personnalités nationalistes. Le Hulan, du moins, le donne à entendre. Il dit que l'amnistie a pour but « d'assurer certaines impunités ». Et, un peu plus loin, il célèbre Henry, « pauvre homme mort victime de son dévouement à ses chefs ». C'est la confirmation de la fameuse lettre d'Henry, quelques heures avant sa mort : « Tu sais dans l'intérêt *de qui* j'ai agi ! »

Oui, de qui ?

Tant que l'on ne saura pas l'emploi exact de la dernière journée d'Henry, les circonstances exactes de sa mort, un grand mystère planera sur l'Affaire tout entière. Le jour où sera éclairci le drame du Mont-Valérien, nous ne serons pas loin de posséder, enfin, toute la terrible vérité.

Tous les bénéficiaires éventuels — de plus en plus éventuels — de l'amnistie devraient être les premiers à demander à la commission de réclamer, et de publier, les dépositions d'Esterhazy à Londres. J'ai nommé Mercier, le général de Boisdeffre, le général Gonse, Du Paty de Clam, le colonel Maurel et Gribelin. Ils se tairont. Leur silence prolongé finira par devenir suspect, aux yeux mêmes de leurs amis. Il y a près d'un an que M. Paul de Cassagnac écrivait dans son journal : « *Quelle hideuse complicité liait donc cet Esterhazy aux ministres Billot et Mercier ?* » (*Autorité* du 1ᵉʳ avril 1899). Le député du Gers, évidemment, n'insinuait pas que Mercier et Billot aient été les complices de la trahison d'Esterhazy. C'eût été absurde. Mais on peut concevoir, sans peine, d'autres complicités.

M. Guérin, membre de la commission sénatoriale, était garde des Sceaux à l'époque du premier procès Dreyfus. Il a tout ignoré, ainsi que ses collègues, de l'abominable forfaiture de Mercier, quand celui-ci fit assassiner par derrière l'innocent, à coups de pièces secrètes et fausses. Je le tiens, et depuis longtemps, de M. Guérin lui-même. Il est tout désigné pour exiger la production du dossier d'Esterhazy, devant la commission. On connaîtra ainsi, par surcroît, les nouvelles preuves de la culpabilité de Dreyfus qui ont été révélées, récemment, aux termes de sa lettre, à Esterhazy, « faits ignorés, écrit l'auteur du bordereau, et soigneusement tenus secrets ». On demande à voir ces nouveaux faux. C'est, peut-être, les lettres de l'Empereur d'Allemagne. M. Robert Mitchell, rédacteur au *Gaulois*, a raconté un jour, ainsi qu'il en sera déposé au procès Henry, que le colonel Stoffel lui a avoué l'existence de ces lettres et, même, lui en a récité quelques phrases.

Les « blés d'hiver » commencent à pousser. Attendons.

A DIGNE

Discours prononcé le 24 avril 1900, au banquet de la Ligue française, pour la défense des droits de l'Homme et du Citoyen.

La dernière fois, messieurs, que je suis venu dans nos Alpes, il y a deux ans, à l'époque des élections législatives, je ne me dissimulais point que j'avais sacrifié mon mandat, qui m'était cher, à mon devoir, qui m'était plus cher encore. Vous avez bien voulu reconnaître que j'ai fait preuve de belle humeur dans la défaite et d'un invincible optimisme. Je n'y ai d'ailleurs aucun mérite. Si les fées, à votre naissance, n'ont pas déposé ces deux dons dans votre berceau, ne faites point de politique (*Rires*). Étant, en outre, tout à fait invulnérable aux injures et aux calomnies, qui sont les coups de poignard et les arquebusades de nos modernes guerres civiles, je suis condamné à faire de la politique toute ma vie. Et je suis jeune encore. Faites-en part à ceux qui ont annoncé si souvent que j'étais mort ! (*Applaudissements répétés.*)

Je me suis laissé dire que tous ceux qui assistent à ce banquet, qui ont répondu avec tant d'empressement à l'invitation des sections bas-alpines de la Ligue des Droits de l'Homme et du citoyen, n'ont pas voté pour moi aux élections de mai 1898. Ce renseignement, messieurs, double pour moi le plaisir très vif de cette fête que vous m'offrez. Notre pays comprend de hautes montagnes et de profondes vallées. C'est un fait que les pâtres qui fréquentent les sommets reçoivent les premiers feux du soleil avant les cultivateurs de la plaine. Aux uns et aux autres, aujourd'hui également éclairés, je tends les mains avec la même cordialité. (*Nouveaux applaudissements.*)

Vous vous seriez trompés cependant si, venant ici, vous aviez cru que je vous ferais un discours sur l'Affaire. Ce discours, du moins ce soir, je ne le ferai pas. Non point, certes, que notre œuvre soit terminée ; elle ne peut l'être que par la victoire complète du Droit. A cette heure, nous sommes exactement à l'entr'acte qui, dans les bons mélodrames, sépare le quatrième acte du cinquième où l'innocence est vengée et le crime puni. Et il faut, il est nécessaire surtout à l'honneur historique de la France, que le verdict de Rennes, nul déjà par lui-même et par l'invraisemblable admission des circonstances atténuantes, déchiré ensuite par le décret de grâce, il faut qu'il soit anéanti entièrement par un arrêt suprême. Il le faut, je ne me lasserai pas de le redire, non pas tant pour Dreyfus lui-même que pour cette grande personne morale, « la plus grande qui soit au monde », la France, et qui ne saurait rester débitrice envers un homme, fût-il juif, de son honneur injustement ravi. Cette dette est sacrée : je jure que nous l'acquitterons. (*Acclamations répétées et cris : Vive la Justice!*)

Mais, messieurs, si nous repoussons et si nous continuons à repousser de toutes nos forces l'amnistie, qui serait l'étranglement de la Justice et l'étouffement de la Vérité ; nous avons nous-mêmes offert l'armistice pour toute la durée de cette grande fête du Travail et de la Paix qui est l'Exposition universelle. La parole une fois donnée, dans un intérêt patriotique, nous la tiendrons.

Nous ne laisserons prescrire aucune de nos revendications ; mais cette fête que la France offre au monde, non, nous ne la troublerons pas ! (*Applaudissements.*)

Est-ce à dire, messieurs, que, d'ici à l'automne, on puisse avoir l'étrange prétention de bannir la politique de notre vie nationale ? Autant prétendre bannir de l'air qu'on respire l'oxygène ou l'azote. La politique est partout. Ne lisez-vous pas tous les jours que l'Exposition n'est pas prête, qu'elle ne le sera jamais et, si elle doit l'être, qu'elle sera très certainement inférieure à celles qui l'ont précédée ? Eh bien ! ça, messieurs, c'est de la politique. (*Hilarité prolongée.*)

Et c'est même, pour le quart d'heure, toute la politique de ces patriotes brevetés et professionnels, de ces vendeurs du Temple qui s'appellent les nationalistes. Belle politique, en vérité, et d'un patriotisme délicat ! Quant au prétexte de ces pitoyables déclamations, vous n'en êtes certes pas à l'ignorer ; en tout cas, M. Méline vient de s'en expliquer une fois de plus, à Remiremont, et fort longuement. La cause de tout le mal et du retard de l'Exposition, la cause aussi, sans doute, des récents méfaits de l'automobilisme, la désolation enfin de l'abomination, c'est la présence de M. Millerand dans le ministère de défense républicaine, de M. Millerand qui recevait hier les félicitations du gouvernement du Tsar, autocrate de toutes les Russies ! Messieurs, M. Millerand est ministre : n'avez-vous pas peur ? Ne vous sentez-vous pas menacés effroyablement dans votre sécurité et dans vos biens? (*Rire général et applaudissements.*)

Eh bien! je dis, et je tenais beaucoup à le dire ici, dans ce pays qui n'est guère révolutionnaire, que l'une des raisons qui doivent valoir au ministère le concours de tous les républicains qui ont le sentiment des intérêts supérieurs de la République, c'est la présence de l'un des représentants les plus autorisés du parti socialiste sur les bancs du Gouvernement. Quoi! l'immense majorité du parti socialiste est venue, et sans calcul d'aucune sorte, au secours de la République quand la République a été menacée, quand ont été remises en cause toutes les conquêtes les plus précieuses de la Révolution! Et ceux des républicains qui, tout convaincus qu'ils soient, et de très longue date, des grands devoirs sociaux de la démocratie, n'appartiennent pas cependant à l'une ou à l'autre des écoles socialistes, ces républicains auraient dit aux socialistes : « Part au commun danger, soit! mais part à l'honneur, non! » Ah! fi donc! (*Salve d'applaudissements et cris; Vive la République!*)

Pour défendre la République contre la coalition de tous ses adversaires, déclarés ou hypocrites, ce n'était pas de trop de l'union de tous les républicains, oublieux, pour un temps, de leurs préférences doctrinales, préoccupés seulement du commun péril. Et qu'a donc fait M. Waldeck-Rousseau si ce n'est cette union? (*Oui! oui! Bravo!*)

Est-ce que M. Méline a repoussé, contre le Seize Mai, l'alliance des socialistes? Il était des 363 avec Raspail et Louis Blanc! Plus récemment, contre le Boulangisme, M. Méline refusait-il de marcher avec Joffrin, Dumay et Lavy? Mais, dira l'orateur de Remiremont, ni Louis Blanc, ni Joffrin n'ont été ministres! Affaire de portefeuilles, c'est bien cela.

Et voici qui est plus plaisant encore — ou plus triste. Tout ministériel que je sois, je ne crois pas à l'éternité du ministère Waldeck-Rousseau. Un jour viendra, dans très longtemps, il le faut espérer, mais enfin un jour viendra où il tombera, lui aussi. Mais comment? Il tombera un certain soir, vers les six heures, — c'est l'heure classique de la chute des cabinets, — parce que, ce soir-là, un certain nombre de socialistes, et, précisément, les plus avancés, les plus révolutionnaires, les amis de M. Vaillant et les benjamins de M. Guesde voteront, au lieu de s'abstenir, avec M. Méline, avec M. le prince de Broglie et avec M. Motte. Ainsi M. Méline reviendra au pouvoir, ou lui-même, bien que cela serait roide, ou sous les espèces de M. Ribot ou de M. Dupuy, par le concours des socialistes, et des plus violents. Et pensez-vous, messieurs, que M. Méline ne voudra pas d'un pouvoir ainsi reconquis? Quand M. le président de la Chambre proclamera ce scrutin, pensez-vous que M. Méline se précipitera à la tribune pour supplier qu'on défalque de cette majorité de rencontre les voix de ceux des socialistes qui lui auront donné la victoire! (*Rires et applaudissements prolongés.*)

Pour nous, messieurs, nous pensons que la politique ainsi entendue, rabaissée au seul conflit des convoitises autour du pouvoir, systématiquement fermée aux idées nouvelles, où il y a une si grande part d'avenir, et non moins obstinément tournée vers le passé, non, ce n'est pas la politique républicaine. Ah! messieurs, c'est une pente terriblement glissante que celle qui descend vers la réaction!

Il n'y a, ici encore, que la première concession qui coûte. Qui applaudit aujourd'hui M. Méline? qui lui décerne le brevet d'homme d'État? C'est le *Gaulois* et c'est la *Libre Parole*, daignant ne plus se souvenir qu'il fut le collaborateur de Ferry, mais qui ne l'oublient pas plus qu'il ne l'oublie lui-même !

Nous, messieurs, nous resterons fidèles à notre politique, et c'est l'union des républicains pour la défense et le développement des principes de la Révolution française. A qui incombe, dans le passé, la responsabilité la plus lourde des fautes, ou, simplement, des faits qui ont trop longtemps désuni les vrais fils de la Révolution? Je ne veux pas le savoir; l'histoire le recherchera. Je sais seulement que de ces discordes sont sortis les maux dont nous avons souffert si cruellement depuis quelques années. La cause est là, et non ailleurs, du succès passager de la réaction, de ces retours offensifs d'un passé qu'on croyait mort.

Nous avons vu pâlir notre idéal, la Justice s'éclipser; chaque fois que la Patrie baisse, a dit Gambetta, montent le césarisme et le jésuitisme. Nous les avons vu remonter. Eh bien ! messieurs, les fautes qui ont permis à ce qu'il y a de plus détestable dans le passé de tenter un nouvel assaut contre la France moderne, ces fautes-là, ne les recommençons plus, parce que la fortune pourrait bien finir un jour par se lasser.

Quand je parle d'union entre les républicains je n'ai pas la naïveté de croire que tous les républicains puissent être d'accord sur toutes les questions ou politiques ou sociales. Il y a des divergences nécessaires et, d'ailleurs, fécondes. Nous n'imaginons pas le programme du parti républicain comme un syllabus inflexible et immuable. Il changera avec le temps qui change tout, comme le monde lui-même. Il y a de rares vérités immortelles. Qui nierait, d'autre part, que l'utopie d'hier n'est pas souvent destinée à être la vérité de demain, celui-là avouerait qu'il n'a jamais compris un seul mot de l'histoire. Mais messieurs, quelles que puissent être entre nous ces divergences, restons désormais unis, unis indissolublement, pour la défense de la Liberté et du Droit. Ni de la Liberté, ni du Droit, nous ne pourrions céder impunément une parcelle, une seule, à l'éternel ennemi qui nous guette !

Je bois, messieurs, à l'union des républicains !

(*Triple salve d'applaudissements. — Cris prolongés de « Vive la République ! »*)

POUR UN FAIT PERSONNEL

30 mai 1900.

I

Quand j'ai répété à Digne, le 24 avril, et presque dans les mêmes termes, ce que j'avais dit, sans soulever aucun scandale, le 14 mars, devant la Commission sénatoriale de l'amnistie, et ce qui n'était déjà que la répétition de ce que j'avais écrit dans je ne sais combien d'articles, je ne pensais même pas que ces quelques paroles, qui n'apportaient aucune indication nouvelle, seraient relevées par la presse.

On peut comparer les textes.

A Digne : « Il est nécessaire, surtout à l'honneur historique de la France, que le verdict de Rennes soit anéanti entièrement par un arrêt suprême. Il le faut, je ne me lasserai pas de le redire, non pas tant pour Dreyfus lui-même que pour cette grande personne morale, « la plus grande qui soit au monde », la France, et qui ne saurait rester débitrice envers un homme, fût-il juif, de son honneur injustement ravi. »

Devant la Commission du Sénat : «La Justice seule peut

faire l'apaisement. La loi empêchera-t-elle les hommes qui sont convaincus que Dreyfus est innocent de continuer à affirmer leur certitude ? Leur défendra-t-elle de tout mettre en œuvre pour faire reviser un jugement contre lequel proteste leur conscience ? Non. Alors, où est l'efficacité de la loi ? »

Dès le lendemain du verdict de Rennes, pendant que la presse discutait l'idée de la grâce de Dreyfus, j'avais écrit à cette place : « La patrie ne peut pas vivre sans justice et sans bonté. Demain, elle délivrera l'homme, le martyr ; et, après-demain, le Droit, le Prométhée enchaîné. »

Le jour même de la grâce, qui fut aussi celui où mourut Scheurer : « Ton œuvre, ô Scheurer ! je le jure sur ce cercueil qui va se fermer à jamais sur toi, nous la poursuivrons, invincibles, jusqu'à la victoire définitive et complète de la justice. Nous devons à la France ce suprême effort. »

Et que disais-je encore, sinon toujours la même chose, dans tous mes articles contre l'amnistie, dès qu'il en a été question, dénonçant les périls d'une défaillance qui sera un jour, j'en ai peur, l'un des remords de la République ?

De même pour ce jeu ou cette opposition de mots : Amnistie, Armistice. Zola avait dit devant la commission sénatoriale : « Je ne repousse pas l'ajournement de mon procès ; c'est l'amnistie que je repousse. » « Il est inexact de prétendre, avais-je dit, que le repos des esprits pendant l'Exposition ne peut être assuré que par l'amnistie ; il peut l'être également par l'armistice. » Comme je rappelais, à Digne, notre protestation contre l'amnistie, je repris, tout naturellement, la même formule, bonne ou mauvaise.

Et j'accorde, si l'on veut, qu'elle soit mauvaise. Cepen

dant, elle n'était plus neuve, et cette même trêve de l'Exposition, d'autres l'avaient « offerte » eux aussi ? Offerte ? à qui ? demande M. de Castellane. A qui, sinon à l'adversaire, offre-t-on une trêve, un armistice ? Seulement, les trêves qu' « offre » M. Déroulède sont patriotiques ; les autres sont infâmes. Vérité au delà des Pyrénées, mensonge en deçà !

II

Ai-je tort de combattre l'amnistie, d'y voir une atteinte au droit, une cause nouvelle d'énervement pour la justice et pour la morale, un encouragement aux crimes de la Force, une duperie qui ne fera pas l'apaisement, une faute politique qui sera exploitée contre ceux qui la vont commettre par ceux qui vont en bénéficier ? Évidemment, ceux qui tiennent pour l'amnistie me donnent tort. Ce n'en est pas moins un fait que je n'ai pas cessé de la combattre, depuis huit mois, et pour cette raison, notamment, qu'elle supprime les procès, celui de Zola et le mien, d'où sortirait à nouveau la revision, comme elle est sortie, une première fois, du premier procès Zola, du faux Henry produit à la barre par le général de Pellieux, authentiqué par le général Boisdeffre. Le discours de Digne n'apprenait, à cet égard, rien à personne.

A qui, et à quel moment, ai-je donné le droit de penser, sinon d'écrire, que je ne suis pas un adversaire irréconciliable de l'amnistie ?... — Mais, précisément, il ne fallait pas en être l'adversaire ! — Ah ! si Dreyfus s'était résigné à l'amnistie, si je l'avais soutenue, c'est alors qu'aurait crevé la poche à venin la plus profonde, et quelles huées ! « En acceptant l'amnistie, vous avouez votre peur de la vérité, et le crime de Dreyfus, et toute l'ignominie de la race ! Le juif est libre, il est entouré de sa famille, il mange et boit en paix. Est-ce que cela ne suffit pas à un juif ? Que lui faut-il de plus ? Un chrétien mourrait à la peine, à la conquête de son honneur. Qu'est-ce que l'honneur peut faire à un juif ? » Et parce que ce juif veut son honneur, parce qu'un autre juif, dans son amour passionné pour la France, évoque les traditions qui ont fait sa gloire, nous sommes des ennemis de la paix publique et des complices de l'étranger ! Quelle misère !

Cependant, j'aime mieux cela, et les injures que je ne lis qu'en souriant, et les reproches des amis fatigués, qui n'ont eu d'haleine que pour trois jours...

III

O puissance des mots sur les gobe-mouches ! Toute cette agitation, d'ailleurs factice, date du jour où l'opposition à l'amnistie s'est appelée de cette terrifique formule : la Reprise de l'affaire, comme on avait découvert précédemment, pour couvrir les crimes d'Esterhazy, de Mercier et d'Henry, la formule : l'Honneur de l'armée.

Repousser l'amnistie, est-ce pousser à l'agitation ? M. Bourgeois, dans son très beau discours d'hier, a défini ainsi l'affaire Dreyfus : « Une question qui est devenue du domaine purement judiciaire et n'aurait jamais dû en sortir... » Quand ai-je dit autre chose ? Et qui l'a fait sortir, cette question, du domaine judiciaire ?

On a fini par croire que le procès Zola et le mien sont des procès que nous nous sommes intentés à nous-mêmes. Pour le plaisir, sans doute. En tout cas, le prétoire, c'est le domaine judiciaire. Qui s'y cramponne ? Et qui nous en chasse par l'amnistie ? Est-ce à la rue que je faisais appel, dans le discours de Digne, ou à la Cour de cassation ?

Soit ! j'ai commis un crime de plus en repoussant l'amnistie, en demandant des juges. Mais encore, cette amnistie, ai-je été seul à la combattre ? Est-ce que la presse nationaliste et antisémite ne l'a point combattue, elle aussi ? Alors, elle aussi, c'est donc la « reprise de l'Affaire » qu'elle poursuivait !

Et non seulement elle déclamait contre l'amnistie, mais elle nous accusait, chaque jour, d'en être les partisans honteux. M. Arthur Meyer révélait que « le projet d'amnistie avait été pensé par M. Picquart, rédigé par M. Reinach. » M. Drumont dénonçait « l'amnistie juive » et ceux qui l'avaient préparée, « le trio Reinach-Zola-Picquart qui n'est pas seulement un triumvirat de fripouilles, mais un triumvirat de saltimbanques de bas étage ». « Nous ne voulons pas de l'amnistie, clamait M. de Beaurepaire ; le ministère Dreyfus en a seul conçu le projet. C'est un scandale ajouté à tant de scandales, un défi à l'opinion. » Pour M. Rochefort, l'amnistie avait été négociée, « en faveur du pourceau Reinach », entre Waldeck-Rousseau, « sombre canaille », et le Pape, « lequel, en sa qualité d'Italien, est foncièrement dreyfusard ». « Les républicains nationalistes, écrivait M. Lepelletier, repoussent l'amnistie perfide et honteuse que le gouvernement prépare, d'accord, secrètement, avec les compères Dreyfus, traître en chef, et les sous-traîtres, Picquart, Reinach, Zola. Cette amnistie des traîtres ne ferait que raviver les animosités... »

Et M. de Cassagnac l'appelait « une banqueroute judiciaire ».

Demanderai-je aujourd'hui où étaient, en vérité, les partisans honteux de l'amnistie ? Je m'en voudrais de laisser croire que j'aurais pu être dupe, l'espace d'une heure, de cette comédie. Les complices et les amis de Mercier pouvaient-ils ne pas appeler de tous leurs vœux l'amnistie Mercier ?

IV

Mais pourquoi le discours de Digne — puisque discours de Digne il y a, et bien qu'il ne fût qu'un article de plus contre l'amnistie — a-t-il été choisi par le grand Rodin mystérieux comme le prétexte de cette volte-face et de cette énorme pirouette ?

Je me le suis demandé assez longtemps. Je voyais tous les ennemis de la République exploiter, avec une déloyauté impudente, mes paroles, partout affichées et dénaturées, d'abord aux élections municipales de Paris, — car la sage province réfléchie ne s'y est pas laissée prendre, — puis dans la plus folle agitation qui ait été dirigée contre un gouvernement. On avait entendu souvent des adversaires reprocher à un cabinet d'être appuyé par de compromettants alliés. Cette fois, le gouvernement était accusé d'une complicité, naturellement criminelle, avec un homme qui le combattait, et non sans vigueur, dans l'un de ses principaux projets !

Aujourd'hui, je sais. C'est très simple, et très clair, comme disait M. Humbert qui a tout révélé. Le discours de Digne n'a même pas été un prétexte, — seulement la patère à laquelle on a accroché le dernier roman des derniers débris du deuxième bureau.

On avait « pris » des lettres, — et par quels procédés ! à quels risques ! à la suite de quelles machinations ! — Mais comment sortir ces lettres ? On les suspendit à mon discours préalablement travesti et faussé.

Et si, revenant, pour la première fois, après deux ans, dans le département des Alpes, je m'étais tû, quelle autre histoire ! C'est mon silence qui serait devenu la preuve que j'étais le complice des manœuvres du Gouvernement ou que le Gouvernement l'était des miennes. Je me taisais, prudemment, parce que je savais ce qui se tramait, ce qui allait éclater. Or, il n'y avait, dans l'espèce, d'autres manœuvres que celles de ce qui fut le deuxième bureau !

Ainsi, ç'a été, encore une fois, la même tactique : accuser les autres de ses propres desseins et de ses propres méfaits, et, encore une fois, le coup n'a pas échoué entièrement. Si le parti républicain s'est retrouvé pour repousser l'assaut, Mercier et Boisdeffre touchent au port, à l'amnistie.

Ces gens-là, et Rodin, sont très forts.

« Et pourtant Elle tourne ! »

L'INUTILE AMNISTIE

1er juin 1900.

Les principes sont beaux et bons en eux-mêmes. Et voici leur valeur pratique : plus on s'en éloigne, plus on éloigne du but qu'on poursuit.

La loi d'amnistie en sera une preuve de plus.

I

Les braves gens qui l'ont proposée et les braves gens qui vont la voter croient qu'ils feront ainsi l'apaisement.

Non point, certes, la paix universelle. La vie des peuples, c'est la lutte. Dans le même discours où il confirmait son intention de presser les débats sur l'amnistie, M. le président du Conseil manifestait son désir d'accélérer le vote des lois sur le régime scolaire, sur la presse, sur les congrégations. Croit-on que ces lois seront votées sans une formidable résistance ? Étrange stratégie que d'abandonner à l'ennemi, avant de livrer le combat, la forte position, couronnée d'artillerie, qui domine le champ de bataille !

Il ne s'agit que de l'apaisement sur l'Affaire ? Ah ! il s'annonce bien ! Dreyfus reste juridiquement le traître ; tous ceux qui n'ont pas pactisé avec le crime restent politiquement les amis du traître.

En quoi l'amnistie empêchera-t-elle les polémiques ? Votera-t-on une loi pour défendre de prononcer le nom de Dreyfus? Alors, Raoul Allier racontera à nouveau l'histoire de Calas. Fera-t-on un édit pour interdire de nommer Calas et Voltaire ? Alors, quelque autre Renan racontera le crime judiciaire dont un autre juif fut victime et d'où date l'ère chrétienne.

Point de genre littéraire qui soit plus dangereux que celui des allusions.

Soit ! Mais, du moins, le procès de Zola et le mien seront rayés des rôles de la Cour d'assises.

Et que se passera-t-il demain si un autre poète reprend la lettre « j'accuse », plus documentée, plus touffue et plus terrible, ou si un autre historien reprend l'histoire de la complicité d'Esterhazy et d'Henry ? Ceux qui se prétendront diffamés n'auront-ils plus le droit de poursuivre leurs diffamateurs ?

Ou il faut, d'avance, par quelque article additionnel, leur retirer ce droit, ou la loi est inutile. Et ce sera en vain que les principes, le droit, la justice, la vérité auront été sacrifiés.

II

Il y a plus encore. Et le franc-jeu, qui est le nôtre, exige qu'on le sache : la loi, qui est soumise aux Chambres, ne change en rien la situation de Mercier.

On écrivait, l'autre jour, à cette place, que Mercier, avec Boisdeffre, qui n'est qu'un complice, touche au port, à l'amnistie.

Oui, Mercier touche au port. Mais il n'y entrera pas. Il n'y peut pas entrer de par la loi en discussion. Il n'y peut entrer que par une loi nouvelle d'amnistie, succédant à une condamnation préalable, par la prescription ordinaire des crimes, qui est de dix ans, ou par une revision de la Constitution.

Mercier est d'ores et déjà condamné au supplice de ces âmes que Dante montre, inquiètes et farouches, rôdant éternellement autour des portes closes de l'asile inaccessible de la paix.

III

M. Guérin, qui fut le collègue de Mercier à l'époque de la forfaiture et des faux, qui l'oublie trop ou qui, peut-être, s'en souvient trop, M. Guérin a défini la loi nouvelle avec un rare bonheur d'expression et une rigueur juridique très remarquable.

C'est, dit-il, non pas une loi d'amnistie proprement dite, puisqu'il n'y a aucune condamnation prononcée à effacer, mais une simple loi, une nouvelle loi de dessaisissement.

C'est parfaitement exact. La loi dessaisit le conseil de guerre devant lequel est traduit le colonel Picquart; elle dessaisit la Cour d'assises de Versailles où est cité Zola; elle dessaisit la Cour d'assises de Paris où je suis cité.

Nous avons protesté de toutes nos forces contre ce

dessaisissement. Cependant, si la loi est votée, le dessaisissement sera opéré et il sera irrévocable.

Mais il n'en est pas de même en ce qui concerne Mercier qui, au surplus, n'a point protesté. Et cela, non point parce que son cas n'est pas visé spécialement dans la loi, mais parce qu'une loi ne peut pas dessaisir la Chambre des députés, la Chambre issue du suffrage universel, d'un droit qu'elle tient de la Constitution, ni le Sénat des obligations qui résultent pour lui de ces mêmes articles de la Constitution, quand leur mise en œuvre lui confère les attributions d'une Haute Cour de Justice.

Que dit, en effet, la loi dont M. Guérin est le rapporteur ? Je cite textuellement : « Sont éteintes toutes les actions publiques à raison des faits se rattachant à l'affaire Dreyfus. » Or, il est également manifeste que la loi est apte à éteindre les actions publiques qui résultent de simples lois, mais inapte à éteindre celles qui résultent de la Constitution.

La Constitution — et toutes les arguties ne peuvent rien changer à un fait, — la Constitution est formelle, catégorique, impérative.

L'article 6 de la loi constitutionnelle du 25 février 1875 porte que les « ministres sont responsables individuellement de leurs actes personnels ».

L'article 12 de la loi constitutionnelle du 16 juillet 1875 sur les rapports des pouvoirs publics est ainsi conçu : « Les ministres peuvent être mis en accusation par la Chambre des députés pour crimes commis dans l'exercice de leurs fonctions. » C'est le cas de Mercier.

« En ce cas, ils sont jugés par le Sénat. »

Et c'est l'A. B. C. du droit constitutionnel qu'une loi ne peut pas enlever à la Chambre des députés le droit souverain de mettre en accusation un ministre pour crimes commis dans l'exercice de ses fonctions.

Une telle loi serait nulle par elle-même, illégale, parce que la Constitution ne peut pas être revisée par une loi, alors même que cette loi serait votée successivement par l'unanimité des deux Chambres.

La Constitution ne peut être revisée que par une disposition constitutionnelle votée par les deux Chambres réunies en Assemblée Nationale. (Article 8 de la Constitution.)

Une telle loi serait donc un acte anticonstitutionnel, révolutionnaire au premier chef.

IV

Ainsi, ce que la Chambre des députés peut faire, c'est repousser la proposition tendant à la mise en accusation de Mercier, qui lui a été portée par Dupuy et Lebret.

Ce que le Sénat peut faire, si cette proposition est votée, au lieu d'être rejetée, c'est d'acquitter Mercier malgré son propre aveu qu'il a commis le crime de forfaiture dont il est accusé.

Mais le Sénat ne peut pas dépouiller la Chambre, par une loi, du droit qu'elle tient de la Constitution, et la Chambre n'y peut renoncer elle-même, ni pour elle-même ni pour les législatures suivantes.

Si la Chambre rejette, pour fortement motivée qu'elle soit, la proposition de Dupuy et de Lebret, tendant à la mise en accusation de Mercier pour avoir commis, dans l'exercice de ses fonctions, le crime prévu par les articles 114 et suivants du Code pénal, — et Lebret dans la lettre par laquelle il saisissait la Chambre de cette motion, visé expressément l'article 12 de la loi constitutionnelle du 16 juillet 1875, qu'il reproduit, — si la Chambre rejette cette motion, tout député reste libre, dans les délais réglementaires, de la reprendre, soit que la situation juridique de Mercier reste la même, soit que d'autres crimes soient découverts à sa charge.

Et il en sera de même pour tout le reste de la présente législature et pour la législature suivante, jusqu'au 22 décembre 1904, au moins.

En effet, en vertu de l'article 637 du Code d'instruction criminelle, « l'action publique et l'action civile résultant d'un crime de nature à entraîner la peine de mort ou des peines afflictives perpétuelles, ou de tout autre crime emportant peine afflictive ou infamante, se prescrivent après dix années révolues à compter du jour où le crime aura été commis, si dans l'intervalle il n'a été fait aucun acte d'instruction ni de poursuites. »

L'article 637 ajoute que, « s'il a été fait, dans cet intervalle, des actes d'instruction ou de poursuite non suivis de jugement, l'action publique et l'action civile ne se prescriront qu'après dix années révolues, à compter du dernier acte ».

C'est une question de savoir si la demande de mise en accusation, qui a été transmise à la Chambre par Dupuy et Lebret le 4 juin 1899, est ou non un acte interruptif de la prescription.

Dans le cas où la Chambre jugerait qu'il en est ainsi, le bénéfice de la prescription ne serait acquis à Mercier que le 4 juin 1909.

Si la Chambre, le jour où elle sera saisie de cette question, en décide autrement, la prescription serait acquise à Mercier le 22 décembre 1904.

C'est, en effet, le 22 décembre 1894 qu'il a commis le crime prévu par les articles 114 et suivants du Code pénal.

V

Donc, Mercier reste sous le coup de la mise en accusation, que la loi nouvelle de dessaisissement soit votée ou non, et cela parce que la Souveraineté nationale ne peut pas être atteinte dans ses droits par une simple loi.

Jusqu'au 4 juin 1909 ou, tout au moins, jusqu'au 22 décembre 1904, son crime tient Mercier.

Il n'y a que deux moyens pour Mercier d'échapper à son crime et aux « justes lois ».

C'est ou bien une revision de la Constitution qui abrogerait l'article 6 de la Constitution et l'article 12 de la loi constitutionnelle du 16 juillet 1875, — ou bien un acquittement par la Haute Cour de Justice, à la suite du vote préalable de la mise en accusation.

Veut-on, afin de rendre à Mercier le sommeil de ses nuits troublées par les spectres, reviser la Constitution, dépouiller les représentants de la nation de leur droit de mettre en accusation les ministres pour crimes commis dans l'exercice de leurs fonctions, ramener ainsi la France de la Révolution plus bas que les royaumes nègres où les fonctions publiques ne confèrent pas l'impunité à ceux qui en sont revêtus ?

Qu'on le dise !

Ou préfère-t-on demander au Sénat, siégeant en Haute Cour de Justice, si les faux, quand ils sont commis par un ministre, cessent d'être des crimes et si la forfaiture n'est pas un crime ?

Qu'on l'essaye !

Mais le fait incontestable, c'est que Mercier reste sous le coup des poursuites ordonnées et des peines prévues par les articles 114 et suivants du Code pénal, tant que la Constitution n'aura pas été revisée ou tant qu'un acquittement, irrévocable comme tout acquittement, ne l'aura pas mis hors de cause.

Il va de soi qu'une condamnation pourrait être suivie aussitôt d'une grâce ou d'une amnistie, auxquelles, pour mon humble part, je me rallierais aussitôt.

Ainsi le veut la loi : ainsi le veut la loi des lois, la Constitution.

Et, maintenant, votez l'inutile amnistie !

LE DROIT NOUVEAU

5 juin 1900.

La sagesse antique dit que « tout est dans tout ». C'est une vérité dont l'examen des choses humaines nous pénètre, chaque jour, un peu plus. Cette dernière séance du Sénat, pour mémorable qu'elle soit, n'est qu'un bien court moment dans la vie d'un peuple. Cependant, toute la politique du passé, faite d'expédients, s'y heurte à toute la politique de l'avenir, faite de principes, tout le réalisme du droit écrit à tout l'idéalisme de l'éternelle Justice ; et ces contraires, en même temps qu'ils se heurtent, se confondent ; et la nature s'est fait une si divertissante habitude de mettre la contradiction partout, de nous employer aux fins que nous prévoyons le moins et de faire servir, surtout par leurs adversaires, les pires comme les meilleures causes, que, dans cette séance par exemple, ce sont les idéalistes qui ont parlé en politiques et les hommes d'État en rêveurs ou en philosophes.

Savoir si demain justifiera les prévisions des républicains qui, fidèles aux pures doctrines, ont combattu l'amnistie, c'est la question politique elle-même. Toute défaillance se paye, enhardit l'adversaire et le fortifie. L'apaisement ne se peut faire que par la justice. Le corps humain ne peut vivre avec un cancer dans le ventre ni le corps social avec un crime. Un avenir, qui ne sera pas lointain, confirmera ces préceptes ou leur donnera le démenti. En tout cas, ils ne sont pas neufs. Ils sont vieux comme la société. Point de page de l'histoire où ils n'aient été évoqués — et méconnus. Mais quelle chose plus neuve en politique, sinon dans le monde de la pensée, qu'un chef de gouvernement qui, n'ayant qu'un mot à dire ou, plutôt, à ne pas dire pour envoyer un criminel devant les tribunaux ordinaires, le jette, flétri et marqué, au tribunal de l'histoire et de la conscience ?

Cet appel à ce tribunal souverain était familier, depuis longtemps, aux penseurs. Dégoûtés de la justice humaine, — trop souvent injuste pour que ses arrêts s'imposent avec une force irréfragable, même quand il lui arrive d'être juste, et trop souvent inefficace, même (ou surtout) quand elle épuise les rigueurs du droit pénal, — les philosophes et les poètes lui tournaient le dos ; pour tout châtiment des criminels, ils ne réclamaient que l'universel mépris et le verdict des générations à venir. Lucain et Tacite, Shakespeare et Hugo sont pleins de ces appels. C'est le *victa Catoni*. C'est, le formidable *Sacer esto* des *Châtiments* :

> Vieillissant, rejeté par la mort comme indigne,
> Tremblant sous la nuit noire, affreux sous le ciel bleu...
> Peuples, écartez-vous ! Cet homme porte un signe :
> Laissez passer Caïn ! il appartient à Dieu.

Et c'est Renan, avec « son blâme léger des autorités reconnues qui serait pire que la mort » ; et Tolstoï, posant la question, qu'il laisse sans réponse : « Homme !

où prends-tu le droit de punir? qui te l'a donné? »
C'est la pure doctrine de l'Évangile — et de l'Anarchie.

Mais quand donc, avant M. le président du Conseil, un conducteur de peuples avait-il formulé cette doctrine dans un grand débat? Et quelle valeur ne prend-elle pas, maintenant qu'elle a reçu, ne fût-ce qu'une fois, par accident, l'estampille des autorités constituées?

Je ne crois pas que le vieux droit pénal des Bibles et des Codes ait encore reçu une pareille atteinte. Je ne discute pas, Je constate seulement.

Faut-il dire que cette éloquente péroraison de M. Waldeck-Rousseau envoyant Mercier au tribunal de l'histoire, n'a été qu'un artifice de rhétorique, une ruse de politique, pour soulager la conscience des adversaires de l'amnistie et leur arracher leur vote? En fait, ils se sont ralliés ou se sont abstenus, à l'exception de ces trois intransigeants, de ces trois romains, Clamageran, Émile Deschanel et Trarieux, qui, jusqu'au bout, ont voté non à l'amnistie. Mais ce serait méconnaître le caractère de M. Waldeck-Rousseau ; il n'est point un moderne Lysias ou un Machiavel. C'est quelque chose de beaucoup plus fort que la simple volonté réfléchie d'un homme qui a éclaté dans cet appel à la conscience.

J'ai écrit souvent, à cette place, que l'affaire Dreyfus n'est pas un simple fait divers, mais qu'elle est devenue, par la force des choses, une des plus grandes révolutions de l'histoire, l'entrée de la Morale dans la Politique, comme la Réforme avait été l'entrée de la Critique dans la Religion.

C'est la Morale qui est entrée, l'autre jour, au Sénat, dans la politique officielle, — sans choisir sa porte, — elle l'eût choisie plus haute, — par la première fissure qu'elle a trouvée.

M. Waldeck-Rousseau était-il le premier à flétrir la forfaiture, les crimes de Mercier? Cent autres les avaient dénoncés, stigmatisés, et bien avant lui, et avec non moins de véhémence que lui. Qui ne voit cependant que la flétrissure, tombant d'une pareille bouche, en un tel lieu, au nom du gouvernement de la République, acclamée par le Sénat, est un fait autrement grave que nos malédictions accumulées, qu'elle les domine de cent coudées, qu'elle est définitive, gravée sur l'airain ?

Mais s'il en est ainsi, — et c'est l'évidence, — qui ne voit aussi l'importance capitale de l'invocation « à cette justice qui ne siège pas dans les prétoires, car celle-là n'est pas toute la justice, qui est formée par la conscience publique, qui traverse les âges, qui est l'enseignement des peuples et qui est déjà entrée dans l'histoire » ?

Je ne suis pas assez échauffé par les fumées de la bataille pour ne pas reconnaître que le cas particulier de Mercier disparaît un peu devant un pareil fait. Que se passe-t-il dans le cerveau de cet homme ? Les uns, la veille, l'ont vu monter, livide, à la tribune, comme à l'échafaud ; les autres, pendant que retentissaient les acclamations des républicains sous la parole vengeresse du premier ministre, l'ont vu errer, comme un spectre, dans les couloirs du Sénat, n'osant pas entrer dans la salle où il était voué aux gémonies. Oui, mais d'autres aussi l'ont vu, le soir même, dans le salon des fêtes de M. le président de la Chambre, redevenu maître de ses nerfs et impassible, entre M. Boni de Castellane et je ne sais quel obscur député antisémite. C'est une chose terrible, à donner le frisson, qu'une pareille flétrissure morale. Oui, mais pour une âme qui ne serait pas celle de Mercier. Une statue de bronze ou de pierre reste insensible aux coups de lanière qui déchirent un corps de chair et s'y marquent en lignes de sang. Ce qui angoisse Mercier, n'est-ce pas, plutôt, que le droit constitutionnel de la Chambre à le mettre en accusation, à son heure, quand il lui plaira, reste intact, indemne, supérieur à toutes les amnisties ?

Quand Delpech, avec sa bravoure habituelle, a affirmé à la tribune cette vérité qui s'impose comme l'évidence, nul n'a risqué une objection, ni M. Guérin, ni M. Milliard, ni M. de La Marzelle.

Mais, encore une fois, qu'importe, aujourd'hui du moins, ce qui s'agite dans cette âme noire ? Je refuse de m'attarder au supplice d'un homme. Je salue les premiers feux de l'aurore d'un Droit nouveau.

LA COMÉDIE CONTINUE

7 juin 1900.

Il y a un mois, Drumont et Lemaître me dénonçaient à tue-tête comme un ennemi de la paix publique. Mon crime ? Je m'étais élevé contre l'amnistie. J'avais protesté contre la suppression du procès qui m'était intenté à la requête de la *Libre Parole* et du comité Henry. A ce procès, Boisdeffre, Du Paty, Mercier, d'autres encore, auraient été serrés de plus près qu'à Rennes et devant la Cour de cassation. Toute la vérité eût éclaté, tout le crime. Et le fait nouveau serait sorti des témoignages contradictoires, des interrogatoires pressés, des commissions rogatoires. Donc, je voulais recommencer l'Affaire. Donc, j'étais un scélérat.

La province haussa les épaules. Paris s'amusa à prendre un air effrayé. Les républicains parlementaires tombèrent dans le piège. Et le Gouvernement saisit l'occasion pour faire voter l'amnistie par le Sénat.

Aujourd'hui, nouvelle pirouette, autre volte-face.

Dès samedi, dès qu'ils furent certains que l'amnistie serait votée, les sénateurs réactionnaires et nationalistes n'en voulurent plus. Ils ont voté tous contre l'amnistie, c'est-à-dire pour la continuation de l'Affaire sur le terrain judiciaire, pour la comparution de Zola et pour la mienne devant le jury.

Et maintenant, au signal de l'archet que tient cet incomparable chef d'orchestre, le P. du Lac, toute la presse de la Congrégation et toute celle de l'ancien bureau de Statistique suivent le mouvement. Et je suis toujours un scélérat, mais ce n'est plus pour avoir repoussé l'amnistie : c'est pour en avoir été, dans l'ombre, le mystérieux et perfide instigateur.

C'est M. Edmond Lepelletier qui écrit dans l'*Écho de Paris* : « Les complices de Dreyfus, les Reinach, les Picquart, les Zola, sont assurés de l'impunité. Cette amnistie qu'ils feignaient de repousser afin de l'obtenir plus sûrement, le Sénat vient de la voter... Ils sont légalement de petits saints. Ils deviennent intangibles. Le Sénat les a définitivement soustraits à la vindicte nationale. » Et c'est Drumont : « Reinach était épouvanté de la pensée d'être obligé de comparaître devant le jury, c'est-à dire un tribunal de citoyens, pour y répondre des calomnies infâmes qu'il avait vomies contre le colonel Henry. On dispense Reinach de comparaître devant le jury... Il n'y a plus rien en France, ni armée, ni magistrature, ni administration, ni codes, ni lois, ni principes. Il y a le juif qui gouverne et dont les moindres ordres sont des lois... Ce serait l'abomination de l'abomination que de voir la veuve d'un soldat français, d'un plébéien qui, sorti du rang, a gagné chacun de ses galons par une action d'éclat, infliger à un juif l'humiliation d'être condamné pour avoir menti... Alors, tous ces légistes, tous ces juristes, tous ces avocats qui, avant d'arriver à la Chambre, ont passé les plus belles années de leur vie à retrousser leurs manches pagodes et à faire des trémolos pour défendre la veuve et l'orphelin, lâcheront la noble veuve et le pauvre orphelin pour complaire à Reinach. Ils voteront cette loi... Et, même, sans discussions, car Rothschild, m'affirme-t-on, ne veut décidément pas qu'on parle. Il trouve que le simple fait de discuter les volontés de Reinach serait un crime de lèse-majesté. »

Je m'y attendais, j'avais prévu ce nouveau tour de bâton de Scapin-Tartuffe. Si l'on pouvait faire abstraction, ne fût-ce qu'une minute, des intérêts supérieurs et permanents de la République, cela semblerait assez plaisant. Députés et sénateurs, tous ces infortunés nautoniers du bateau de l'État ne peuvent plus que tomber de Charybde en Scylla. Leur terreur, depuis quatre ans, c'est de passer pour les complices de la petite bande de malfaiteurs qui luttent, indomptables, pour la Justice et pour la Vérité. Or, quoiqu'ils fassent, ils sont nos complices. S'ils hésitent devant l'amnistie, c'est par notre ordre. S'ils la votent, c'est par obéissance. Et être nos complices, c'est affreux, horrible : c'est être les complices du traître.

O malheureux ! vous êtes les complices de la Vérité, et c'est cela qui est indélébile !

Mais je ne pense qu'à la République, à ce nouveau déni de justice, à cette nouvelle duperie, aussi vaine que toutes celles qui l'ont précédée et dont l'expérience, pourtant, était éloquente, à la nouvelle audace qui anime les ennemis de la liberté, aux nouveaux orages qui se forment à l'horizon...

Hé! sans doute! mais ce sacrifice, il faut savoir le faire à la politique, à la raison d'État, à l'apaisement!...

« Alors, messieurs, revient l'argument de l'apaisement : « Un peuple fatigué peut bien se débarrasser d'un principe; nous sommes las de traîner derrière nous ce fardeau et ce cauchemar. Nous avons trouvé le moyen de concilier tout le monde, de réconcilier tous les esprits ; notre loi, c'est une loi d'apaisement. »

Qui parle ainsi, avec ce dédain, avec ce hautain mépris, de l'apaisement ? Qui donc a cette audace ?

Mais la campagne d'injures et de violences continue, reprend avec une force croissante :

« Je conclus, messieurs, qu'on ne fera l'apaisement dans ce pays que quand on y aura rétabli le respect, le respect de la loi, de toutes les lois. »

Quoi ! même des lois qui punissent la forfaiture, le faux témoignage, le faux, la collusion, autrement que par un appel à la justice de l'Histoire !

« Il y a trop longtemps que tous ceux qui se refusent à plier devant une coalition, derrière laquelle on trouverait aisément une « camarilla », sont outragés, insultés, abandonnés. Il faut se demander si le laisser-aller dans la défense, opposé à la vigueur, à l'outrance de l'attaque, va dégénérer en une sorte de résignation de ce pays, où ceux qui veulent rester libres et indépendants semblent n'être plus assez défendus. »

Il leur est même arrivé d'être attaqués par ceux qui avaient charge et mission de faire respecter leurs droits.

« Nous avons toujours été un peuple épris d'idéal et de raison. Nous étions avides de justice et l'on a pu dire, sans que partout ce peuple frémisse, que, contre le droit individuel, il peut y avoir des raisons d'Etat... On a parlé de l'opinion. Je réponds : Parlons de la justice ; je dis, en outre, qu'il ne faut pas prendre pour l'opinion de la France les clameurs de quelques professionnels. »

Il s'agit, évidemment, de ces professionnels dont je racontais, plus haut, les funambulesques variations.

Et enfin :

« Je me refuse à aministier le passé. Nous ne fournirons pas aux réactions de l'avenir un précédent républicain ! »

Mais, encore une fois, qui parle ainsi ? Qui refuse d'amnistier le passé ?

Quoi ! vous n'avez pas reconnu ce style souple et ferme, cette pensée limpide et haute, ce noble souci des principes, tout cet ensemble, si rare, de qualités littéraires et de vertus politiques qui font du discours de M. Waldeck-Rousseau contre la première loi de dessaisisement l'une les plus belles pages de l'éloquence française et l'une des plus magnifiques leçons de morale que ce siècle ait entendues !

Et la même farce continue, celle de ces mêmes professionnels de l'outrage et du mensonge qui veulent faire croire qu'ils sont l'opinion, qui dénonçaient hier le Gouvernement de la reprise de l'affaire Dreyfus, qui dénoncent aujourd'hui le Gouvernement de l'étouffement de l'affaire Dreyfus, — et c'est le même.

Demain, devant cette évidence incontestée que la loi d'amnistie ne peut pas couvrir Mercier, parce que la loi ne peut pas toucher à la Constitution, ils ne se résigneront à l'amnistie qu'à la condition qu'elle comprenne Déroulède et Jules Guérin.

Et c'est entendu : vous ne leur ferez pas cette concession nouvelle, bien que le complot, qui a été jugé par la Haute-Cour, ne soit qu'un épisode de l'Affaire, mais par cette raison que Déroulède et Jules Guérin, et même Lur-Saluces, sont de trop petits criminels pour avoir droit aux honneurs du tribunal de l'Histoire.

Mais si, par impossible, ô républicains ! vous cédiez aussi sur ce point, alors, alors surtout, leur appétit deviendrait insatiable, et ils ne voteraient cette amnistie plénière qu'à la condition d'en exclure, par un article additionnel, Zola, Picquart, celui qui écrit ces lignes, — et cela encore, vous l'accepteriez, pour faire l'apaisement, — et vous-mêmes enfin, tout comme nous, « complices du Traîtres » !

« MENTIRI IMPUDENTISSIME »

11 juin 1900.

Cornély raille les républicains qui voient partout la main du R. P. du Lac. Il est certain que cette main n'a pas été non plus inoccupée. C'est le P. du Lac qui a fait dénoncer, par la *Libre Parole*, le nombre croissant des juifs qui, par l'Ecole de Saint-Cyr et l'Ecole Polytechnique, entraient dans l'armée. Et tout le temps que Boisdeffre a été chef de l'Etat-major général, le P. du Lac le voyait tous les jours. J'ajoute que, si Boisdeffre et le P. du Lac démentaient ce point spécial, leur démenti me délierait de tout scrupule et que je donnerais mes preuves.

Cornély a peu de goût pour l'anthropomorphisme ou la manie de tout incarner dans un seul homme. Il a bien raison. Pourtant, ici encore, il faut se défier des généralisations hâtives. Evidemment, les grands événements de l'histoire sont le développement d'une mystérieuse logique et les actes individuels comptent peu dans ces puissantes évolutions. Pourtant, ils y comptent pour quelque chose.

Laissons de côté, provisoirement, la personnalité du P. du Lac. Il n'en est pas moins certain que l'affaire

Dreyfus est un chapitre, et non le moins considérable, de l'histoire des jésuites au dix-neuvième siècle. Ils ont tout préparé, tout monté, tout conduit. C'est une grave erreur que nous avons commise, les uns et les autres, quand, pour désigner les meneurs de l'Affaire, nous disions : le 2ᵉ bureau ou l'Etat-major. L'ancien Etat-major et l'ancien 2ᵉ bureau n'étaient que des instruments. Il eût fallu dire, avec la bonne vieille langue politique : la Congrégation.

Il est encore assez difficile de déterminer l'intervention de tel ou tel jésuite dans tel ou dans tel acte particulier de ce grand drame ténébreux. Mais il suffit d'avoir quelque clarté de l'histoire pour constater une analogie, qui est de l'identité, entre la façon dont a été conduite cette longue campagne contre le Droit et celle qui distingue les plus fameuses campagnes de la Congrégation contre la Liberté et contre la Justice ; entre la plupart des mensonges qui ont été colportés depuis quatre ans et tous ceux dont les jésuites ont été, depuis des siècles, publiquement convaincus ; entre les calomnies vagues, générales, atroces, d'autant plus empoisonnées qu'elles sont imprécises, dont nous avons été, les uns et les autres, poursuivis et toutes celles qui ont été, en d'autres époques, inventées et répandues par les disciples du bienheureux Ignace.

C'est ainsi que la Congrégation, qui était le vrai Syndicat, a lancé cette abominable invention du Syndicat, de ce Syndicat dont les millions ont tout corrompu, les députés et les sénateurs, les ministres, les juges, la Cour de cassation, tous les souverains de l'Europe, le Saint-Père lui-même, les journaux du monde entier et toute la presse française, à la seule exception de ces vertus immaculées, de ces blanches hermines qui ont célébré Esterhazy et glorifié Henry. Mais, jamais, ni

Drumont ni personne n'a osé imprimer quels sont les membres du Syndicat et porter nominativement une accusation précise contre l'un ou l'autre de ces hommes voilés, même pas contre moi, et Dieu sait si les honorables injures m'ont été épargnées !

Or, cette façon toute spéciale de calomnier, en bloc, par insinuation et par généralisation vagues, Pascal, déjà, l'avait démasquée et, notamment, dans cette admirable quinzième petite lettre que tous les enfants de nos écoles et de nos lycées devraient savoir par cœur : « Il n'y a sorte de calomnies que vous n'ayez mis en usage », dit Pascal aux jésuites du grand siècle. Il a dénoncé quelques-unes de leurs « plus noires impostures » ; puis : « Mais celles-là sont trop aisées à détruire ; et c'est pourquoi vous en avez de plus subtiles, où vous ne particularisez rien, afin d'ôter toute prise et tout moyen d'y répondre, comme quand le père Brisacier dit « que ses ennemis commettent des crimes abominables, mais qu'il ne les veut pas rapporter ». Ne semble-t-il pas qu'on ne peut convaincre d'imposture un reproche si indéterminé ? »

Un habile homme néanmoins en a trouvé le secret, rapporte Pascal, et c'est un capucin, le P. Valérien, de la maison des comtes de Magni. Et voici ce qu'il écrivait : « Ce genre d'hommes, qui se rend insupportable à toute la chrétienté, aspire sous le prétexte des bonnes œuvres aux grandeurs et à la nomination, en détournant à leurs fins presque toutes les lois divines, humaines, positives et naturelles. Ils attirent, ou par leur doctrine, ou par crainte, ou par espérance, tous les grands de la terre, de l'autorité desquels ils abusent pour faire réussir leurs détestables intrigues. Mais leurs attentats, quoique si criminels, ne sont ni punis, ni arrêtés ; ils sont récompensés au contraire ; et ils les commettent avec la même hardiesse que s'ils rendaient un service à Dieu. Tout le monde le reconnaît ; tout le monde en parle avec exécration ; mais il y en a peu qui soient capables de s'opposer à une si puissante tyrannie. C'est ce que j'ai fait néanmoins. J'ai arrêté leur impudence, et je l'arrêterai encore par le même moyen. Je déclare donc qu'ils ont menti très impudemment : MENTIRI IMPUDENTISSIME. Si les choses qu'ils m'ont reprochées sont véritables, qu'ils les prouvent ou qu'ils passent pour convaincus d'un mensonge plein d'impudence : leur procédé sur cela découvrira qui a raison. Je prie tout le monde de l'observer, et de remarquer cependant que ce genre d'hommes qui ne souffrent pas la moindre des injures qu'ils peuvent repousser, font semblant de souffrir très patiemment celles dont ils ne peuvent se défendre, et couvrent d'une fausse vertu leur véritable impuissance. C'est pourquoi j'ai voulu irriter plus vivement leur pudeur, afin que les plus grossiers reconnaissent que, s'ils se taisent, leur patience ne sera pas un effet de leur douceur, mais du trouble de leur conscience. »

Et le P. Valérien, de l'ordre des capucins, et Pascal avaient bien raison de recommander cette méthode. Il n'en est pas de meilleure, en effet, pour tous ceux qu'on n'attire ni par crainte, ni par espérance. « *Nec spe, nec metu.* » Il faut aller droit au monstre, le prendre par les oreilles, lui crier d'une voix qui retentisse : « *Mentiri impudentissime.* »

Mensonge impudent que l'invention du Syndicat. Mensonge impudent que l'accusation portée contre les meilleurs patriotes d'insulter à l'honneur de l'armée. Et, aujourd'hui encore, mensonge impudent, impudentissime, que cette calomnie, répétée par la moitié de la presse, cette histoire saugrenue de l'amnistie qui serait le résultat d'on ne sait quel pacte pour sauver ceux d'entre nous qui n'ont pas cessé de réclamer des juges, mais qui ne seraient que des misérables comédiens.

Est-il besoin de dire que ceux qui ont lancé ce nouveau mensonge n'en croient pas un mot? Y croyez-vous, père du Lac! Mais ils n'en ont pas moins fait, une fois de plus, des millions de dupes.

Les jésuites se sont cuirassés depuis Pascal et j'ignore s'il est encore un moyen « d'irriter plus vivement leur pudeur ». Mais c'est raison de plus de laisser là leurs comparses, de marcher sur eux, de leur jeter leurs mensonges à la face : « *Mentiri impudentissime.* »

L'INUTILE AMNISTIE

13 juin 1900.

A MM. les membres de la Commission chargée d'examiner le projet de loi sur l'extinction de certaines actions publiques..

Messieurs les députés,

Je ne vous demande pas à être entendu par votre Commission, non pas que je n'en aie le très vif désir, mais à seules fins d'éviter des débats importuns sur ma requête.

Vous souffrirez, cependant, que je renouvelle, une fois de plus, mon énergique protestation contre l'amnistie ; je ne me lasserai pas d'en repousser le prétendu bénéfice. Il y a quelques semaines, comme j'avais réclamé dans un discours contre cette mesure, je vous ai été dénoncé, du haut de la tribune, comme un perturbateur du repos public ; pourtant, je préconisais le seul moyen de faire l'apaisement : la justice. Aujourd'hui, je vous suis dénoncé comme le partisan honteux de cette même loi ; elle ne vous aurait été proposée que pour soustraire au jury des hommes qui n'ont pas cessé de demander à être jugés ! Les protestations de ces hommes ne seraient que comédie et pure feinte. Vous conviendrez que ces deux accusations contradictoires et inconciliables sont également pénibles. Tout s'unit pour rendre malaisée la tâche de ceux qui, obéissant à leur conscience, ont entrepris le redressement d'une erreur judiciaire, reconnue aujourd'hui par le monde entier. Ils ont sacrifié à cette œuvre leur repos, leurs intérêts, de vieilles amitiés. Maintenant, les jésuites les traitent de fourbes !

Mais l'honneur historique de la France vaut bien ces légers ennuis.

Et vous souffrirez aussi, messieurs, que je vous expose, très respectueusement, l'inutilité de la mesure qui vous est soumise.

Donnera-t-elle l'apaisement ? Lisez les journaux de la faction qui seule, en la personne de quelques-uns de ses chefs, profitera de l'amnistie ; ils accusent le Gouvernement et le Sénat, et, déjà, la Chambre, de ne la faire que dans l'intérêt des amis du « Traître ». L'idée d'avoir prêté l'oreille à des « Sans-Patrie » dénoncés par des « Boxers » vous importune. Or, quoique vous fassiez, vous n'échapperez point à ce soupçon, mortel pour qui s'y arrête, misérable pour qui le dédaigne. Et surtout si vous votez l'amnistie ! Alors surtout, dans toutes ces circonscriptions, vers lesquelles vous refuserez certainement de regarder, puisque la justice est la cause, et dans toute la presse de la Congrégation, vous serez les complices des amis du Traître, les complices du Traître lui-même !

Ainsi, vous n'atteindrez pas cette paix que vous cherchez et qui vous fuit toujours. Elle vous fuira tant que vous ne la chercherez pas auprès de la seule justice.

Et vous accroîtrez l'insolence des factions nationalistes et cléricales. Vous vous réservez, je le sais, de les combattre sur d'autres terrains. Quoi ! sur ce champ de bataille du Droit idéal, vous tenez la victoire ! Encore un petit effort et le Droit sera vainqueur, avec la République. Et, sans combat, vous céderiez ce terrain. Et, puisque vous **reprenez** ailleurs la bataille contre ces mêmes éternels ennemis, **où est l'apaisement ?**

Je me permettrai, en second lieu, **de vous** rappeler en peu de mots, car vous connaissez **vos privilèges,** que le projet de loi sur l'extinction de certaines actions pénales ne touche pas à l'action publique, la plus haute de toutes, dont vous êtes les maîtres. Vous tenez de la Constitution le droit souverain de mettre en accusation, devant la Haute Cour, un ministre pour crime commis dans l'exercice de ses fonctions. Or, la Constitution ne peut pas être modifiée par une simple loi. Vous ne pouvez pas renoncer valablement à un droit dont vous n'êtes que les dépositaires. Ce droit, vous êtes condamnés par la Constitution à en conserver le dépôt intact, à le remettre intact à vos successeurs.

Donc, Mercier, accusé devant vous de forfaiture par le ministère Dupuy, ne saurait être amnistié par la loi dont vous êtes saisis. Et il en est de même des complices qu'il entraînerait avec lui devant la Haute Cour. Vous savez leurs noms.

Tout ce que vous pouvez faire, c'est de créer par votre vote un préjugé en sa faveur. Quand des efforts individuels, que rien n'abattra, auront réveillé définitivement la conscience française, quand d'autres crimes peut-être, comme des fantômes immortels, seront sortis du gouffre, que pèsera ce préjugé ? Rien devant la conscience publique, rien devant les justiciers de demain, mais terriblement sur vous.

Vous avez déjà voté l'affichage du faux Henry et la loi de dessaisissement. C'est beaucoup pour une seule législature.

Pour le verdict de l'histoire, à qui M. le président du Conseil a fait appel en un si noble langage, vous savez si Mercier s'en soucie. Encore chaud de cette éloquente flétrissure, il est remonté à la tribune du Sénat pour donner son avis, lui, l'organisateur de l'expédition de Madagascar, sur l'armée coloniale. Vous l'avez vu, souriant et sinistre, dans les salons de M. le président de la Chambre.

Il viendra un jour, je le crois, où dans une humanité épurée, affranchie des Bibles et des Codes, la flétrissure morale suffira. Mais ce jour est-il né? Si ce soleil du Droit nouveau est déjà sur l'horizon, ouvrez toutes les prisons et tous les bagnes. Sinon, pourquoi cette exception pour Mercier?

L'histoire est le refuge des vaincus. Le chef d'un grand gouvernement dispose d'autres forteresses, moins lointaines.

Enfin, messieurs, en ce qui concerne le procès Zola et le mien, il y a de grandes chances pour que l'amnistie soit également vaine. Vous pouvez nous soustraire au jury, le grand citoyen qui a écrit la lettre « J'accuse » et moi-même. Mais le défilé redoutable des témoins à la barre, vous ne pourrez l'arrêter légalement qu'en supprimant l'action civile avec l'action publique. A l'origine, logique avec le but qu'il poursuivait, le Gouvernement avait proposé cette suppression. Il a reculé, par la suite, devant une violation du droit individuel que l'Ancien Régime lui-même n'avait jamais osé commettre. Les lettres d'abolition, en effet, maintenaient intact le droit des particuliers aux actions civiles. C'est ce que fait le projet qui a été voté par le Sénat.

Donc, ces témoins qui détiennent la vérité, qui se décideront bien à la confesser, s'ils sont soumis enfin à un interrogatoire sérieux, dont plusieurs ne demandent aujourd'hui qu'à parler pour libérer leurs consciences, qui auront à répondre aux questions du juge soit directement, soit par des commissions rogatoires que M. le ministre des Affaires étrangères ne refusera pas de transmettre ; donc, ces témoins, la loi nouvelle ne les supprime pas. Elle les fait passer seulement devant une autre juridiction. Elle les fait passer d'une salle du Palais de Justice dans une autre salle.

Ce n'est pas dans la salle qui est à droite qu'éclatera le fait nouveau, mais dans celle de gauche. Vous êtes des législateurs. Vous faites la loi ; vous la connaissez aussi.

Le Code de procédure civile règle, dans son titre douzième, la procédure des enquêtes. Le tribunal peut toujours ordonner l'enquête, l'audition des témoins cités par les parties. Les parties assistent aux dépositions des témoins, indiquent les questions qui seront posées par le juge. C'est un art où Labori est passé maître. Il est tenu procès-verbal de ces dépositions. La sténographie peut en être prise et publiée.

Soit, dit-on, mais ces procès, cette fois, se feraient loin du tumulte de la Cour d'assises.

Quoi ! messieurs, en serions-nous là que, pour assurer le respect de la justice dans la salle des assises, il n'y a d'autre moyen que de changer la loi et de dessaisir, une fois de plus, les juges naturels ! Quelques municipaux y auraient suffi, autrefois. Et faut-il vous rappeler par qui et avec quelles connivences furent, préparés naguère les tumultes du procès Zola? C'était, dans le prétoire même, par M. le marquis Du Paty de Clam ; aux abords du Palais, par les bandes de Jules Guérin. M. Méline était consul et souriait.

Mais, encore une fois, rouvrez votre Code.

Sans doute, si les demandeurs réclament plus de quinze cents francs de dommages-intérêts, l'enquête se poursuivra devant le seul juge-commissaire. Mais, si ces demandeurs, dans une question d'honneur, ne mettent pas l'honneur après les écus, *decus post nummos ;* si vraiment, comme ils l'ont toujours prétendu, ils veulent démontrer, en pleine lumière, au grand soleil, leur bon droit et nos torts ; si, la loi les ayant faits seuls maîtres de défendre leur cause au grand jour ou dans le pénombre, ils choisissent le grand jour, et, dès lors, ne formulent pas de demandes excédant quinze cents francs : alors, l'affaire sera jugée à l'audience, les témoins, tous les témoins, seront entendus à l'audience. C'est la procédure des matières sommaires, articles 404 et suivants du Code de procédure civile.

Il y aura bien quelque ironie, dans l'espèce, à cette formule de « matière sommaire ». Mais c'est la loi.

Dans ce second cas, il faudra bien se résigner à assurer, par les moyens ordinaires, la paix de l'audience. Ou voterez-vous une troisième loi de dessaisissement ?

Et si les demandeurs choisissent la première procédure, fuyant le débat public, ils n'échapperont pas cependant à la publicité. Ces interrogatoires devant le juge-commissaire seront consignés dans des procès-verbaux, sténographiés, reproduits par la presse et par le livre.

J'entends bien que l'enquête n'est pas obligatoire, que le juge est libre de l'accorder ou de la refuser aux parties. Mais pensez-vous qu'il la refuse ? Croyez-vous que son refus, qui serait un véritable déni de justice, ne soit point susceptible d'appel ?

Ou bien, souhaitez-vous que le refus se dresse partout, inique et brutal ?

Peut-être, dans ce cas, serait-il plus loyal de dénoncer, tout de suite, cette promesse solennelle du Gouvernement et du Sénat que « les instances, à raison desquelles l'action publique est éteinte, pourront être poursuivies librement à la requête des parties ».

« Librement » serait de trop.

J'écarte — cela va de soi — l'hypothèse où les demandeurs renonceraient à leurs procès ; cette hypothèse serait injurieuse.

Ne serait-il pas plus simple de laisser passer la justice de la République ?

PREMIERS EFFETS DE L'AMNISTIE

19 juin 1900.

Les républicains d'autrefois avaient pour habitude de répondre aux insolences par des victoires.

Il y a un an que M. le général Mercier devrait être en accusation, et jugé, pour avoir commis, dans l'exercice de ses fonctions de ministre de la République, le plus grand crime qu'un homme puisse commettre contre la justice.

Si un pareil crime a pu être commis impunément par un ministre, il n'y a plus de responsabilité ministérielle. Si le chef de la justice, militaire ou civile, a pu frapper impunément un accusé par derrière, dans l'ombre, il n'y a plus de justice.

Les républicains de la Chambre n'ont même pas osé discuter la motion tendant à la mise en accusation de l'auteur de cette forfaiture. Les uns, par faiblesse, parce qu'il est devenu dangereux de se dire ami de la Vérité et du Droit. Les autres par politique, pour ne pas se brouiller avec la Congrégation, qui a tout mené. Ceux-ci hésitent à absoudre ouvertement le crime; ceux-là à l'accuser publiquement. D'un accord tacite, on se tait. La Constitution est ainsi faite, par malheur, que la loi ne peut pas éteindre l'action pénale contre Mercier. La Commission d'amnistie a posé à M. le président du Conseil, sur des points de détail, de nombreuses questions, dont la réponse est dans le Code. Elle s'est gardée de préciser, fut-ce par une question, quelle sera demain, si la loi est votée, la situation de Mercier. C'est un nom qu'on n'ose pas prononcer, au Palais-Bourbon. C'est une histoire qui se perdra dans le silence, comme le Rhin dans les sables...

Mercier, lui, ne se tait pas. Il parle. Il agit.

Je lui rends cet hommage qu'il ne nie plus son crime. Au début, c'est la magistrature, civile, qui n'a point permis que la question fût posée. A Rennes, hautement, il a proclamé sa forfaiture. Au Sénat, d'une audace croissante, il s'en est fait gloire. Il a même ajouté, tranquillement, qu'il serait prêt à recommencer. Pourquoi pas ? Et pourquoi d'autres, à son défaut, ne recommenceraient-ils pas ? Il y a des mères dont les fils sont soldats et qui applaudissent !

Il a été flétri, avec une belle éloquence, à la tribune du Sénat, et cette flétrissure a été affichée par toute la France... Avez-vous lu, ô sénateurs ! ô députés ! le compte rendu du banquet nationaliste de la salle Wagram ?

Ce n'est pas à la *Libre Parole* que je l'emprunte, ou à l'*Intransigeant*. C'est au *Temps*, toujours si exactement informé, grand partisan de l'amnistie, même plénière.

Mercier paraît dans la salle du banquet. Je cite : « Un cri unanime de : Vive Mercier ! retentit. La foule s'écarte sur le passage du général. Toutes les mains se tendent vers lui. L'enthousiasme est indescriptible. Les convives de la table d'honneur » — je cite le

Temps — sont debout. M. Rochefort serre la main du général. M. Lemaître s'empresse au-devant de lui. M. Coppée a les larmes aux yeux et presse M. Mercier sur son cœur. Les clairons sonnent aux champs et la musique joue la *Marseillaise*. L'ovation dure un quart d'heure. »

Il y a là quinze cents à deux mille « citoyens ».

Alors, Mercier parle. « Merci de la part de la France ! » Il parle au nom de la France... « Vous êtes le nombre, et le nombre c'est la force. Et par ce mot de force, je n'entends pas seulement la force matérielle. Nous n'en parlerons pas aujourd'hui et nous ne l'emploierons que si nous sommes provoqués et obligés de l'employer ».

O magnifiques effets de l'amnistie ! ô délicieux apaisement !

« Nouvelle ovation », note le *Temps*. Mais le *Temps* néglige de noter les cris furieux qui scandèrent, pendant un quart d'heure, cette ovation : « A l'Élysée ! A bas Loubet ! A l'Élysée ! »

On peut passer le reste, les éloges de Coppée et de Lemaître, les panégyriques de Drumont et de Rochefort qui, naguère, il y a dix ans à peine, quand Mercier n'avait pas encore commis son crime, le traitaient tous les jours d'imbécile et de gredin, le dénonçaient comme mon laquais, qualifiaient d'« écuries d'Augias » le ministère de la guerre.

Mercier termine son discours par ces mots : « Partout courons sus à l'ennemi ! »... Toujours l'apaisement... Quand il descend de l'estrade, au milieu de nouvelles ovations, « les clairons sonnent au drapeau ». Et les spectateurs, debout, enthousiastes, crient de nouveau : « A l'Élysée ! »

L'histoire est loin ; la salle Wagram est plus près.

Hier, vous teniez cet homme. Aujourd'hui, il vous nargue la menace à la bouche.

Que s'est-il passé dans l'intervalle ? L'amnistie. Le sommeil de la Loi.

Quand la Loi s'endort, les malfaiteurs se réveillent.

Vous avez enhardi le crime...

Et demain ? « Demain, dit Mercier, nous emploierons la force. »

Et vous ?

Oh ! je vous entends : « Nous serons à temps pour surprendre le complot, pour frapper Mercier comme nous avons frappé Boulanger. »

En êtes-vous bien sûrs ?

Je crois connaître l'histoire de la conspiration boulangiste. C'était, avec quelques changement de rôle sans importance, les mêmes acteurs, les mêmes comparses, ni plus ni moins ridicules.

Mercier est moins jeune ; il n'y a pas d'amoureuse dans sa vie.

Je dis aux républicains qu'ils jouent avec le feu. Quand j'ai dénoncé des premiers, il y a quatorze ans, l'homme au cheval noir, j'ai été tellement raillé, bafoué et conspué, même par des amis, que je suis devenu invulnérable à ces petits ennuis de la vie publique. Le dictateur au cheval noir, pourtant, en comparaison de celui-ci, était un enfant. Celui-ci est un homme. L'autre était un sous-officier qui faisait la noce. Celui-ci, c'est Macbeth, « qui ne peut fuir son crime que dans la pourpre ». L'autre avait les cafés-concerts. Celui-ci a le Gesu.

Il faut être aveugle pour ne pas voir ce danger grossissant, dont Cornély plaisante, qu'il faut prendre, non pas, certes, au tragique, mais au sérieux.

Il serait peut-être plus simple, plus sage, de réveiller tout de suite la Loi,

Le complot de demain sera un crime. La forfaiture d'hier est aussi un crime.

Déroulède en a-t-il dit plus que Mercier ? Soit, le complot est encore insaisissable. Mais la forfaiture, elle, est patente, avouée.

Déjà même, le complot nouveau qui se forme jette une ombre sur l'œuvre de pure justice qui devrait être accomplie depuis longtemps.

LES DERNIÈRES CARTOUCHES

17 juillet 1900.

On se souvient peut-être d'un incident qui s'est produit, il y a quelques semaines, devant le Sénat, au cours de la discussion de la loi sur l'amnistie. Le matin du 2 juin, ayant lu par hasard le *Gaulois*, j'avais adressé au président du Sénat la lettre suivante :

2 juin.

Monsieur le Président,

Le *Gaulois* annonce qu'un sénateur aurait l'intention de lire aujourd'hui à la tribune, en me l'attribuant, une dépêche adressée de Rennes à un Allemand en résidence à Ems et relative aux généraux Mercier, de Boisdeffre, Gonse et Roget.

Je ne suis pas allé à Rennes pendant le procès Dreyfus ; je n'ai jamais adressé ni de Rennes, ni d'ailleurs, aucune dépêche de ce genre à un Allemand en résidence à Ems.

Dans le cas où ce faux serait porté à la tribune, je m'adresse, Monsieur le Président, à votre haute loyauté pour vous prier de saisir le Sénat de ma protestation préalable.

Aucune autre procédure ne m'est ouverte que de m'adresser à vous.

Je vous prie d'agréer, Monsieur le Président, l'assurance de ma gratitude et de ma plus haute considération.

Joseph Reinach.

Ce fut le général Lambert qui porta à la tribune cette belle histoire. Je reproduis textuellement le compte rendu sténographique :

M. le général Lambert. — ... Vous dites, messieurs, qu'on n'attaque pas l'armée, qu'il n'y a pas de manœuvres ? Eh bien ! voici ce dont j'ai été témoin à Ems, en Allemagne, où mon médecin m'avait malheureusement recommandé d'aller — je vous prie de croire que ce n'était pas un voyage d'agrément.

Au moment du procès de Rennes, j'ai vu la dépêche suivante écrite en grosses lettres — à la grande joie des Allemands... (*Vives rumeurs à gauche.*)

M. Maxime Lecomte. — Il ne fallait pas aller en Allemagne.

M. le président. — Je vous ai suppliés tout à l'heure, messieurs, de ne pas interrompre l'orateur qui occupait la tribune, je vous prie de ne pas interrompre davantage le général Lambert.

M. le général Lambert. — Voici cette dépêche :

« Le général Roget, le général Pellieux, le général Gonse,
» le général Mercier, le général de Boisdeffre et tout l'état-
» major écrabouillés. Labori n'en a pas laissé de traces. »

Et c'était un Français qui envoyait cela à des Allemands ! (*Exclamations à droite.*) Cette dépêche était signée « Joseph ». Et quand j'ai demandé quel était ce Joseph...

M. Maxime Lecomte. — Il a été vendu par ses frères !

M. le général Lambert. — ... On m'a répondu que c'était le grand, le vrai Joseph, et l'on m'a donné un nom que je ne veux pas citer à la tribune.

Le président du Sénat interrompit ici le général Lambert et donna lecture de la lettre que je lui avais adressée. Le général Lambert, à la tribune, la droite, les nationalistes faisaient piteuse mine. Quelques sénateurs républicains adressèrent à l'orateur d'assez vives interpellations :

M. MILLIÈS-LACROIX, *s'adressant à l'orateur*. — Expliquez-vous !

M. LE GÉNÉRAL LAMBERT. — Je n'ai rien à répondre.

M. MAXIME LECOMTE. — Qui vous a dit le nom ?

M. LE GÉNÉRAL LAMBERT. — J'ai vu cette dépêche à Ems, je l'ai vue de mes yeux, imprimée en gros caractères, et je m'inscrirai en faux contre quiconque viendrait dire le contraire.

Non seulement je l'ai vue et lue, mais lorsque j'ai demandé quel était ce Joseph dont elle portait la signature... (*Bruit prolongé à gauche.*)

UN SÉNATEUR A GAUCHE. — A qui l'avez-vous demandé ?

M. MAXIME LECOMTE. — Vous choisissez bien mal vos sources.

M. LE PRÉSIDENT. — Je vous en prie, messieurs, n'interpellez pas l'orateur.

M. LE GÉNÉRAL LAMBERT. — Si l'on m'interpellait distinctement, je pourrais répondre.

M. MAXIME LECOMTE. — Je vous dis que vous choisissez mal vos sources.

M. LE GÉNÉRAL LAMBERT. — Le fait que je raconte est indéniable, et je défie qui que ce soit de le contester. (*Exclamations à gauche.*)

M. MILLIÈS-LACROIX. — Eh bien, je nie que vous ayez vu...

M. LE GÉNÉRAL LAMBERT. — Vous ne pouvez pas nier que j'aie vu ce que je dis et qu'on m'ait fait la réponse que j'ai rapportée.

M. MILLIÈS-LACROIX. — Vous avez vu une affiche, mais pas la dépêche.

Le général Lambert, décontenancé, abrégea son discours qu'il acheva en ces termes :

M. LE GÉNÉRAL LAMBERT. — ... On nous a, dis-je, accusés ;

nous avons le droit de nous défendre à cette tribune, et c'est ce que je suis venu faire. J'ai apporté un fait...

Un sénateur a gauche. — Faux!

A droite. — Démenti!

M. le général Lambert. — Ce fait est nié par l'intéressé ; je n'ai rien à dire, si je ne puis pas contrôler ce qui s'est passé. Le Sénat en tiendra tel compte qu'il lui conviendra. (*Applaudissements à droite.*)

Plusieurs hypothèses étaient plausibles. Ainsi, M. le général Lambert pouvait être aveuglé par la passion, dénué de sens critique. D'autre part, le texte de la dépêche, « guillemetée » au *Journal officiel*, lue par le général Lambert, comme une copie authentique, me parut suspect. Cette dépêche ne correspondait à aucun moment du procès de Rennes ; le général de Pellieux n'y a point déposé ; on s'était arrangé pour que Labori ne pût pas « écrabouiller » Mercier. La droite avait feint de croire que j'étais l'auteur de cette pièce. Nobles âmes ! Je voulus en avoir le cœur net.

J'avais lu, dans divers journaux, que le seul libraire qui, pendant le procès de Rennes, eût fait afficher des télégrames à Ems, avait infligé un démenti assez roide au général Lambert. M. Kirchberger déclarait n'avoir jamais reçu le télégramme que le général Lambert avait lu au Sénat, ne pas me connaître, n'avoir jamais reçu de dépêche de moi et, bien qu'il fût en relations avec le général, n'avoir jamais été questionné par lui sur l'origine des dépêches qu'il affichait. Le *Siècle* a publié ces déclarations d'après la *Gazette de Cologne* (17 juin).

C'était formel, mais cela ne me suffisait pas encore. Usant du droit qui appartient à tout citoyen, je demandai au ministre des Postes et Télégraphes de vouloir bien faire rechercher si la dépêche, qui avait été produite au

Sénat, avait existé réellement, et quel en était l'expéditeur. On sait, en effet, que les copies de ces sortes de dépêches sont conservées, par l'administration des Postes et Télégraphes, pendant trois ans.

J'ose croire que M. Henry Boucher, s'il avait été encore ministre des Postes et Télégraphes, aurait eu, ni plus ni moins que M. Millerand, la loyauté de faire droit à ma requête.

J'ai reçu du ministre des Postes et Télégraphes la réponse suivante :

Paris, le 11 juillet 1900.

Monsieur et cher ancien collègue.

Vous avez bien voulu me demander si la dépêche signée de votre prénom, qui a été lue à la séance du 2 juin 1900, au Sénat, a existé réellement et, dans ce cas, quel est le véritable expéditeur.

J'ai l'honneur de vous faire connaître qu'il n'existe pas, à la connaissance de l'administration, de dépêche signée de votre prénom et conçue dans les termes lus au Sénat qui ait, à l'époque indiquée, été expédiée d'un bureau français à Ems.

Agréez, Monsieur et cher ancien collègue, l'assurance de ma haute considération.

Le ministre du Commerce, de l'Industrie,
des Postes et des Télégraphes,
A. MILLERAND

M. le général Lambert n'a pas tiré « les dernières cartouches » ; mais il a rêvé la dépêche d'Ems.

LA LOI DE DESSAISISSEMENT

A M. Krantz, président de la commission d'amnistie.

26 novembre 1900.

Monsieur le Président,

La Chambre va être appelée à discuter la loi sur l'extinction de certaines actions pénales.

Je crois devoir protester encore une fois, devant la commission que vous présidez, contre une mesure qui dessaisit mes juges naturels, les jurés de la Seine.

Veuillez agréer l'assurance de ma plus haute considération.

JOSEPH REINACH.

AUX RÉPUBLICAINS QUI ONT VOTÉ L'AMNISTIE

19 décembre 1900.

Vous l'avez votée, « la mort dans l'âme », parce que le président du Conseil vous le demandait, et, lui-même, de son propre aveu, il ne vous a pas demandé « d'un cœur léger » ce sacrifice.

Avec sa noblesse habituelle de pensée et de parole, il a justifié notre ardente opposition à l'amnistie : « La blessure faite par certains actes ou trop arbitraires ou trop inhumains s'est rouverte ; et vous avez écouté seulement les inspirations de votre conscience et les conseils de votre indignation. Je ne condamnerai pas des mouvements que j'ai moi-même éprouvés. »

Et pourquoi M. Waldeck-Rousseau n'a-t-il pas obéi à ces raisons du cœur que la Raison a, parfois, tort d'ignorer ?

« Parce qu'il y a des heures, dit-il, où il faut se tourner vers l'avenir et regarder moins peut-être du côté où l'on croit voir des coupables que du côté d'un état de choses qui a fait les coupables ».

M. le président du Conseil eût-il mieux fait de suivre son premier mouvement, ce premier mouvement dont le prince de Talleyrand a dit qu'il faut se méfier, parce qu'il est le bon ? J'en demeure persuadé ; je continue à croire que l'amnistie aura été la grande faute du ministère de défense républicaine. Je m'abstiendrai cependant de vaines déclamations. Il n'y a pas de politique plus basse que celle des attitudes et des gestes. Si je n'avais naturellement le cabotinage en horreur, le spectacle qu'a donné la droite de la Chambre dans ces dernières séances m'en aurait dégoûté à jamais.

Il n'y a que les actes qui comptent. J'ai conscience d'avoir agi, d'avoir, dans la mesure de mes forces, fait contre l'amnistie tout ce qu'il m'était possible de faire. Mes articles dans ce journal, ma déposition devant la commission sénatoriale de l'amnistie, le « discours de Digne », sont là pour le prouver. Mais que disaient alors ces fiers et loyaux patrons d'Esterhazy et de Mercier qui ont voté hier contre l'amnistie ? Ils me dénonçaient comme l'ennemi de la paix publique, « l'homme de la Reprise de l'Affaire ».

Tel Panurge. Tremblant et blême de peur pendant la tempête, dès que l'orage a passé il gourmande les matelots et défie les éléments.

Tant que la Justice criminelle était là, ils lui jetaient des pierres. Lasse d'attendre, elle s'éloigne, disparaît à l'horizon. « Des juges ! clame la droite, nous voulons des juges ! »

*
* *

Il ne reste pas que la Justice de l'Histoire ; il reste la justice civile. Va-t-on la saisir ?

Je n'imagine pas que les sept officiers, accusés

d'avoir acquitté Esterhazy par ordre, ni que le Comité pour la souscription Henry aient eu pour unique ambition de nous faire infliger, à Zola et à moi, quelques jours de prison. Ils entendaient, évidemment, quand ils ont intenté leurs procès, venger l'honneur de leur traître et celui de leur faussaire. C'est un brave soldat que nous avons acquitté! c'est un héros du devoir que nous avons glorifié!

Or, — je le rappelle très simplement, — la loi d'amnistie permet à ces grands débats de s'engager devant la justice civile, et, si les parties civiles s'y prêtent, avec la même autorité.

Il dépend, en effet, des parties civiles — et d'elles seules — que ces procès soient sincères ou qu'ils ne soient qu'une comédie de plus.

Les demandeurs réclament-ils plus de quinze cents francs de dommages-intérêts? L'enquête, alors, par une bizarrerie de la loi, — mais telle est la loi — ne se peut poursuivre que devant le seul juge-commissaire, dans l'ombre de son cabinet.

Mais, si ces demandeurs, dans une question d'honneur, ne se soucient que de l'honneur; s'ils ne mettent pas l'honneur après les gros sous, leur propre honneur et celui d'Esterhazy et d'Henry; si, vraiment, ils veulent prouver, en pleine lumière, au grand soleil, que nous sommes de vulgaires calomniateurs et que le hulan national était digne des embrassades d'un prince de la Maison de France et le faussaire national de la statue qu'on lui élève par souscription; si, la loi les ayant faits seuls maîtres de défendre leur cause au grand jour ou dans la pénombre, ils choisissent le grand jour; et, dès lors, ne formulent pas de demandes excédant quinze cents francs; alors, l'affaire sera jugée à l'audience, les témoins, tous les témoins, seront entendus à l'audience. (Articles 404 et suivants du Code de procédure civile.)

Nous attendons.

Pour Mercier, son cas est plus simple encore.

Ainsi que Delpech et Guieysse l'ont démontré, l'un devant la Chambre, l'autre devant le Sénat, sans qu'aucune contradiction s'élevât, il n'était pas du pouvoir de la loi de le soustraire à ses juges naturels, à la Haute Cour.

La Constitution ne pouvant pas être modifiée par une simple loi, les représentants du suffrage universel — ceux d'aujourd'hui et ceux de demain — conservent l'intégralité de leur droit à mettre en accusation, quand il leur plaira, l'auteur de la forfaiture de 1894.

Tant que la prescription des crimes ne sera pas acquise à Mercier, la Chambre peut l'envoyer, pour crime commis dans l'exercice de ses fonctions, devant la Haute Cour.

Le paragraphe 2 de l'article 637 du Code pénal est ainsi conçu : « S'il a été fait des actes d'instruction ou de poursuite non suivis de jugement, l'action publique et l'action civile ne se prescriront qu'après dix années révolues à compter du dernier acte. » Ce dernier acte (acte de poursuite non suivi de jugement), c'est la demande de mise en accusation déposée, le 5 juin 1899, devant la Chambre, par M. le garde des Sceaux Lebret, M. Charles Dupuy étant président du Conseil et M. Camille Krantz ministre de la Guerre.

Ainsi, jusqu'au 5 juin 1909, Mercier appartient à la justice.

En mettant aux voix l'amendement de M. Vazeille qui excluait nominativement M. Mercier de l'amnistie, M. le président de la Chambre a commis une erreur de droit constitutionnel. M. le président de la Chambre n'avait pas le droit de demander à la Chambre d'abdiquer un pouvoir qu'elle tient, non de la loi, mais de la Constitution elle-même, et qui fait partie intégrante de la souveraineté nationale.

.˙.

Et, alors même que la loi endormie continuerait à dormir et que les parties civiles, dans les procès qui nous sont intentés, se déroberaient devant le défilé de nos témoins, alors même la bataille d'hier reste pour nous une des grandes victoires de cette grande lutte.

Cette Chambre, qui acclamait naguère Cavaignac, porteur de faux, et renversait Brisson, parce qu'il avait voulu la revision et qu'il l'avait faite, qui a-t-elle applaudi hier, et qui a-t-elle hué ?

Défenseurs du droit violé et de la vérité, vous n'avez pas conquis encore le verdict des juges, — ce verdict par où la France rendra à un fils d'Alsace l'honneur dont il a été injustement dépouillé, — mais vous avez conquis les âmes des républicains !

Œuvre lente, pénible affreusement douloureuse parfois. Mais l'œuvre est accomplie. Les républicains voient, croient, savent ; ils sont persuadés.

Et il en est du pays républicain comme de la Chambre. Millerand ne parlait pas qu'en son nom lorsqu'il s'écriait, avec une belle loyauté : « Il est exact que je ne me suis déclaré partisan de la revision que le lendemain du jour où a été connu le faux Henry. Ce jour-là, j'ai dû reconnaître que mon ami Jaurès, pour n'en citer qu'un, et ceux qui, avec lui, avaient mené cette campagne, avaient été plus perspicaces et plus clairvoyants que moi. »

Quelques-uns ont eu le bonheur — ce n'est qu'un

bonheur ! — de voir la lumière avant vous. Mais, dès que vous l'avez vue, vous êtes venu livrer le combat avec les soldats de la première heure. Et cela encore vous distingue honorablement de bien d'autres, de ce Méline qui convient, lui aussi, que les aveux d'Henry l'ont convaincu de ce qu'on appelle, en langage parlementaire, « la nécessité de la revision », — c'est-à-dire de l'innocence de Dreyfus, — mais qui, pour le dire, a attendu deux ans, plus de deux ans, la séance du 13 décembre 1900, et qui, jusque-là, à la tribune et dans son journal, nous dénonçait comme les complices d'un traître et les agents de l'étranger !

Immanente justice : il y a une affaire Méline !

Je dirai toute ma pensée. Ce qui, depuis un an, fait surtout, après tant d'épreuves et après tant d'amères tristesses, la joie patriotique des défenseurs de la vérité et de la justice, ce n'est pas d'avoir ramené au milieu des siens le martyr de l'île du Diable, de l'avoir arraché à ses bourreaux et à ses Lebon ; — non c'est d'avoir dispersé le brouillard qui cachait le gouffre à la France et de l'avoir arrêtée à temps, juste à temps, sur la pente où elle s'était engagée et au bas de laquelle il n'y aurait plus eu de France, mais un immense Paraguay de plus.

« Chaque fois, disait Gambetta, que la France baisse, le jésuitisme monte. » Aujourd'hui, c'est la France qui remonte.

Et, si les coupables échappent, — mais, seulement, à la justice séculaire, car ils n'échappent ni à la flétrissure publique ni à eux-mêmes, Méline en posture d'accusé, Boisdeffre enseveli dans l'ombre ; — si les républicains se détournent d'eux, leur épargnant la double-boucle, ce symbole de toutes les iniquités et de toutes les sauvageries qui seront abolies par l'Affaire ; c'est, selon l'heureuse formule de M. le président du Conseil,

« pour regarder du côté d'un état de choses qui a fait les coupables ».

Cet « état de choses », celui qui croulera sous les bulletins des républicains qui voteront la loi sur les associations, c'est l'Affaire qui en aura révélé à la France de Voltaire, parce qu'elle ne veut pas devenir la France d'Ignace, l'effroyable danger.

Ah ! vous ne voulez pas de la « reprise de l'Affaire » ! Les républicains, non plus, ne veulent pas que quelque chose d'aussi horrible puisse recommencer et que le monde assiste, un jour, à la réédition, plus savante, mieux combinée encore, de pareils crimes. Il faut couper l'arbre dans la racine, l'arbre de mort, le mancenillier.

A. M. D. G.

UNE RÉPONSE AU P. DU LAC

M. Clemenceau raconta, dans le premier numéro du *Bloc*, que le Père du Lac avait, en 1899, sollicité et obtenu un entretien de M. Joseph Reinach. M. Clemenceau en publiait le compte rendu.

La *Libre Parole* traita aussitôt ce récit de « roman » et de « fable ». Journal officiel de la Congrégation, elle niait que le Père du Lac ait pu se rencontrer avec M. Reinach. Le rédacteur de M. Drumont accompagna de quelques injures, selon l'habitude de la maison, cet impudent démenti.

Le *Figaro*, à son tour, mit en doute la réalité de l'incident.

Ainsi mis en demeure de s'expliquer, M. Joseph Reinach adressa au *Figaro* la lettre suivante :

A M. le gérant du journal le Figaro.

Paris, le 28 janvier 1901.

Monsieur le gérant,

Le *Figaro* de ce matin, après la *Libre Parole* d'hier, met en doute la réalité de l'entrevue que j'ai eue, à l'époque de l'affaire Dreyfus, avec le R. P. du Lac.

Bien que M. Clemenceau ait négligé de me demander l'autorisation de publier cet incident, la loyauté m'interdit de laisser soupçonner, de mon fait, sa bonne foi, même indiscrète.

Il est exact qu'au lendemain de l'arrêt de revision rendu par les Chambres réunies de la Cour de cassation et à la veille du procès de Rennes, le R. P. du Lac m'a fait prier de lui accorder un entretien au sujet des accusations qui avaient été portées contre lui.

Il est exact que, soucieux, avant tout, de vérité et de justice, je n'ai pas décliné la conversation qui m'était proposée et dont le souvenir ne me gêne pas.

J'ai refusé formellement d'aller voir le R. P. du Lac, comme il m'y conviait, dans sa cellule, mais j'ai accepté volontiers de me rencontrer avec lui chez un tiers.

C'est le samedi 10 juin 1899 que j'ai déjeuné avec le R. P. du Lac et causé avec lui pendant plus de quatre heures.

Il est exact que le R. P. du Lac a sollicité mon intervention auprès du lieutenant-colonel Picquart, qui venait de sortir du Cherche-Midi, pour obtenir d'un témoin la rétractation écrite d'un témoignage antérieur. Il s'agit des faits visés dans l'interrogatoire du commandant Esterhazy, à la date du 25 juillet 1898, devant M. le juge d'instruction Bertulus. (*Enquête de la Cour de cassation, tome II, p. 269.*)

Il est exact que je me suis refusé à une semblable démarche.

Il est exact que le R. P. du Lac s'est efforcé de modifier mon opinion sur le général de Boisdeffre.

Il est exact que le R. P. du Lac n'a réussi qu'à me fortifier dans mon opinion, notamment en me racontant qu'il se rencontrait tous les jours avec le général de Boisdeffre, quand celui-ci était chef d'état-major; — que le général l'entretint de la préparation du plan de mobilisation, numéro XIII, et le prévint de la dénonciation du commandant Esterhazy ; — enfin, que, peu de jours avant notre entrevue, le général lui avait tenu cet extraordinaire propos : « Donnez-moi votre bénédiction comme à un homme qui attend le peloton d'exécution. »

Il est inexact, d'autre part, que ces paroles aient été prononcées au confessionnal ; c'est dans la cellule du R. P. du Lac que le général de Boisdeffre lui tint ce langage.

Il est exact que le R. P. du Lac m'a demandé de renoncer à invoquer son témoignage dans un procès pour lequel je lui avait adressé une citation.

En vertu du droit de réponse qui est établi par l'article 13 de la loi du 29 juillet 1881 sur la liberté de la presse, je vous prie, monsieur le gérant, de bien vouloir insérer cette lettre dans votre prochain numéro.

Recevez, monsieur, l'assurance de ma haute considération.

JOSEPH REINACH.

L'incident fit grand bruit. Le Père du Lac, sollicité de répondre, s'y refusa.

Quelques journaux républicains ayant donné une version inexacte des conversations du général de Boisdeffre et du P. du Lac au sujet du plan XIII, M. Joseph Reinach adressa à l'*Agence Nationale* la lettre suivante :

2 février 1901.

Monsieur le directeur,

Plusieurs journaux racontent que le général de Boisdeffre aurait communiqué ou livré au Père du Lac le plan de mobilisation XIII.

J'ai écrit, — ce qui n'est pas du tout la même chose, — que le général de Boisdeffre en avait entretenu le Père du Lac.

Il vaudrait mieux ne pas prendre un plan de mobilisation pour une carte et il faut tâcher d'être rigoureusement véridique.

Agréez, etc.

Joseph Reinach.

M. Camille Pelletan était l'un des journalistes dont les commentaires exagérés avaient motivé la lettre de M. Joseph Reinach à l'*Agence Nationale*. Au cours du même article, il avait écrit, dans le *Matin* : « M. Joseph Reinach qui, en dehors même des antisémites, jouit de la plus belle impopularité. »

M. Reinach lui adressa la lettre suivante :

31 janvier 1901.

Mon cher ancien collègue,

N'est pas impopulaire qui veut.

Pour être impopulaire, il faut, par exemple, avoir démasqué Rochefort, Boulanger et Esterhazy, alors que Rome et vous, vous célébriez encore leurs vertus.

Ainsi mérite-t-on les calomnies de la *Libre Parole* et d'autres honorables injures.

Il y a quelques jours, une affiche, qui ne vous est pas inconnue, était placardée dans l'arrondissement de Sisteron. On y lisait :

« Souvenez-vous que, le 12 janvier, à la réunion du Casino, le citoyen Camille Pelletan a mis au défi Hubbard de prendre l'engagement, pris par le citoyen Tissier, de combattre Reinach ; Hubbard s'y est refusé. Voter pour Hubbard, c'est voter pour Reinach. Amis, rejetons-le au loin dans un hoquet de dégoût. »

Sur quoi, Hubbard a été élu à une forte majorité.

Sans rancune,

Joseph Reinach.

Le 11 mars 1901, M. Pelletan porta à la tribune de la Chambre « l'affaire Du Lac-Boisdeffre, et y renouvela la version inexacte qu'il avait déjà produite dans le *Matin*. Le Père du Lac lui adressa alors la lettre suivante :

Versailles, 40, rue des Bourdonnais, 12-3-01.

Monsieur le député,

Je n'aurais jamais cru que des allégations aussi puériles que celles de certains journaux pussent être portées à la tribune. Puisque vous en avez jugé autrement mon devoir est de répondre. Voici la vérité !
Rencontrant le général que vous avez mis en cause, je lui dis : « Vous avez l'air fatigué ? » Il me répondit : « Je le suis, mais j'ai fini mon travail et ils auront mon plan n° XIII au jour fixé. » Ce qu'était le plan n° XIII il ne me le dit pas, et je ne le sais pas encore à l'heure qu'il est.
Il n'y a pas eu autre chose.
Vous avez porté l'accusation à la tribune, j'ose espérer que vous trouverez qu'il est de votre loyauté d'y porter la réponse.
Veuillez agréer, monsieur le député, l'expression de mes sentiments respectueux.

Du Lac.

Deux lignes étaient raturées au second paragraphe, mais assez légèrement pour qu'on pût lire sans effort les mots que l'auteur de la lettre n'avait pas jugé à propos de maintenir. Ils complétaient la phrase ainsi : « Le général... que je ne voyais pas tous les jours, mais rarement dans l'année... »

Un nouvel article de M. Pelletan dans le *Matin* ayant motivé une seconde lettre du P. du Lac, M. Clemenceau constata, dans le *Bloc*, que ces lettres équivalaient à un aveu et posa cette question à M. Joseph Reinach : « Maintenez-vous dans son intégralité tout ce que vous avez dit, ou voyez-vous, les balbutiements du jésuite entendus, quelque atténuation, quelque modification à y faire ? »
M. Reinach écrivit à M. Clemenceau :

Paris, le 22 mars 1901.

Mon cher ancien collègue,

Vous m'invitez à répondre aux lettres du Père du Lac à Camille Pelletan.

Le Père du Lac n'a contesté aucune des affirmations de ma lettre du 28 janvier au gérant du *Figaro* ; il a confirmé ce que j'avais dit du plan XIII.

Les faits que j'ai relatés, et dans les termes précis où je les ai relatés, restent donc acquis.

Je n'ai pas, dès lors, à répondre au Père du Lac, mais, simplement, à prendre acte de ce que vous avez appelé, à bon droit, des aveux.

Croyez, mon cher ancien collègue, à tous mes sentiments les plus distingués.

JOSEPH REINACH.

APPENDICE

LES ORDRES DE LEBRET

18 avril 1899.

M. Lebret, ministre de l'Iniquité et garde des faussaires, a fait savoir à M. le premier président de la Cour de cassation qu'il l'invitait à convoquer les trois chambres réunies, en audience solennelle, pour le 27 avril et à les faire prononcer sur la revision du procès Dreyfus avant la rentrée du Parlement.

M. le premier président Mazeau n'a pas cru devoir répondre que des magistrats français rendent des arrêts, et non des services.

M. Lebret poursuit deux objets :

Se présenter devant les Chambres avec un arrêt qui le dispensera de répondre aux questions et aux interpellations annoncées.

Ne pas laisser à la Cour de cassation, aux trois chambres réunies, à la commission de jugement qu'il a créée lui-même et dont il se défie déjà, le temps nécessaire pour achever l'enquête, si manifestement incomplète, de la chambre criminelle.

Le premier de ces desseins est d'un imbécile.

Il est parfaitement stupide, en effet, de croire que la Chambre des députés et le Sénat laisseront sans réponse les terribles problèmes qui ont été posés devant la conscience publique. Les assemblées qui se prêteraient à un pareil étouffement de la justice, seraient balayées, à la première consultation de leurs électeurs, et vouées au mépris de l'histoire.

Et il est parfaitement odieux de vouloir obliger la Cour de cassation à se prononcer sur la plus grande affaire du siècle avant d'avoir fait la lumière sur toutes les obscurités qui subsistent, sur tous les mensonges des traîtres, des faussaires, de leurs complices et de leurs protecteurs.

Quoi ! pas d'enquête supplémentaire !... Vous voulez rire, Lebret.

Voilà trois mois que la presse immonde dénonce Picquart sous le prétexte mensonger qu'il a refusé de se prêter à une confrontation avec Roget, confrontation qu'il a été le premier à demander. Picquart a réitéré sa demande ; Roget, après avoir fait blanc de son épée, désire aujourd'hui — c'est entendu, — se dérober. La confrontation est annoncée, attendue. Et, de par la volonté de Lebret, parce que tel est le bon plaisir de Roget, ce calomniateur ne serait pas confronté avec le calomnié !

M. le juge d'instruction Bertulus a demandé à être confronté avec le même Roget. Point de confrontation. J'ai demandé à être confronté avec Roget. Point de confrontation. Lebret ne couvre pas moins tendrement Roget que l'État-Major n'avait couvert Esterhazy.

Il y a pis encore

Le commandant Freystætter, après avoir été renvoyé de Lockroy à Freycinet, a demandé à déposer devant la Cour de cassation, à lui fournir des preuves nouvelles, décisives, irrécusables, et du faux témoignage d'Henry et de la forfaiture de Mercier, communiquant aux juges du conseil de guerre des pièces ignorées de l'accusé et de la défense.

Et Freystætter ne serait pas entendu !

Et les autres juges du conseil de guerre ne seraient pas convoqués, invités à déposer, frappés des peines prévues par la loi s'ils se refusaient à parler, s'ils s'amusaient à invoquer un prétendu secret professionnel dont M. le ministre de la Guerre n'aurait, d'ailleurs, qu'à les délier.

Et Mercier, Boisdeffre, Gonse, Du Paty, Gribelin, ne seraient pas confrontés avec eux, avec le greffier Vallecalle, qui a avoué, lui aussi, la communication des pièces secrètes, avec le colonel Picquart !

Et Hanotaux, Billot, Méline ne seraient pas confrontés avec M. Maurice Paléologue.

Enfin, Dreyfus, calomnié à la fois par tous les faussaires, par tous les parjures et par tous les bourreaux, ne serait pas entendu par la Cour de cassation !

Il est tout à fait fou de croire qu'un pareil complot contre la Lumière, qu'un pareil attentat contre la Vérité et contre la Justice pourrait s'accomplir aujourd'hui, être accepté par l'opinion, être ratifié par la France républicaine.

Il aurait un lendemain judiciaire bien plus terrible que le supplément d'enquête qu'on veut éviter. Il y a une Haute Cour, Lebret,

Quoi ! vous avez choisi vous-même les juges et vous fuyez devant leur enquête !

Vous avez peur de la lumière. Ce n'est point pour nous étonner. Mais la France, elle, la veut, elle la veut tout entière, éclatante, éblouissante ; elle veut la lumière dans toutes les ténèbres ; elle la veut pour l'honneur de la République, pour l'honneur de cette armée qui en a assez — je préciserai, s'il est nécessaire, — de voir sa cause confondue, par quelques scélérats, avec la leur.

Eh bien ! non, Monsieur Lebret, cela ne sera pas...

L'ENQUÊTE CONTINUE

22 avril 1899.

L'enquête continue, Dupuy. Vous vivez depuis bientôt six ans de ce mot, d'allure romaine : « La séance continue. » Il vous fut bien inspiré par Spuller. Je l'entends encore, pendant que la fumée de la bombe emplissait la salle, criant, de son banc de ministre : « Continuez la séance ! » Un autre eût pu laisser tomber le mot. Vous l'avez saisi, c'était votre droit, et il sera votre honneur dans l'histoire, ce sera justice. Mais vous allez mourir de l'enquête qui continue.

Vous avez, Dupuy, j'en ai peur pour vous, abusé du droit d'être insolent qu'ont les despotes qui incarnent l'État. Tous les magistrats, cela est certain, ne sont pas des L'Hopital ou des d'Aguesseau. Mais tous, comme Brid'oison, et il les en faut louer, tiennent à la forme. Vous n'avez même pas respecté la forme, cette précieuse et indispensable hypocrisie. Votre Dreux-Brézé, de très basse Normandie, Lebret, n'a point, sans doute, trouvé Mirabeau. Seulement Mazeau. Mais Mazeau, déjà, regrette de s'être chargé de la commission. Inviter la Cour de cassation à vous rendre le service de rendre son arrêt à jour fixe, ç'a été une faute. Vous avez trop rapproché, vous même, ces deux mots *d'arrêt* et de *service*. Ces deux substantifs joints ont évoqué des souvenirs classiques, même chez Petit.

Le réveil de certains souvenirs classiques, c'est presque

la vertu. On a vu déjà, dans la longue histoire de l'iniquité humaine, des magistrats juger par ordre. On n'en a pas vu encore apporter un jugement à heure fixe, comme un pâtissier sa tourte. C'est cette injure que Dupuy et Lebret avaient faite aux juges de la plus haute et, jusqu'ici, de la plus respectée des juridictions.

Et si quelque chose pouvait être plaisant dans cette lugubre tragédie, c'est la colère de ceux qui demandaient, en janvier, que l'enquête de la chambre criminelle fût mise au pilon, ou brûlée sur la place de Grève, par la main de Lebon, ou dispersée en menus morceaux aux quatre vents du ciel, qui réclamaient alors une enquête nouvelle des chambres réunies, et que l'enquête supplémentaire, qui vient d'être ordonnée, remplit de stupeur.

Il faudrait avoir le courage de relire les articles que publiaient alors les adversaires de la revision et qui arrachèrent aux Chambres le vote de la loi d'adjonction à la loi honteuse. Le monde entier a lu aujourd'hui cette enquête dont cette presse de mensonges, dont le gouvernement affirmaient qu'elle était entachée d'une scandaleuse partialité, d'un abominable parti pris, semés de questions insidieuses et de chausse-trapes. Jamais témoins n'ont eu plus de latitude pour tout dire. Les faux témoins eux-mêmes n'ont pas été interrompus. Jamais juges n'ont moins usé du droit, qui est un devoir, de poser des questions. Et certes, contrairement à une opinion qui se répand, je ne les en blâme point. Cette sérénité tranquille convient, ce qui me semble, à de tels juges. C'est cette enquête, cependant, si loyale, si mesurée, qui fut invoquée contre la chambre criminelle. Or, aujourd'hui, ceux qui la dénonçaient, n'en voudraient pas d'autre. La nouvelle enquête qui s'ouvre, toute restreinte qu'elle soit, les glace d'épouvante. Éteignons les lumières et rallumons le feu.

Notamment, M. le général Roget est admirable. Pendant trois mois, ce grand orateur (de la caserne de Reuilly) a rempli ses journaux de défis au colonel Picquart. Il le provoquait en champ clos, l'appelait à une confrontation solennelle. Et comme Picquart, étant en prison, ne pouvait polémiquer avec lui, il l'accusait de fuir. Puis, du jour où il fut notoire que c'était Picquart qui demandait la confrontation, Roget aussitôt fit tourner bride à son cheval.

Une confrontation, à quoi bon? Dispensez-m'en, mes bons juges! Il sera confronté pourtant avec M. Bertulus.

Picquart, lui, n'a point les habitudes du cheval de Roget, du cheval qui n'a pas voulu être noir, et qui a préféré la paille de son écurie aux splendeurs de l'Élysée. Il a celles du coursier de Roland :

> Décidez mon cheval, dit Roland,
> Car il a l'habitude étrange et ridicule
> De toujours avancer quand on veut qu'il recule.

Et Picquart avance. On lui refuse la confrontation avec Roget. Il marche aussitôt sur Gonse, Du Paty, tout l'ancien 2º bureau, les dénonce au ministre de la Guerre comme les auteurs des scélérates machinations qui le retiennent depuis dix mois en prison, invoque contre eux les justes lois. L'impassible héros, du fond de son cachot, fait trembler les criminels, leurs complices et leurs protecteurs. M. de Freycinet était blême quand il donna lecture, au conseil, de la lettre de Picquart. Lettre chargée, en vérité. Il faudra, tout de même, en accuser réception.

Puis, voici Freystætter. On a cherché, lui aussi, à l'intimider, à effrayer sa fiancée. Celle-ci a répondu : « J'aime mieux moins de galons et plus d'honneur. » Donc, Freystætter parlera. Il dira comment Henry a enlevé, par quels mensonges, par quel parjure, le verdict de 1894. Les pierres elles-mêmes parleront.

Vous semblez, à cette heure, préférer l'annulation à la revision. Vous aurez les deux. Et encore la Haute-Cour.

Tout craque dans la maison du mensonge et de l'injustice. Le ravage que fait la vérité en marche est effroyable. Où fuir? Où se cacher? Que devenir? On a encore quelques journaux qui aboient, qui calomnient, essayent d'insulter et de mordre. Dupuy les encourage tout en jurant à M. le Président de la République qu'il ne cherche plus à faire obstacle à l'œuvre du salut national. Mais la foi n'y est plus. Et les associés d'hier commencent à se déchirer entre eux. Immense et réciproque chantage. Mercier s'est approprié le rapport de Du Paty sur les pièces secrètes, document d'État, le brandit contre Dupuy qui n'ose ni l'appeler à répondre de ce détournement devant la justice ni même le mettre en demeure d'opérer la restitution de la pièce volée. Les amis d'Henry chargent Du Paty, comme si ce malfaiteur n'avait point assez de ses propres crimes, de tous ceux de son ancien camarade : le faussaire, le bandit, le sombre machinateur, l'artisan de toutes les fraudes, c'est lui. Mais alors pourquoi ne lui met-on pas la main au collet? Je sais bien que le boulevard, c'est notre parisienne Cannebière; on y colporte ce mot du cousin de Cavaignac : « Je ne supporterai pas une heure de prison. » Et, de l'autre côté de la Manche, le Hulan goguenarde, prêt à lancer, hors de la coiffe de son képi, « la garde impériale » à l'assaut.

Les temps sont proches. Voici la fin de Sodome. Encore quelques heures de patience. Nous pouvons attendre, ayant pour nous l'éternelle vérité. Si vous n'aviez point fait la loi de dessaisissement, tout serait fini depuis deux mois. Toute cette nouvelle crise, c'est vous qui l'avez voulue, qui en êtes responsable, qui, demain, en porterez la peine. Vous méditez encore quelque mauvais coup? A votre aise. Faites ce que vous voudrez. Rien ne fera que le bordereau soit l'œuvre de Dreyfus et le *petit bleu* celle de Picquart. Vous êtes, d'ailleurs, fixés. Osez dire que vous ne l'êtes point? Et d'autres crimes encore se détachent du fond vaseux de l'abîme, montent vers la surface de l'eau. L'enquête continue.

UN DÉJEUNER CHEZ VOISIN

31 mai 1899.

M. Paul Déroulède a raconté, dans son plaidoyer devant la Cour d'assises, « qu'il avait demandé à Gambetta la revision de la Constitution par une dictature et *que Gambetta ne s'y opposait pas* ».

Il me suffira d'opposer à cette assertion l'un des passages les plus éloquents du discours prononcé par Gambetta dans la séance du 26 janvier 1882 ; le ministre républicain qui demandait le rétablissement du scrutin de liste y prenait à parti les chefs de l'intrigue parlementaire qui allaient le renverser du pouvoir et qui l'accusaient précisément d'aspirer à la dictature ; c'étaient, sous la direction de M. Wilson, MM. Andrieux, Boysset, de Mahy, de Marcère, Gerville-Réache, Bisseuil, et autres, qui sont aujourd'hui parmi les coryphées de la ligue dite *de la Patrie française*. Le journal de M. de Rochefort était déjà leur principal organe. Gambetta s'exprima en ces termes :

« Messieurs, je veux m'expliquer devant cette Chambre, car de toutes les douleurs qu'on peut ressentir dans la politique, — et Dieu sait s'il m'en a été épargné ! — il y en a une que je ne peux supporter et subir en silence ; c'est d'être constamment présenté à cette Chambre, que dis-je ? au parti républicain tout entier comme un homme qui méditerait de se séparer ou de s'écarter de lui, d'arrêter, de ternir sa carrière, de paralyser son développement, d'affaiblir son autorité dans le pays. Et par qui donc pourrait-on espérer de remplacer la force et l'honneur du parti républicain dans la nation ? Est-ce qu'on osera venir à cette tribune et dire que j'ai, sous la suggestion de je ne sais quelle passion personnelle, par je ne sais quelle avilissante pensée qu'on décore du nom de dictature et qui ne serait que la risée du monde si je pouvais descendre jamais à la conception d'une pareille et si misérable idée... (*Triple salve d'applaudissements sur un grand nombre de bancs*)... à qui donc fera-t-on croire que je viens ici, après que vous m'avez imposé l'honneur, que j'avais considéré comme une récompense des quelques services que j'ai pu rendre ; après, dis-je, que vous m'avez imposé l'honneur de prendre les affaires, à qui fera-t-on croire que j'emploie ce que je puis avoir conservé d'autorité morale et intellectuelle à vous nuire, à vous discréditer, à entraver l'œuvre commune, commencée depuis douze ans, parce que je ne veux plus m'appuyer sur vous pour atteindre autant que possible la perfection de notre œuvre ? (*Nouveaux applaudissements répétés sur les mêmes bancs.*) »

M. Paul Déroulède ajoute que, « le lendemain de la chute de Gambetta, il lisait, à un déjeuner d'amis, une pièce de vers se terminant par ces mots, à l'adresse de Gambetta qui était l'un des convives :

L'obstacle, ce sont eux ; le ralliement, c'est toi ! »

— *Eux*, c'était les députés qui venaient de renverser Gambetta et dont j'ai rappelé les noms.

Le déjeuner a eu lieu, en effet, le mercredi 1ᵉʳ février, au restaurant Voisin ; je l'avais offert à Gambetta, dont je venais d'être le chef du cabinet à la présidence du Conseil, et j'y avais convié quelques amis. C'étaient Spuller, Pallain, Castagnary, Gérard, Barrère, Liouville, Arnaud (de l'Ariège), Marcellin Pellet, — Scheurer-Kestner aussi, mais je n'en suis pas bien certain, — et Déroulède qui récita, au dessert, la poésie dont il a rappelé, devant la Cour d'assises le dernier vers. Et je ne dirai point, mais seulement parce qu'il est toujours possible de contester des conversations vieilles de dix-sept années, je ne dirai point que Gambetta eût préféré que ce déjeuner se terminât sans effusions lyriques,

Mais M. Déroulède n'a certainement pas oublié qu'il demanda à Gambetta de faire reproduire ses vers dans la *République française* et que ces vers, ainsi que chacun peut s'en assurer, n'y furent point publiés, — ce qui ne laisse pas que d'être significatif.

Mon très regretté ami Eugène Yung consentit, il est vrai, à les insérer dans la *Revue politique* du 4 février 1882, mais avec cette note :

« La direction croit devoir rappeler ce vers d'Horace :

Pictoribus atque poetis
Quidlibet audendi semper fuit æqua potestas. »

Dire de Gambetta qu'il aspirait à la dictature, donner à entendre qu'il ne repoussait pas avec mépris l'idée de la dictature, c'est le calomnier. C'est une calomnie que je ne laisserai jamais produire sans protester.

LE PETIT BLEU

9 juin 1899.

La chambre des mises en accusation statuera aujourd'hui dans l'affaire du *petit bleu*.

Le seul fait qu'une accusation de faux ait pu être formulée contre le colonel Picquart sera le scandale de l'histoire.

L'outrage à la magistrature est un délit prévu et puni par le Code ; je croirais le commettre en émettant un doute sur l'arrêt qui sera rendu d'ici quelques heures.

Et j'entends que cette chambre des mises en accusation est la même qui, dans l'affaire des dépêches *Blanche* et *Speranza*, a rendu l'arrêt qui a été déchiré par la Cour de cassation.

Cependant je me refuse à penser qu'il pourrait se trouver aujourd'hui, au lendemain de l'arrêt de revision, des magistrats français pour dire que le colonel Picquart a fabriqué ou falsifié le *petit bleu*, dans le dessein de substituer au capitaine Dreyfus M. le commandant Walsin-Esterhazy qui a avoué être l'auteur du bordereau et avoir été, pendant plusieurs années, le correspondant du colonel de Schwarzkoppen.

Sans doute, l'adresse du *petit bleu* a été grattée, mais postérieurement au départ du colonel Picquart, par l'un ou l'autre des misérables qui l'ont accusé de leur propre crime. On finira bien par nommer le sous-Henry qui a récrit à l'encre au *bois de campêche* les mots qui avaient été écrits à l'encre à *la noix de Galle*.

Et je veux croire que le Gouvernement de la République n'a point négligé de faire savoir à la chambre des mises en accusation qu'il a été informé, et dans les termes les plus précis, que le *petit bleu* émane du colonel de Schwarzkoppen.

C'avait été, dès le premier jour, l'évidence pour les « intellectuels ». Cette évidence a été corroborée de telle sorte que ceux-là seuls pourraient désormais la nier qui, de propos délibéré, méditeraient d'exposer la France, la République, à la plus fâcheuse des humiliations.

L'arrêt de la Cour de cassation est un titre d'honneur pour toute la magistrature française ; la chambre des mises en accusation ne mettra pas sur cette gloire une tache de boue.

LA CROYANTE

20 juin 1899.

La Croyante de M. Jean Psichari est le troisième panneau du triptyque dont la *Sibylle* d'Octave Feuillet et *Mademoiselle de la Quintinie* de George Sand sont les deux premiers. *Sibylle* reflète, comme un miroir, toute l'immoralité de la piété mondaine avec toute la puérilité du mysticisme des salons. *Mademoiselle de la Quintinie* est l'une des œuvres les plus fortes de George Sand, la plus puissante par la pensée, mais aussi l'une des moins romanesques. On livra, autrefois, de grandes batailles autour de ces deux volumes. Ce n'est pas un mince mérite pour M. Psichari que d'évoquer, par sa pénétrante étude de la vie dévote, de pareils souvenirs.

Troisième panneau d'un aussi fameux triptyque, le nouveau livre de M. Psichari est encore le premier roman où l'affaire Dreyfus entre en scène. Et, sans doute, j'apprécie à leur valeur la justesse, la sobriété et la vigueur de touche avec lesquelles l'auteur a rendu l'atmosphère de l'Affaire pendant les derniers mois de 1897 et les premiers de 1898. Je risquerai cependant, à ce propos, une prévision dont je sais d'ailleurs qu'elle sera parfaitement vaine. On va chercher bientôt, et de tous côtés, à tirer de l'Affaire des drames et des romans. Les plus habiles, les plus ingénieux, les plus éloquents y échoueront par la raison très simple que, dans l'espèce, l'histoire toute nue sera toujours beaucoup plus intéressante que les adaptations romanesques ou théâtrales dont on la vêtira. J'ose prédire que ce sera là un fait. Toute comparaison, qui ne tiendrait pas, mise à part, Jeanne

Darc a été un semblable écueil. L'héroïne Lorraine a tenté d'innombrables poètes, et la vraie poésie de cet incomparable épisode n'est pourtant que dans les livres d'histoire, dans Michelet, et, plus encore que dans Michelet, dans les procès-verbaux de Quicherat.

Voici maintenant par où, selon moi, le roman de M. Psichari a toute la valeur durable d'un livre d'histoire : c'est dans les trente et quelques pages où il raconte par quels procédés d'une infinie et merveilleuse variété, le cléricalisme a préparé contre la libre-pensée et contre la République, après sa grande défaite de 1875, 1877 et 1889, une audacieuse revanche qui a été une passagère victoire. M. Psichari aurait pu se laisser tenter d'expliquer ce phénonomène, qui a étonné l'Europe libérale, par une grosse raison sommaire, par l'action souveraine de quelque nouveau Rodin. Et je suis certes fort éloigné de nier l'existence de Rodin ; il existe en chair et en os, je l'ai vu, je sais où il demeure, je raconterai peut-être, un jour, comment il a opéré et comment il opère encore, et qu'il a l'œil sur tout, et qu'il s'occupe de tout, qu'aucun détail ne lui semble indigne de son attention, et qu'il ne néglige pas, quand l'occasion s'en présente, de placer dans les palais nationaux de hauts domestiques, militaires ou civils, et jusqu'à des gouvernantes anglaises qui lui adressent des rapports. Non, l'on n'a pas fait preuve de saine judiciaire dans le parti philosophique, en raillant et en dépréciant, comme on l'a fait, Eugène Sue, qui n'avait fait en somme que de vulgariser, dans des romans qui sont d'ailleurs médiocrement écrits, le péril qu'avaient dénoncé avant lui Voltaire et Pascal, M. de Montlosni et Villemain. Toutefois, Rodin, à lui seul, tout grand qu'il soit, n'explique pas tout ; et c'est ce qu'a compris M. Psichari, avec un très remarquable instinct des causes profondes, qui sont parfois de petites causes ; et c'est ce reste qu'il a mis en lumière, avec beaucoup de force, dans le chapitre de son roman qu'il a intitulé « Sourdes rumeurs » et qu'aucun historien consciencieux de la troisième République n'aura le droit d'ignorer.

« On était à la conciliation. La République ouvrait ses portes. On admirait universellement l'esprit de haute sagesse et de suprême tolérance qui avait poussé le Souverain Pontife à conseiller aux fidèles le ralliement à la forme républicaine. Cela n'engage pas le fond. » Et M. Psichari montre que, du moins par le fait des circonstances, cela au contraire, engageait le fond, et que, par cette porte entrebâillée, l'armée ennemie a passé tout entière, homme par homme, à la file indienne, si bien qu'un certain jour elle put croire que la maison était à elle et qu'elle invita les républicains à en sortir. Le salut, l'histoire le dira, ce fut l'affaire Dreyfus. Le parti clérical, débordé, par son extrême-droite antisémite, triompha trop tôt, trop bruyamment, avec trop de sauvage grossièreté, et ainsi perdit la bataille aux trois-quarts gagnée.

Combien furent complices, consciemment ou inconsciemment, de cette duperie! M. Psichari l'expose avec une connaissance, vraiment admirable, de ce sujet complexe entre tous. Et les vieux démocrates qui jubilaient : « Ce qu'il y en a des catholiques que ça embête ! » — et « la littérature qui s'emplissait de chercheurs de Dieu », et la mode qui allait au mysticisme et les philosophes qui, au nom de Kant et d'Hégel, et de la science elle-même, raillaient le matérialisme et les politiques modérés que le socialisme effrayait vraiment un peu trop que de raison, et aussi — c'est le seul coefficient qu'oublie M. Psichari, — les socialistes eux-mêmes que la droite acclamait quand ils regrettaient, dans une phrase admirablement sonore, la vieille chanson qui avait si longtemps bercé la misère humaine. Et tout cela faisait un état d'esprit nouveau qui était bien différent de l'esprit nouveau tel que l'entendait Spuller, mais non de l'esprit nouveau tel que l'entendaient la plupart de ceux qui applaudirent, ce jour-là, Spuller et qui étaient les mêmes qui avaient applaudi le regret de la vieille chanson.

M. Psichari a noté, en quelques phrases lapidaires, quelques traits de cet instructif épisode de nos fautes communes. Les haines avaient fait leur temps. Tous les sentiments forts déplaisaient. Un négateur choquait autant qu'un catholique sans opportunisme. Il ne nuisait en rien d'être bien pensant. Au contraire, cela vous donnait souvent de la respectabilité... Le retour à la foi n'était lui-même, à l'origine, qu'une des manifestations du bon goût. » Et cela marcha vite. Bientôt, de la tolérance initiale on en vint à demi-intolérance. On n'étouffait pas encore à ce moment, on enveloppait. Mais, demain, une petite fille, au Luxembourg, déclarera d'un air mignon et fâché à une autre petite fille : « Tu sais, on me défend de jouer avec toi, parce tu es protestante. »

On sait la suite qui est l'histoire de l'hiver 1897-1898.

Ce tableau de M. Psichari est d'une puissante vérité, d'un profond enseignement. J'y apporterai toutefois une critique, c'est que « cela n'a engagé le fond », — cela c'est-à-dire la politique de conciliation ou de réconciliation, — que par la faute des hommes qui présidaient alors aux destinées de la République. L'Édit de Nantes des partis, dont rêvait Gambetta, restera toujours la plus noble et la plus haute des formules politiques. Oui, mais à une condition : c'est que ce soit vraiment l'Édit de Nantes. Or, ce que le *Snobisme* de Félix Faure et le protectionnisme de M. Méline appelaient, eux, l'Édit de Nantes, c'en était en réalité la Révocation. Louis XIV, Bossuet et le chancelier Letellier avaient eu, entre autres supériorités, celle de la franchise.

LE DÉNONCIATEUR NATIONAL

18 juillet 1899.

Je lui disais parfois : « Monsieur Perrin Dandin,
Tout franc, vous vous levez tous les jours trop matin.
Qui veut voyager loin ménage sa monture ;
Buvez, mangez, dormez, et faisons feu qui dure. »
Il n'en a tenu compte. Il a si bien veillé
Et si bien fait, qu'on dit que son timbre est brouillé.
Il nous veut tous juger les uns après les autres,
Il marmotte toujours certaines patenôtres
Où je ne comprends rien. Il veut, bon gré, mal gré,
Ne se coucher qu'en robe et qu'en bonnet carré.
Il fit couper la tête à son coq, de colère,
Pour l'avoir éveillé plus tard qu'à l'ordinaire :
Il disait qu'un plaideur dont l'affaire allait mal
Avait graissé la patte à ce pauvre animal.

C'était déjà le syndicat...
Et le grand dénonciateur national demande à être entendu au procès de Rennes, non point pour y fournir la preuve que le capitaine Dreyfus a livré les pièces qui sont énumérées au bordereau dont Esterhazy, qui ne connaissait pas Dreyfus, s'est reconnu l'auteur, — il n'en est pas encore arrivé à ce degré de monomanie imbécile qui est celle de Cavaignac, — mais pour y déclarer que Dreyfus était un espion aux gages de la Russie.

Or, je ne discute point aujourd'hui du bien ou du mal

fondé de cette nouvelle accusation; on entendra, quand l'accusation aura été nettement et catégoriquement produite, les témoins nécessaires, tous, le général Fredericksz, le général Obroutchef, le général Kouropatkine et le grand-duc Wladimir.

L'inepte, l'immonde calomnie s'effondrera alors en cinq minutes.

J'observe seulement que cette affaire n'est point celle dont l'arrêt de la Cour de cassation a saisi le conseil de Rennes et qui est exclusivement celle du bordereau.

Un individu est accusé de vol. Un témoin, s'approchant de la barre, dit: « Je ne sais rien du vol, mais l'inculpé a commis un meurtre. — Fort bien, répond le juge, mais je ne suis point saisi de cette accusation. Veuillez déposer, entre les mains de M. le procureur de la République, et avec toutes les conséquences que comporte pour son auteur une dénonciation calomnieuse, une dénonciation en règle. »

C'est ce que le grand dénonciateur national s'est bien gardé de faire. Sa lettre à M. le commandant Carrière reproduit simplement, en guise de conclusion, le texte de l'arrêt de la Cour suprême. Or, cet arrêt n'est, dans l'espèce, qu'un ordre de mise en jugement. A l'abri de ce subterfuge enfantin, il se moque de tout. Quand, après avoir prêté serment, il commencera à réciter l'un de ses articles de l'*Écho de Paris* et quand le président l'aura rappelé à la question: « Vous voulez, s'écriera-t-il, empêcher la manifestation de la vérité. Je me retire ! » Et la comédie sera jouée.

Si le grand dénonciateur national connaît des faits précis à la charge de Dreyfus, rien plus simple. Il n'a qu'à les énumérer dans une requête spéciale qu'il adressera à M. le ministre de la Guerre, lequel chargera un officier de police judiciaire de l'instruction de cette affaire nouvelle, distincte de celle dont est saisi le conseil de guerre de Rennes. Si l'accusation nouvelle est fondée, Dreyfus retournera à l'île du Diable. Si elle est fausse et calomnieuse, M. Quesnay de Beaurepaire ira en prison.

L'article 373 du Code pénal est ainsi conçu :

« Quiconque aura fait par écrit *une dénonciation calomnieuse* contre un ou plusieurs individus, aux officiers de justice ou de police administrative ou judiciaire, sera puni d'un emprisonnement d'*un mois à un an* et d'une amende de 100 francs à 3,000 francs. »

Et voilà pourquoi M. de Beaurepaire se contente de jurer, dans l'*Écho de Charenton*, que, « longtemps avant 1894, Dreyfus se livrait à l'espionnage pour le compte d'une puissance étrangère ». Un témoin *oculaire*, ajouta-t-il, le lui a affirmé et lui a remis une preuve écrite. — On connaîtra sans doute, un jour ou l'autre, ce témoin *oculaire* de la trahison de Dreyfus et de son espionnage pour le compte de la Russie. Pourvu, juste ciel! que nous ne retrouvions pas Karl !... — Mais de Beaurepaire, qui n'a point oublié, tout agité qu'il soit, l'article 373 du Code pénal, se garde bien d'envoyer au ministre de la Guerre ou au général Lucas le seul papier qui permettrait de le croire de bonne foi : une dénonciation *écrite*, en règle, précise, formelle.

Pourquoi ne suit-il pas l'exemple de M. Mathieu Dreyfus qui, lui, n'a pas craint de dénoncer Esterhazy par une lettre catégorique au ministre de la Guerre ?

Coppée lui-même commence à croire que le timbre du grand dénonciateur national est « brouillé ».

A M. DE MARCÈRE

SÉNATEUR

29 septembre 1899.

Vous aussi, monsieur de Marcère !
Vous me connaissez depuis plus de vingt ans ! Combien de fois m'avez-vous écrit ou dit, au sujet de l'un ou de l'autre de mes livres ou de mes articles, que vous estimiez la *tenue* de mon style, compliment auquel, de votre part, j'étais fort sensible ! Et voilà que, vous aussi, dans un article de l'*Écho de Paris*, vous évoquez la menace « du *chambardement* annoncé par M. Joseph Reinach ! »

Dès que cet absurde, odieux et grossier propos m'a été attribué par le *Soir*, je l'ai démenti dans une lettre publique. Le *Soir* affirmait que j'avais tenu le propos, dans un couloir de la Chambre, devant MM. René Gautier, Berry, Dupuytrem et de Lanjuinais. Ces messieurs, alors mes collègues, qui ne sont pas de mes amis politiques, ont déclaré que cette affirmation était inexacte, que je n'avais point tenu ce propos devant eux. Et vous savez, puisque vous êtes l'un des juges de la Haute-Cour, quel est l'auteur de cette triste formule. Vous avez lu dans l'acte d'accusation : « Les correspondants de Dubuc recrutent des affiliés prêts à tout ; ils parlent dans leurs lettres *d'un néophyte qui est un militant pour le jour du chambardement !* » Ainsi, ce sont les nationalistes, les antisémites, les royalistes, qui, non seulement menacent la France d'un *chambardement*, mais encore le préparent. Et c'est à moi que vous continuez à attribuer ce vilain propos!

Je m'adresse à votre loyauté pour vous prier de faire reproduire cette lettre dans le journal où a paru votre article. Vous la reproduirez, non point malgré les graves dissentiments qui nous séparent, mais en raison même de ces dissentiments.

Je vous prie de croire, monsieur le sénateur, à tous mes sentiments les plus distingués,

JOSEPH REINACH.

LEUR BONNE FOI

21 novembre 1899.

M. Arthur Meyer écrit ou fait écrire, dans le *Gaulois*, que le projet de loi sur l'amnistie « a été pensé par M. Picquart et rédigé par M. Reinach ».

M. Arthur Meyer sait que M. le président du Conseil a l'habitude de penser par lui-même et d'écrire lui-même.

Il sait que le colonel Picquart a protesté énergiquement contre l'amnistie, dans une lettre publique à M. Waldeck-Rousseau.

Il sait que j'ai été des premiers, dans la presse, à protester contre l'amnistie et que j'ai déjà écrit, contre ce projet de loi, une demi-douzaine d'articles.

Cela ne l'empêche pas d'imprimer dans son journal que le projet de loi sur l'amnistie « a été pensé par Picquart et rédigé par moi ».

Au contraire...

LETTRE OUVERTE

A M. *le président de la Chambre.*

29 novembre 1899.

Monsieur le Président,

Depuis que je ne fais plus partie de la Chambre, quelques députés ont pris l'habitude de me mettre en cause dans leurs discours.

Je m'empresse de reconnaître que vous n'y pouvez rien. D'autre part, il y a un journal qui échappe aux dispositions de la loi sur le droit de réponse, et c'est le *Journal officiel!*

C'est ainsi que je lis dans le compte rendu sténographique de la séance du 27 novembre cette allégation de M Firmin Faure :

« J'ai dit que M. Waldeck-Rousseau avait été l'avocat de M. Dreyfus et qu'il était allé *avec* M. Joseph Reinach trouver M. Casimir-Perier. »

Or, M. Waldeck-Rousseau n'a jamais été l'avocat du capitaine Dreyfus et je n'ai jamais fait, *avec* M. Waldeck-Rousseau, de démarche auprès de M. Casimir-Perier.

M. Casimir-Perier, dans sa déposition au procès de Rennes, a raconté cet incident avec son souci habituel de la vérité.

« Le 13 décembre 1894, a dit M. Casimir-Perier, MM. Waldeck-Rousseau et Joseph Reinach sont venus *successivement* dans mon cabinet m'entretenir du désir de la défense que le huis-clos ne fût pas prononcé et de l'engagement que prenait la défense d'observer, dans les questions diplomatiques, une grande réserve si les débats avaient lieu autrement qu'à huis-clos. »

Vous êtes, Monsieur le Président, l'un des Quarante. Vous voudrez bien expliquer à M. Faure la différence qu'il y a entre *successivement* et *avec*.

J'ajoute que, si le huis-clos n'avait pas été prononcé au procès de 1894, de grands malheurs auraient été épargnés à un innocent, à l'armée et à la France.

Je regrette qu'un usage « antique et solennel » m'empêche d'adresser cette rectification au *Journal officiel* et je vous prie de croire, Monsieur le Président, à tous mes sentiments les plus distingués.

Joseph Reinach.

LES BOERS

A M. Yves Guyot, directeur du Siècle.

13 décembre 1899.

Mon cher ami,

Vous savez si j'admire l'Angleterre, ses grandes traditions libérales, son respect du droit individuel, le courage de ses soldats dans les combats, l'impassibilité romaine de ses citoyens dans la défaite.

D'autre part, — ou, plutôt, dès lors — je déteste la politique de M. Chamberlain. Nul, depuis plus d'un siècle, n'a fait plus de mal à l'Angleterre que ce turbulent personnage. A cette grande Angleterre, qui fut le berceau de la liberté moderne, il cherche à substituer une Angleterre nouvelle, impérialiste, qui serait un contre-sens de l'humanité. Cet Emile Ollivier anglais a lancé son pays, mal préparé, dans une guerre terrible. Il a étalé aux yeux du monde le défaut de la cuirasse britannique. Il a soulevé contre l'Angleterre l'opinion de l'Europe, privilège périlleux qui avait été réservé jusqu'à présent à Louis XIV et à Napoléon. Il fait battre les soldats anglais par les principes anglais qui sont au camp des Boërs : la Liberté et le Droit.

Vous avez apprécié autrement la question du Transvaal et vous en dites votre opinion avec votre franchise habituelle, sans crainte d'être seul. Il faut que je sois bien convaincu que la cause des Boers est celle de la justice pour ne pas vous envier cet isolement. Il est, si souvent, une preuve qu'on est dans le vrai! Cependant, cette règle elle-même comporte des exceptions.

En publiant cette lettre qui dégage mon opinion personnelle, vous vous montrerez aussi libéral que vous êtes indépendant.

Merci d'avance et bien cordialement,

JOSEPH REINACH.

ESTERHAZY ET DRUMONT

4 janvier 1900.

M. Drumont est bien en colère. C'est mon étude sur le rôle d'Henry (*Grande Revue* du 1er janvier) qui l'a fâché. Quand j'écris qu'Esterhazy a été son collaborateur et son ami, il prétend que je mens. Je suis donc très sûr de n'avoir dit que la stricte vérité.

Il fut un temps où Drumont tirait vanité de l'amitié d'Esterhazy, qui avait, alors, d'autres très belles relations, et profit de sa collaboration, qui donnait un lustre particulier à la *Libre Parole*. Mais aujourd'hui, le Hulan national est malheureux : Drumont ne le connaît plus. « Esterhazy, s'écrie-t-il, n'a jamais été mon ami ; il n'a jamais été le collaborateur de la *Libre Parole* ! » Le jour est proche où l'ancien rédacteur de l'*Inflexible* jurera qu'il n'a pas plus connu Stamir qu'Esterhazy, le mouchard que le traître.

J'aurai le vif regret de démontrer que les démentis, si académiques, de Drumont s'adressent non seulement « au brave commandant Esterhazy », « au martyr des juifs » — comme on écrivait autrefois à la *Libre Parole*, — mais encore au colonel de Kerdrain et au R. P. Bailly.

Drumont prétend avoir vu Esterhazy, pour la première fois, en 1892, lors de son duel avec le capitaine Crémieu-Foa. C'est possible. Plus tard, affirme la *Libre Parole*, Esterhazy eut l'occasion d'écrire à Drumont « une lettre où il exprimait ses sympathies pour la cause antisémitique ».

C'est en réponse à ce témoignage que Drumont lui aurait adressé la carte, ornée « de quelques mots de remerciements courtois », qui fut ramassée, dans la cheminée d'Esterhazy, par un agent du service des renseignements.

L'adhésion d'Esterhazy à la cause antisémitique honore ce parti. Un prêtre admirable, l'abbé Seigneur, qui est mort il y a deux ans, s'était laissé apitoyer par le commandant Esterhazy. Il sollicita en faveur de cet officier quelques juifs de sa connaissance, les priant de sauver de la ruine un homme qui portait l'uniforme. Ces « sans-patrie » remplirent la sébile de l'excellent prêtre. Voilà pourquoi Esterhazy est antisémite.

L'abbé Seigneur avait fait sur cet épisode, où il avait été mêlé, de douloureuses réflexions.

Il est regrettable que Drumont ne publie pas cette profession antisémitique d'Esterhazy. Ce bandit a du style. Dans une lettre, qui date peut-être de la même époque, Esterhazy écrivait : « Je mets à mille pieds au-dessus du plus illustre gentilhomme couard le dernier des juifs qui se bat pour sa foi ; l'un est un j... f... et l'autre un brave homme. »

Quant à la carte courtoise que Drumont envoya à Esterhazy, la *Libre Parole* n'explique pas pourquoi M. le général de Boisdeffre la fit photographier avec soin.

Depuis 1892 jusqu'à l'Affaire, Drumont ne veut avoir vu Esterhazy que deux fois. Pourtant, quand Esterhazy lui apporta l'article *Dixi*, en déclarant qu'il était traqué par les juifs », aussitôt Drumont ouvrit toutes larges les portes de la *Libre Parole* à ce passant. Quelle confiance en un homme qu'on a si peu vu ! Quelle facile hospitalité !

D'abord, ce n'est pas un seul article qu'Esterhazy publia alors à la *Libre Parole*, mais trois, au moins, dont M. le colonel de Kerdrain, rapporteur devant le conseil d'enquête de région, rappelle les titres : « le Complot », « les Copains », « M. Scheurer-Kestner ». Et M. le colonel de Kerdrain ajoute : « Esterhazy ne devait pas ignorer que, quoique placé dans la position de non-activité, il enfreignait les ordres du ministre de la Guerre *en collaborant* à une feuille quotidienne ou en inspirant des articles. »

Ainsi, M. le colonel de Kerdrain dit, comme moi, qu'Esterhazy *collaborait* au journal de Drumont.

Et, de même, M. le lieutenant-colonel Du Paty de Clam. Il est vrai que Du Paty (*Cour de cassation*, t. I, p. 453) attribue l'inspiration de ces trois articles, des 15, 16 et 17 novembre 1897, à Henry. Esterhazy les aurait seulement recopiés et arrangés. Donc le véritable collaborateur de la *Libre Parole* n'aurait pas été, ce jour-là, Esterhazy, mais Henry. *Uno avulso, non deficit alter...*

C'est également la version d'un rédacteur ordinaire de la *Libre Parole*, M. de Boisandré, qui a déposé, au Conseil d'enquête de région : « A la rédaction de la *Libre Parole*, on n'a jamais cru que l'article *Dixi* fût du commandant Esterhazy. Les communications faites à ce journal par le même officier étaient transmises PAR ORDRE. Un document vu par le témoin en fait foi. Cet officier n'était qu'un intermédiaire entre le journal et l'Etat-Major. » (*Cass.*, t. II, p. 186.) On comprend maintenant pourquoi M. le général de Boisdeffre avait fait photographier, avec tant de soin, la carte de Drumont à Esterhazy.

Seulement, avant de porter l'article *Dixi* à Drumont, Esterhazy et Du Paty l'avaient fait présenter au R. P. Bailly, directeur de la *Croix*, « par une femme mise avec élégance, vêtue de noir et soigneusement voilée ». C'est, du moins, le R. P. Bailly qui l'a raconté lui-même, dans une *interview* du *Journal*, à la date du 20 novembre 1897. Le R. P. Bailly expose qu'il refusa de publier l'article sans savoir le nom de la personne qui l'apportait. « Mais la dame voilée refusa obstinément de se faire connaître. »

Le directeur de la *Croix* lui donna alors le conseil de s'adresser à la *Libre Parole*; la dame se récria vivement : « La *Libre Parole* ? Il y est bien connu, mais *il* ne veut pas s'y adresser ! »

Il s'y adressa quand même et, à défaut de la *Croix*, la *Libre Parole* devint son journal officiel. Il y établit son quartier général. Drumont tient beaucoup à n'avoir pas fréquenté Esterhazy *avant* l'Affaire. Pourquoi ? De très honnêtes gens ont connu alors Esterhazy, ne soupçonnant pas qu'il fût un traître. Cette insistance de Drumont est-elle un pur hommage à une indifférente vérité ? Si Drumont se défend d'avoir été, dès lors, l'ami d'Esterhazy, il y a quelque raison profonde, plus grave. Quand le *Matin* a publié le fac-similé du bordereau, Drumont n'a-t-il pas reconnu l'écriture d'Esterhazy ? En tous cas, quand l'Affaire éclata, quand les lettres à Mme de Boulancy ne laissèrent plus de doute sur l'infamie d'Esterhazy, le Hulan devint si ostensiblement le protégé de la *Libre Parole* que Drumont, lui-même, hésite à nier cette intimité d'alors dont Paris tout entier a été témoin. La défense d'Esterhazy remplit les colonnes du journal de Drumont ; ce fourbe, qui est souvent maladroit, y a même démenti, par avance, les histoires les plus fameuses qu'il a débitées depuis. C'est ainsi qu'à la date du 19 novembre 1897, un rédacteur de la *Libre Parole* demande à Esterhazy s'il est vrai qu'il aurait écrit le bordereau par ordre : « Ce n'est pas mal imaginé, dit le commandant, mais il y a un *mais*! Jamais je n'ai été chargé d'une telle mission. Cela ne tient pas debout. C'est idiot. »

Et quand Esterhazy visite les autres bureaux de rédaction, il s'y réclame de son ami Drumont. « J'ai été averti, dit-il, à l'*Écho de Paris* (18 novembre), par M. Drumont, directeur de la *Libre Parole*, MON AMI... »

La *Libre Parole* se défend encore d'avoir, en novembre 1894, « terrorisé le général Mercier, ministre de la Guerre ». Je m'étais servi d'une expression plus musicale que « terroriser ». Voici quelques extraits de la *Libre Parole* d'alors.

Du 2 novembre :

Il est avéré aujourd'hui que, si l'arrestation du capitaine Dreyfus a été gardée secrète pendant près de quinze jours, c'est que ce misérable est juif. Nous avons vu hier plusieurs officiers qui sont indignés de la partialité bienveillante dont a bénéficié Dreyfus et dont il bénéficierait sans doute encore, si la *Libre Parole* n'avait, la première, soupçonné la vérité.

Du 6 novembre :

Mercier, poussé par les révélations de tous les journaux, a dû marcher bien malgré lui. Quant à Saussier, il avait refusé de le faire, et je le comprends sans peine : ses amis et commensaux les juifs ne lui eussent jamais pardonné.. De deux choses l'une : ou Dreyfus est coupable, ou il est innocent. S'il est innocent, d'où vient que depuis vingt jours il est sous les verrous ? S'il est coupable, et il l'est, puisque le général Mercier l'a avoué lui-même, quel intérêt a-t-on à ne pas dire exactement, officiellement, en quoi consiste son crime ?

La veille, 5 novembre, Drumont définissait le ministère de la Guerre « une caverne, un lieu de perpétuels scandales, un cloaque qu'on ne saurait comparer aux écuries d'Augias, car aucun Hercule n'a encore essayé de les nettoyer. Il y a toujours quelque chose qui pue là-dedans. »

De Drumont, encore, dans le numéro du 6 novembre :

N'est-ce pas que ce Mercier est bien vil?

Un peu plus loin, le même Drumont accuse Mercier « d'obéir comme un laquais à Reinach ».

Le 12 novembre, Drumont se contente de traiter Mercier de « vilain oiseau ».

Enfin, le 17 novembre, l'oiseau chanta. Aussitôt la *Libre Parole* d'entamer son éloge : « Le général Mercier veut, qu'en dépit des efforts tentés par toute la juiverie, l'officier traître et lâche subisse le châtiment qu'il a mérité ! »

Mercier n'est plus vil. Mercier n'est plus mon laquais. Le ministère de la Guerre n'est plus un cloaque, une caverne.

Aujourd'hui encore, après cinq longues années, Drumont, qui a lâché Esterhazy, reste fidèle à Mercier.

LES MÊMES

7 janvier 1900.

I

En rappelant l'intimité d'Esterhazy et de Drumont, je ne pensais pas être agréable à Esterhazy : mais je ne croyais pas gêner Drumont à tel point !

Le directeur du *Siècle* a reçu de M. de Boisandré, rédacteur à la *Libre Parole*, la lettre suivante :

Paris, le 5 janvier 1900.

A Monsieur Yves Guyot, directeur politique du SIÈCLE :

Monsieur le directeur,

Dans le numéro du *Siècle*, portant la date du jeudi 4 janvier 1900, et intitulé *Esterhazy et Drumont*, M. Joseph Reinach me met en cause en ces termes :

« C'est également la version d'un rédacteur ordinaire de la *Libre Parole*, M. de Boisandré qui a déposé au conseil d'enquête de région :

» A la rédaction de la *Libre Parole*, on n'a jamais cru que l'article : *Dixi* fût du commandant Esterhazy. Les communications faites à ce journal par le même officier étaient transmises PAR ORDRE. Un document vu par le témoin en fait foi. Cet officier n'était qu'un intermédiaire entre le journal et l'État-Major. » (*Cass.* t., II, p. 186.)

Et M. Reinach ajoute, triomphant :

« On comprend maintenant pourquoi M. le général de Boisdeffre avait fait photographier avec tant de soin la carte de Drumont à Esterhazy. »

Cet admirable raisonnement n'a qu'un défaut : celui d'être bâti sur le sable.

Le document que M. Reinach emprunte au compte rendu de la Cour de cassation, pour lui donner une apparence de document officiel, n'est point, en effet, comme il ne serait pas fâché de le faire croire, la déposition de M. de Boisandré devant le conseil d'enquête d'Esterhazy. Ce n'est pas davantage, comme il le dit par prudence, *la version* de M. de Boisandré.

C'est tout au plus la version adoptée par le rapporteur du conseil d'enquête, version qui ne repose sur aucune pièce signée par moi, sur aucun procès-verbal dont il m'ait été donné lecture, version pleine d'interprétations erronées contraire sur la plupart des points aux explications que j'avais données au conseil et contre laquelle j'ai protesté aussitôt que j'en ai eu connaissance. (Voir le *Figaro* du samedi 1er avril 1899 et la *Libre Parole*, même date.)

Je suis extrêmement surpris, monsieur le directeur — permettez moi de le dire — que M. Joseph Reinach, qui s'est livré à une étude si consciencieuse, si complète et si minutieuse de de tout ce que la *Libre Parole* a publié relativement à l'affaire Dreyfus, n'y ait point trouvé la protestation si formelle et si précise à laquelle je fais allusion.

Il me suffira, j'en suis convaincu, de lui en indiquer la date, pour que sa loyauté bien connue lui fasse un devoir d'en soumettre tout au moins la substance aux appréciations de vos lecteurs.

Je suis, d'ailleurs, bien certain qu'au cas où l'impartialité de M. Reinach connaîtrait une de ces défaillances auxquelles sont sujets tous les mortels, ce n'est pas en vain que j'en appellerais aux sentiments de justice du directeur du *Siècle*, dont la passion pour la Lumière et pour la Vérité est légendaire dans le monde entier.

Dans l'espoir que vous voudrez bien insérer en bonne place la présente lettre, je vous prie, monsieur le Directeur, d'agréer l'assurance de mes sentiments très distingués.

A. DE BOISANDRÉ.

Les braves gens qui sont outragés à chaque instant, dans la *Libre Parole*, auraient eu sujet de m'en vouloir si le *Siècle* n'avait pas reproduit cette lettre de M. de Boisandré. Une aussi large interprétation du droit de réponse leur permettra désormais de démentir, dans les colonnes mêmes de la *Libre Parole*, les récits inexacts dont ils seront l'objet.

Je prie tous les intéressés de prendre bonne note du précédent.

II

J'ai d'autant plus de plaisir à publier la lettre de M. de Boisandré qu'elle renferme quelques affirmations dont je suis touché. Le rédacteur de la *Libre Parole* y rend hommage à ma loyauté et à mon impartialité; il écrit que « la passion du *Siècle* pour la lumière et pour la vérité est légendaire dans le monde entier. » Je dois croire qu'il n'y a aucune ironie dans ces propos.

M. de Boisandré me renvoie au *Figaro* du 1er avril 1899 où il a déjà protesté contre le compte-rendu *officiel* du conseil d'enquête qui proposa la mise en réforme d'Esterhazy.

J'y lis, en effet, que M. de Boisandré déclare « n'avoir jamais dit que les communications faites par Esterhazy à la *Libre Parole* l'avaient été par ordre, et qu'il avait vu un document qui en faisait foi. »

M. de Boisandré ajoute, sans doute au nom de M. Drumont, « que la dignité professionnelle lui aurait fait un devoir d'écarter de semblables communications ».

Un tel mépris pour les communications de l'État-Major est fait pour surprendre. J'aurais cru, *a priori*, que la *Libre Parole* eût accueilli, avec respect et avec reconnaissance, les communications du général de Boisdeffre. Elle avait accueilli, avec quelque empressement, en 1894, la lettre d'Henry à Papillaud, celle qui révélait l'arrestation de Dreyfus. Quand Esterhazy porta à Drumont l'article *Dixi*, il m'eût semblé naturel que le directeur de la *Libre Parole* se renseignât, d'abord, auprès de Boisdeffre, sur la valeur d'un récit qui mettait en cause tout l'État-Major. Donc, la confiance de Drumont en Esterhazy aurait été telle qu'il jugeait tout contrôle inutile! La parole de ce bandit lui suffisait.

D'autre part, Drumont affirme qu'il n'avait vu, alors,

Esterhazy que trois fois. C'est peu pour justifier une semblable confiance.

La conclusion logique de la protestation de M. de Boisandré, c'est que Drumont a démenti, bien à tort, son intimité avec Esterhazy.

III

Selon M. de Boisandré (*Figaro* du 1er avril 1899), ce témoin « n'a pas dit qu'à la *Libre Parole* on n'avait jamais cru que l'article *Dixi* fût du commandant Esterhazy; mais qu'il avait entendu dire qu'il n'était point de son écriture et qu'il n'avait pu vérifier le fait ».

On connaissait, en effet, à la *Libre Parole*, l'écriture d'Esterhazy puisqu'on y connaissait le fac-similé du bordereau.

Esterhazy a dit, devant le conseil d'enquête, « que l'article *Dixi* lui fut apporté tout écrit ». (*Cour de cassation*, t. II, p. 179.)

M. de Boisandré devrait bien rechercher le manuscrit de ce fameux article. Des experts y reconnaîtraient l'écriture de Du Paty, ou celle d'Henry, ou, peut-être, une autre écriture encore.

Le fait incontesté, cependant, c'est que l'article fut apporté par Esterhazy à Drumont.

C'est donc par simple considération pour Esterhazy que Drumont aurait publié cet article, bien qu'il ne fût même pas de l'écriture de son collaborateur!

Esterhazy lui a-t-il dit que l'article était de Du Paty ou d'Henry, ou de Boisdeffre?

S'il a dit que l'article n'était point de lui, on retombe dans le *par ordre* qui a été démenti, le 1er avril 1899, par M. de Boisandré, après lui avoir été attribué — à tort, selon lui — par le procès-verbal officiel du conseil d'enquête de région.

Cela devient très complexe.

IV

Enfin, M. de Boisandré s'écrie, toujours dans le *Figaro* du 1ᵉʳ avril 1899 auquel il me renvoie, et ma loyauté, mon impartialité me font un devoir de citer textuellement :

Jamais, je le répète, je n'ai dit qu'Esterhazy avait été accrédité près de la presse. Accrédité par qui ? et comment ? C'est idiot ! Je me suis servi simplement parfois, comme nombre de mes confrères, de renseignements venant d'Esterhazy, et qui me semblaient intéressants. Mais, encore une fois, je ne suis pas homme à accepter, pour n'importe quel motif, des ordres émanant d'une autorité extérieure à la direction du journal où j'écris.

Je ne puis donc qu'exprimer ici ma profonde surprise de lire pour la première fois dans le *Figaro* une prétendue analyse d'une prétendue déposition que je n'ai jamais signée et qu'on ne m'a jamais lue.

« Prétendue analyse d'une prétendue déposition, » c'est roide. Il s'agit, en effet, d'un document qui porte ce titre : « Procès-verbal de la séance du conseil d'enquête du gouvernement militaire de Paris », et qui est signé des officiers généraux ou supérieurs dont voici les noms :

BROCHIN,
DE SAVIGNAC,
DE KERDRAIN,
LANGLOIS,
FLORENTIN.

M. de Boisandré accuse-t-il ces officiers d'avoir, méchamment, travesti sa déposition ?

Quoi ! ces officiers seraient-ils, eux aussi, des juifs, ou des enjuivés, des youpins, des agents du syndicat ?

Et l'honneur de l'armée, ô Boisandré ! qu'en faites-vous ?

Ou ces officiers auraient-ils mal entendu, mal compris, mal transcrit la déposition de M. de Boisandré ?

Ce serait alors des idiots, comme écrit M. de Boisandré du texte qui lui est attribué.

Et, encore une fois, que devient l'honneur de l'armée ?

De telles assertions détonneraient sous la plume de M. Urbain Gohier.

Et c'est M. de Boisandré, rédacteur à la *Libre Parole*, qui s'exprime ainsi !

Il nous ramène aux gémonies, au temps où Drumont écrivait du ministère de la Guerre que c'est « une caverne », un « cloaque », « qu'il y a toujours quelque chose qui pue là-dedans », et « que ce Mercier est bien vil », et que le chef de l'armée « est mon laquais » !

V

J'observe ceci :

M. de Boisandré n'est pas le seul témoin qui ait déposé devant le conseil d'enquête qui proposa la mise en réforme d'Esterhazy.

D'autres témoins encore ont déposé : le colonel Mercier, le lieutenant-colonel Du Paty de Clam, le général de Pellieux.

Or, aucun de ces témoins n'a réclamé contre le procès-verbal officiel du conseil d'enquête, tel qu'il a paru dans le *Figaro* et au tome II de l'enquête de la Cour de cassation.

Ainsi, par une malechance singulière, la seule déposition qui aurait été travestie, c'est celle de M. de Boisandré !

Travestie, et par qui ?

Par des officiers, généraux ou supérieurs, par les généraux Florentin et Langlois, par le colonel de Kerdrain ?

Quelle malechance ou quelle atroce perversité ?

VI

J'ai reproduit la lettre de M. de Boisandré à M. Yves Guyot et sa rectification dans le *Figaro* du 1er avril 1899. Oserai-je, à mon tour, m'adresser à sa loyauté, à son impartialité, à cet amour de la vérité et de la justice qui plane, comme une auréole, devant le monde entier, au-dessus de la tête de Drumont ?

Je demanderai donc, seulement, à M. de Boisandré de bien vouloir reproduire, dans son journal, les extraits textuels que voici du procès-verbal du conseil d'enquête, les débuts des dépositions des témoins qui furent, comme lui-même, cités *à la requête d'Esterhazy*, et ses deux propres dépositions — car il a déposé, par deux fois, et toujours, à en croire le procès-verbal, dans les mêmes termes!

VII

CONSEIL D'ENQUÊTE DE RÉGION.

Procès-verbal de la séance du Conseil d'enquête du gouvernement militaire de Paris, tenue le mercredi 24 août 1898 à Paris, et de la séance du même Conseil, tenue le samedi 27 août à Paris.

Ce jourd'hui, vingt-quatre août mil huit cent quatre-vingt-dix-huit, le Conseil d'enquête du gouvernement militaire de Paris, formé et convoqué en exécution de l'ordre spécial du ministre de la guerre en daté du onze juillet mil huit cent quatre-vingt-dix-huit, conformément au décret du 29 juin 1878 et en vertu de la loi du 19 mai 1834 (art. 13) par M. le général Zurlinden, gouverneur militaire de Paris, à l'effet de donner son avis sur la question de savoir s'il y a lieu de mettre en réforme M. Walsin-Esterhazy (Marie-Charles-Ferdinand), chef de bataillon en non activité pour infirmités temporaires, pour inconduite habituelle, fautes graves contre la discipline, fautes contre l'honneur.

S'est réuni à huis-clos, à Paris, dans la caserne du Château-d'Eau.

. . . .

Ces personnes ainsi questionnées ont déclaré savoir :

1° *M. Mercier, colonel commandant le 133ᵉ régiment d'infanterie à Belley ;*
A toujours eu de l'estime pour le commandant Esterhazy lorsque cet officier était sous ses ordres, et le croit incapable de forfaire à l'honneur ; n'a eu qu'à se louer des excellentes re-

lations qui existaient entre les deux familles Esterhazy et Mercier, et n'a jamais constaté le moindre nuage dans le ménage Esterhazy.

2° *M. Bergouignan, lieutenant-colonel de l'armée territoriale;*
Confirme l'appréciation élogieuse du témoin précédent sur le commandant Esterhazy et sur sa vie intime. Ce ne serait, d'après le témoin, qu'au commencement de 1898 que le ménage se serait désuni, à la suite des révélations faites par la presse sur les relations du commandant avec la femme Pays; néanmoins, celui-ci voyait journellement ses enfants, et Mme Esterhazy eût probablement, dans un laps de temps peu éloigné, désiré pardonner à son mari et reprendre la vie commune...

3° *M. le général de brigade de Pellieux, commandant le département de la Seine;*
Déclare, tout d'abord, qu'étant chef d'État-Major en Tunisie, il a connu le capitaine Esterhazy, qu'il tient pour un brave soldat...

Le n° 4 est M. le lieutenant-colonel marquis du Paty de Clam.

5° *M. de Boisandré, publiciste.*
Le témoin déclare qu'à la rédaction de la *Libre Parole*, on n'a jamais cru que l'article « Dixi » fût du commandant Esterhazy. Les communications faites à ce journal par le même officier étaient transmises par ordre. Un document vu par le témoin en fait foi. Cet officier n'était qu'un intermédiaire entre le journal et l'État-major. Dans tous les cas, il n'a jamais cherché à compromettre ses chefs; le témoin l'affirme sur l'honneur. Il ajoute, sur la demande du président, que les renseignements sur les agissements du Syndicat étaient fournis par deux journalistes anglais.

Le témoin, interrogé sur les motifs qui ont empêché le commandant Esterhazy de faire un procès à ses accusateurs, déclare que cet officier en a été dissuadé par le ministre et surtout par son avocat. Il termine en faisant l'éloge du commandant et fait connaître au conseil que cet officier envoyait de l'argent à sa famille, à ses enfants pour lesquels il avait une profonde affection.

Les cinq témoins dont les dépositions sont ci-dessus rapportées ont été entendus à la demande de l'officier objet de l'enquête.

Toutes les personnes appelées devant le conseil entendues, le président a demandé : 1° à l'officier supérieur objet de l'enquête, s'il désirait que de nouvelles questions fussent adressées à ces personnes qui attendaient dans une salle voisine; 2° aux membres du conseil, s'ils avaient de nouveaux éclaircissements à demander aux personnes déjà entendues.

. . . .

DEUXIÈME SÉANCE
Samedi, 27 août 1898.

. . . .

Le Conseil fait ensuite introduire successivement les témoins suivants, pour être entendus de nouveau :

1° M. DE BOISANDRÉ, publiciste.
Le président montre au témoin la note « aux deux écritures », dont il a été question plus haut. Celui-ci déclare la reconnaître, l'avoir eue entre les mains et savoir par une autre personne le nom de l'auteur principal.

Le témoin ajoute que le commandant Esterhazy avait toujours été considéré par la presse comme le délégué de ses chefs ; il est très étonné qu'après s'en être servi, on l'abandonne ; aussi la presse, dit-il, est humiliée de voir maintenant flétrir celui qui a été accrédité près d'elle ;

. . . .

Le président a déclaré en conséquence, que l'avis du Conseil est qu'il y a lieu de mettre en réforme M. Walsin-Esterhazy (Marie-Charles-Ferdinand), chef de bataillon d'infanterie en non activité pour infirmités temporaires.

Aussitôt après cette déclaration, le président a prononcé la dissolution du conseil d'enquête.

De tout ce qui précède, a été rédigé le présent procès-verbal, dont une expédition sera envoyée au ministre de la guerre, avec les pièces à l'appui, et une autre déposée dans les archives du gouvernement militaire de Paris.

Fait à Paris, le vingt sept août mil huit cent quatre-vingt-dix-huit, et ont signé les membres du conseil.

Signé :

BROCHIN, DE SAVIGNAC, KERDRAIN, LANGLOIS, FLORENTIN.

VIII

Ainsi, dans sa seconde déposition, M. de Boisandré a encore accentué la note.

Il dit « que le commandant Esterhazy avait toujours été considéré par la presse comme le délégué de ses chefs ».

Il dit « être très étonné qu'après s'en être servi, on l'abandonne ».

Il dit enfin « que la presse est humiliée de voir maintenant flétrir celui qui a été accrédité près d'elle ».

M. de Boisandré affirme, aujourd'hui, qu'il a dit exactement le contraire au conseil d'enquête. Relisez sa protestation dans le *Figaro*, sa lettre à M. Yves Guyot, tout ce qu'il m'a demandé de reproduire ici.

Alors, en vérité, que penser des officiers qui ont signé un procès-verbal aussi grossièrement inexact, si vilainement mensonger?

(On entend bien que je me place dans le système actuel de M. de Boisandré. Je ne saurais, pour ma part, accuser, sans preuve, ces officiers de tant de fourberie ou de tant d'imbécillité.)

Oui, qu'en faut-il croire ?

Ces officiers sont-ils, tous les cinq, aussi sourds que Roget?

Ou seraient-ce cinq faussaires, cinq émules d'Henry, du glorieux Henry à qui la *Libre Parole* a élevé le magnifique monument qui a fait la stupeur du monde?

J'enferme M. de Boisandré dans ce dilemme.

Moi, je tiens ces cinq officiers pour des hommes d'une loyauté irréprochable, d'un grand courage. Ce sont eux qui ont chassé Esterhazy de l'armée. Ils n'ont pas tremblé devant les foudres de la *Libre Parole*. Ils n'ont voulu connaître que leur devoir, obéir qu'à leur conscience. Sans eux, ce misérable souillerait encore de sa présence l'armée française. Il porterait encore l'uniforme et la croix d'honneur. Qui sait? il serait encore l'ami « avoué » de Drumont !

Mais personne n'ignore que je ne suis qu'un sale juif, qu'un « sans patrie », un ennemi de l'armée!

IX

Rien de plus simple, cependant, que la solution de ce petit problème.

Le 24 et le 27 août 1898, Drumont voulait sauver Esterhazy, son ami et collaborateur Esterhazy. Dès lors, il écrivait lui-même dans son journal, et des collaborateurs dociles répétaient après lui, qu'Esterhazy avait toujours agi par ordre, qu'il avait été accrédité près de la presse comme le délégué de ses chefs.

Aujourd'hui qu'Esterhazy est définitivement noyé, Drumont qui ne veut plus l'avoir connu, n'est préoccupé que de sauver les chefs d'Esterhazy, ceux-là même qu'en août 1898, il cherchait à compromettre et qu'il menaçait de ses révélations. Dès lors, il est « idiot » de dire qu'Esterhazy ait été accrédité par ses chefs; Esterhazy n'était qu'un solitaire.

Mercier a dit d'Esterhazy, au procès Zola, qu' « il avait le physique de l'emploi », — de l'emploi de traître.

C'est sur cette bonne mine que Drumont l'a accueilli, lui ouvrant son journal, chantant ses louanges!

Qui croira cela?

Quand Drumont, l'année dernière, a fait mine, un certain jour, de lâcher Boisdeffre, j'ai plaint Boisdeffre.

Je le plains, aujourd'hui, bien davantage.

COMME ILS ÉCRIVENT L'HISTOIRE

16 janvier 1900.

M. Galli consacre, dans la *Revue Hebdomadaire*, un article à M. Déroulède :

« Mis en présence l'un de l'autre, écrit M. Galli, Gambetta et Déroulède se reconnurent et se comprirent. »

J'ignore si Gambetta avait rencontré Déroulède sous l'Empire ou pendant la Défense Nationale ; mais voici ce dont je suis certain :

Le 24 juin 1878, Gambetta présidait, au théâtre de Versailles, le banquet commémoratif de la naissance du général Hoche ; il y prononça l'un de ses plus beaux discours.

Je faisais partie de la rédaction de la *République française*; M. Déroulède me pria de le présenter (ou de le représenter) à Gambetta. Ce que je fis.

M. Déroulède avait laissé passer les années les plus difficiles de la République sans rechercher Gambetta. Je ne lui en fais pas un reproche ; je constate un fait.

M. Galli raconte ensuite que « c'est grâce à M. Déroulède que le général de Miribel fut nommé, par Gambetta, chef de l'État-major général ».

M. Déroulède a pu parler du général de Miribel à Gambetta, mais ce ne fut point sur la recommandation de M. Déroulède que Gambetta et le général Campenon, ministre de la guerre, arrêtèrent leur choix sur le général de Miribel.

Il faut n'avoir connu ni Gambetta ni Campenon pour risquer une pareille anecdote.

Enfin, M. Galli fait ce récit :

« Le hasard ayant mis un jour Déroulède en présence du duc d'Aumale, celui-ci, qui ne dissimulait pas son estime pour l'organisateur de la Défense Nationale, exprima le regret de ne plus faire partie de l'armée. L'interlocuteur du prince ne manqua pas de lui demander s'il accepterait une réintégration. « Je rejoindrais mon poste », répondit, ou à peu près, le duc d'Aumale.

« Cette réponse, transmise par Déroulède à Gambetta, souleva les protestations passionnées du fameux entourage, dans lequel s'étaient glissés plusieurs généraux, anciens courtisans du duc d'Aumale. L'un d'eux, dont le passé n'était cependant rien moins que républicain, avait trouvé moyen de s'introduire près de Gambetta et de pénétrer fort avant dans son intimité ; il renseignait le président du Conseil et il espérait, par lui, dominer l'armée et faire marcher les camarades. Déroulède connaissait cet officier au passé brillant, mais dont certains actes l'étonnaient. Il s'en expliqua avec lui très franchement.

« Mon cher, répondit cyniquement celui que nous nous contenterons de désigner en l'appelant : un futur ministre de la guerre, je suis pour qui me galonne ! »

Il n'y a qu'un tout petit malheur à cette histoire, c'est qu'à l'époque du ministère Gambetta (novembre 1881-janvier 1882), le duc d'Aumale était *Inspecteur d'Armée* et faisait partie du conseil supérieur de la guerre.

Le duc d'Aumale n'a donc pas pu exprimer à M. Déroulède le regret de ne plus faire partie de l'armée ; M. Déroulède n'a pas demandé à Gambetta d'y faire rentrer le duc d'Aumale ; le « fameux entourage » n'a pas eu à protester ; le général de Galiffet, qui était l'un des amis les plus intimes du duc d'Aumale, n'a point tenu le grossier propos qui lui est prêté.

J'ajoute que Gambetta eut, au mois de janvier 1882, l'idée d'envoyer le duc d'Aumale comme ambassadeur extraordinaire de la République au couronnement du tzar

Alexandre III. Il le dit, devant moi, à M. Léon Renault qui l'a souvent raconté.

C'est en sa qualité d'Inspecteur d'armée et de membre du conseil supérieur de la guerre, que M. le duc d'Aumale fut sollicité, le 3 janvier 1880, par le colonel Boulanger. Nommé général au mois de mai, Boulanger écrivit au duc d'Aumale la fameuse lettre qui se terminait par ces mots : « Béni serait le jour qui me ramènerait sous vos ordres ! »

Le 10 juillet 1886, Boulanger, alors ministre de la guerre, faisait rayer le duc d'Aumale des contrôles de l'armée.

PROSPER ALLEMAND

5 mars 1901.

Le docteur Prosper Allemand est mort subitement, hier, à l'âge de quatre-vingt sept ans. Il était excellent entre les meilleurs et le type même des républicains d'autrefois, d'une inaltérable fidélité à leur idéal et aux principes.

Il était de ces républicains bas-alpins qui, à la première nouvelle du coup d'État de Décembre, prirent les armes pour la défense de la Liberté. Ils s'insurgèrent pour le Droit à l'heure même où le Crime triomphait à Paris. Eugène Ténot a écrit l'histoire de leur héroïque tentative et de leur défaite.

Quand il lui fut permis de rentrer dans sa ville de Riez, il y reprit sa profession de médecin et l'exerça, avec une admirable passion du métier, pendant dix-huit ans. Lisez le *Médecin de campagne* de Balzac : c'était Prosper Allemand. Son activité, son dévouement, sa charité étaient inlassables. Jour et nuit en route, à pied ou à cheval, on ne l'appelait jamais en vain. La plupart des chemins des Basses-Alpes n'étaient alors que des sentiers, à travers des pays d'un accès difficile, montagneux, des éboulements de rochers. Il allait, sans souci de sa peine, et toujours alerte, toujours bon et toujours de belle humeur. Il acquit bientôt la réputation d'un maître-praticien. Il l'était, en effet, mais il était aussi un vrai savant, observateur pénétrant, de la race des grands physiologistes français. Sous son aspect simple de bon homme malicieux, il eût été, sur un autre théâtre, un grand homme. Mais il aimait son petit théâtre, la jolie vallée que traverse ce ruisseau au nom antique, la Colostre, le cercle de ses montagnes de Provence, bleues comme celles de la Grèce au soleil d'été, qui s'élèvent vers Moustiers-Sainte-Marie, la Palud et Castellane.

Il ne quitta ses chères Alpes que pendant quelques années, au lendemain de la guerre, quand la presque unanimité de ses concitoyens l'envoya, le 3 juillet 1871, à l'Assemblée nationale, sans qu'il eût fait acte de candidat. Il ne dépensa pas cent francs d'affiches pour son élection, ne tint pas une réunion, ne quitta pas sa campagne d'Allemagne, aux portes de Riez.

Le second Empire, comme le premier, avait fini — logiquement — dans l'Invasion, le démembrement. La race maudite des Bonaparte, une fois de plus, avait perdu la France. Aux jours les plus brillants de la fantasmagorie césarienne, le duc Victor de Broglie avait prédit ce dénouement : « Ces gens-là ramèneront les Prussiens à Paris ! » Je tiens le propos d'un témoin auriculaire. Maintenant, il s'agissait de reconstruire la maison détruite. Prosper Allemand fut l'un des bons ouvriers de l'œuvre républicaine.

Il n'était pas orateur, n'aimait pas à se mettre en avant ; mais il avait à la fois l'instinct et une intelligence supérieure de la politique. Il a passé les dernières années de sa vie dans une profonde retraite, loin des hommes, soignant son jardin et ses champs, ne lisant qu'un journal, pendant longtemps, la *République Française* et, depuis 1898, le *Siècle*. Cela lui suffisait pour connaître, pour deviner le fonds et le tréfonds de la politique. Celui qui savait l'écouter tirait de sa conversation les avertissements les plus profitables, de sûrs enseignements. De nouvelles générations avaient succédé à celles qu'il avait connues. Il connaissait ces hommes nouveaux comme s'il les avait fréquentés, chaque jour, dans les coulisses des assemblées faiseuses de lois. Il préférait les anciens, ceux qui étaient morts, mais il ne douta jamais ni de la France ni de l'avenir.

A l'Assemblée nationale, il soutint Thiers et marcha avec Gambetta. Au 24 mai, il retrouva ses juvéniles ardeurs de 51 ; plus tard, au 16 mai, il fut de la cohorte des 363. Puis, quand la victoire définitive eût été remportée, il fut récompensé de la part qu'il y avait prise par l'ingratitude de ses concitoyens. Cela se fit tout naturellement ; il y a peut-être une loi mystérieuse qui veut qu'il en soit ainsi. Parmi les hommes, plus jeunes, que le département des Basses-Alpes appela à la vie politique, des intelligences robustes et fines, ne firent pas défaut. Cependant, je ne crois manquer à la mémoire ni de Soustre ni de Bouteille en écrivant que les Basses-Alpes se fussent honorées en réservant un siège sénatorial au sage et sagace vieillard qui vient de s'éteindre.

Il accepta le destin sans murmurer, en bon voltairien qui ne se fait pas d'illusion sur les hommes, en stoïcien qui n'attache de prix qu'aux idées. Il continuait à être très consulté, à exercer une grande influence. Il fut, en 1889, l'un des promoteurs de ma candidature dans l'arrondissement de Digne. Il eut, en 1897, la grande joie de voir les électeurs sénatoriaux faire triompher la candidature de son fils. Il avait élevé son fils dans sa foi, dans ses croyances. Ce fut son fils qui fut nommé ; ce fut son nom qu'on acclama.

La grande crise morale de l'affaire Dreyfus le trouva, à quatre-vingts ans, solide au poste. Dès 1894, de son sûr instinct, il avait deviné quelque chose de louche dans cette mystérieuse histoire. Le soir, où il apprit la condamnation, il dit à un ami, sur la place publique de Riez : « On pourrait bien avoir condamné un innocent. » Pendant l'été de 1897, je le vois encore, un jour où nous nous promenions, tout tremblant et tout joyeux, quand je lui annonçai la découverte qu'avait faite Scheurer-Kestner, son vieil ami à l'Assemblée nationale, et sa résolution de poursuivre la revision de l'inique procès. Il suivit tout le déroulement du drame avec passion ; il fut l'un des premiers adhérents de la *Ligue pour la Défense des Droits de l'Homme et du Citoyen*. Quand je me présentai aux élections de 1898, bien sûr d'avance que j'allais à la défaite, — et mon seul étonnement fut d'obtenir encore près de douze cents voix ! — Prosper Allemand se jeta dans la bataille. Il écrivit alors une lettre publique qui me consola de bien des amertumes : « Les conquêtes de la Révolution, disait-il, sont attaquées, depuis plusieurs années, par des hommes qui veulent rétablir sous des noms à peine nouveaux, les castes d'autrefois, les classes abolies en 1789, et qui poussent aux guerres de religion. Tout ce qui vient de ces hommes est suspect. Il ne faut pas beaucoup de clairvoyance pour voir ce qui se cache sous leur masque. Vos représentants — il s'adressait à ses électeurs bas-alpins — vos représentants auraient dû résolument barrer la route à des tentatives de réaction ; ils s'apercevront trop tard qu'ils se sont mis à la remorque de leurs ennemis. » Et, parlant de moi : « On a tort de lui reprocher d'avoir obéi à sa conscience ; il faut toujours obéir, croyez-moi, à sa conscience. Je voterai pour lui. »

Il s'est éteint, lentement, sans maladie, sans souffrance. Son fils était à Paris ; j'ai reçu de lui cette dépêche : « Mon père est décédé subitement. Au moment de partir, je songe à vous qu'il a tant aimé... » Et, moi aussi, je l'ai beaucoup aimé. Et ce m'est un cruel regret d'avoir reçu cette dépêche trop tard pour prendre le train, pour pouvoir assister, aujourd'hui, aux obsèques de ce bon citoyen, de ce ferme et loyal républicain, là-bas, dans le petit cimetière, où il va retrouver celle qui fut la vaillante compagne de sa vie et de ses épreuves. Mais ma pensée sera avec son fils, avec tous les siens, avec tous ceux qui, l'ayant aimé et admiré, vont le conduire, après tant de luttes, au lieu de l'éternel repos.

CONTRE LA CALOMNIE

*Procès du colonel Picquart et de Joseph Reinach
contre l'Écho de Paris.*

Assignation

L'an dix-neuf cent, le vingt-quatre mars, à la requête de M. Joseph Reinach, demeurant à Paris, 6 avenue Van Dyck, lequel fait élection de domicile en sa demeure.

J'ai donné assignation à :

1º Monsieur F. Blanchard, gérant du journal l'*Écho de Paris*, aux bureaux dudit journal, 2, rue Taitbout à Paris, où étant et parlant à...

2º Monsieur E. Lepelletier, rédacteur à l'*Écho de Paris* aux bureaux dudit journal, 2, rue Taitbout à Paris, où étant et parlant à...

3º Messieurs les directeur, président et membres du conseil d'administration de la Société du journal l'*Écho de Paris* dont le siège social est à Paris, 2, rue Taitbout, où étant et parlant à...

A comparaître et se trouver le vingt-trois mai prochain à l'audience et par devant messieurs les président et juges composant la neuvième chambre du tribunal correctionnel de la Seine, au Palais de Justice, à Paris, onze heures du matin, pour :

Attendu que le journal l'*Écho de Paris* a publié en première page, colonnes 1 et 2, dans son numéro du mercredi 14 mars 1900, — lequel numéro, mis en vente à Paris, y a été exposé, vendu et distribué dans les lieux publics, — un article, signé de M. E. Lepelletier, intitulé : « Les Compères de l'amnistie », commençant par ces mots : « Les républicains nationalistes repoussent l'amnistie... » et finissant par ceux-ci : « ...En attendant qu'il croule sous les bulletins de vote ».

Attendu que le requérant, quelque habitué qu'il soit depuis longtemps aux violences d'une certaine presse, ne saurait laisser passer, sans protestation et sans poursuites, un article dont l'auteur le dénonce à plusieurs reprises comme « TRAITRE », cette injure étant la plus atroce de toutes celles qui peuvent être adressées à un citoyen ;

Attendu que ledit article contient, en outre de cette injure qui ne saurait être tolérée, d'autres outrages et d'autres imputations de nature à porter atteinte à l'honneur et à la considération du requérant ;

Qu'on y lit notamment les passages suivants :

« Les républicains nationalistes repoussent l'amnistie, perfide et honteuse que le gouvernement prépare, d'abord secrètement avec les compères Dreyfus, traître en chef, et *les sous-traîtres* Picquart, Reinach, Zola. »

« Cette amnistie des *traîtres*, qu'on veut nous imposer... où s'arrêteraient les traîtres non seulement assurés de l'impunité, mais visiblement félicités, consacrés, portés au pinacle ? L'*abominable faction* dreyfusarde est encore à demi-triomphante. »

« C'est un cordial pour les *traîtres* actuels. Si Picquart, Reinach et Zola venaient à bénéficier d'un oubli, d'un pardon définitif, comme vous les verriez se redresser le lendemain, eux aujourd'hui si *plats*, si *rampants*, et gonfler de nouveau leurs *vésicules de traîtres*, emplies de poison ! »

« Pour sauver notre *compère* Reinach, qui doit être reconnu coupable, nous allons l'englober dans une amnistie générale. Cet insulteur de morts, ce calomniateur de veuves et d'orphelins passera dans le tas et il ne sera plus question de ses mensonges, de ses turpitudes. »

« Ces hommes qui ont *fait tant de mal à leur pays*, ces complices de Dreyfus, partageraient donc le blanc seing définitif du traître ? C'est impossible ! Quelle que soit la puissance dont dispose la banque juive, et malgré l'entregent habile de Reinach et *des cosmopolites qu'il entretient* et *qu'il appâte à sa suite*, il est inadmissible que, dans un état civilisé, policé, ce *trio de scélérats* puisse échapper à la justice qui les réclame, en se dérobant avec la pirouette de l'amnistie ministérielle.

« Ils suent de peur à l'idée que l'amnistie pourra être refusée. »

. . . .

« Leur refus est prodigieux de *cynisme*. Ainsi, voilà des *aigrefins*, comme Reinach, Picquart et Zola qui, etc. . . . .

« Ils font pousser, par leurs complices, de feintes protestations contre cette amnistie qui est pour eux le salut, le triomphe et l'apothéose finale des *traîtres*.

« Ce dernier dépasse en aplomb et en cynisme ses *complices*, Reinach, Picquart et Zola, en feignant de vouloir être jugés, glissent sur leurs façons singulières d'obtenir jugement jusqu'ici. »

. . . .

« Une amnistie pour Dreyfus et ses aides, une amnistie pour les *bourreaux de la patrie*, et dont seraient logiquement exclus les patriotes..., etc. »

Attendu que les passages sus énoncés contiennent des injures publiques et des diffamations, délits prévus et punis par les articles 23, 29, 32, 33, 42 et 45 de la loi du 20 juillet 1881;

Qu'il y a lieu, en conséquence, de déclarer le sieur Blanchard comme auteur principal, en sa qualité de gérant du journal l'*Écho de Paris*, et le sieur E. Lepelletier comme complice des délits d'injures publiques et diffamation et de les condamner aux peines dont l'application sera requise par le ministère public;

Attendu, en outre, qu'aux termes de l'article 44 de la loi du 29 juillet 1881, les propriétaires des journaux sont responsables des condamnations prononcées contre les personnes désignées aux articles 42 et 43 de ladite loi, conformément aux dispositions des articles 1382, 1383 et 1384 du Code civil;

Attendu qu'il y a lieu pour le requérant d'appeler en cause MM. les directeur, président et membres du conseil d'administration de la Société du journal *L'Écho de Paris* et et de les faire déclarer civilement responsables des condamnations à intervenir contre M. Blanchard, gérant, et M. Lepelletier, auteur de l'article incriminé;

Par ces motifs :

S'entendre : le sieur Blanchard, comme auteur principal en sa qualité de gérant, et M. E. Lepelletier comme complice, déclarer coupables des délits d'injures publiques et de diffamation et s'entendre en conséquence condamner aux peines dont l'application sera requise par le ministère public ;

Et, à titre de réparation pour le préjudice causé au demandeur, aux dommages-intérêts et aux insertions du jugement à intervenir qui seront fixés à l'audience ;

S'entendre en outre, la Société du journal l'*Écho de Paris*, en la personne de ses directeur, président et membres du conseil d'administration, déclarer civilement responsable des condamnations pécuniaires qui seront prononcées en principal, intérêts et frais contre lesdit sieurs Blanchard et E. Lepelletier à payer au requérant le montant des dites condamnations en principal, intérêts et frais ;

S'entendre enfin, lesdits prévenus et les assignés comme civilement responsables, condamner sous la même solidarité en tous les dépens.

Une assignation analogue fut envoyée, à la même date, contre les mêmes, au nom du colonel Picquart.

AUDIENCE DU 23 MARS 1900.

(Compte-rendu sténographique des débats.)

Me Bazire. — Monsieur le Président. Me Chenu vient de perdre son père hier ; dans ces conditions...

Me Labori. — Me Chenu a perdu son père il y a quelques jours. En présence de cette raison, je déclare tout de suite que je m'incline...

M. Edmond Lepelletier. — Il y a d'abord cette raison, mais ceci est pour l'avocat. Il y en a une autre que je ferai valoir pour demander une remise, et une remise à trois mois ; c'est la raison suivante : il y a un procès intenté par Mme Veuve Henry à M. Joseph Reinach. Il y a une maxime qui dit que le criminel prime les autres juridictions. Je crois que le Tribunal ne peut refuser à un journaliste, attaqué en diffamation, dans une affaire qui est si touffue, si compliquée, qui a passé par tant de phases diverses, d'attendre qu'une autre affaire, qui est la même et qu'on nous promet d'enterrer définitivement, soit jugée.

Je ne veux pas discuter au fond, mais mon procès se rapporte à l'affaire Dreyfus, à cette affaire qu'on veut faire disparaître, ensevelir comme l'a dit le président du Conseil, à la séance de la Chambre hier. Le Tribunal ne se trouve pas en présence d'une demande d'ajournement ordinaire ; nous ne croyons pas que lorsque le Tribunal jugera avec les pièces que nous apporterons, il jugera contre nous. Mais le Tribunal doit nous permettre de produire tous nos arguments, et ces arguments sont dans le dossier de la Cour d'assises. Je demande donc une remise à trois mois et je demanderai ensuite une autre remise à trois mois, si l'affaire Henry n'est pas jugée, ou si l'affaire Dreyfus n'est pas finie.

M. le Président. — Je vais répondre d'abord à la première partie de vos observations. Quant à ce qui est relatif à la remise, elle s'impose dès à présent ; mais pour le délai que vous sollicitez, il est trop prolongé. Si vous le demandez, en effet, pour avoir communication des documents qui se trouvent dans le dossier de la cour d'assises, vous pouvez en demander communication au ministère public dès maintenant.

M. le Substitut. — Il y a quelque chose de bien simple à faire tout d'abord, c'est que MM. les journalistes cessent leurs diffamations. Ce serait le meilleur moyen...

M. Lepelletier. — Il n'y a pas seulement une communication de pièces à faire ; il nous faut aussi savoir ce que la cour d'assises décidera.

M. le Président. — Nous ne pouvons être tenus en échec parce que la cour d'assises n'a pas statué.

M. Lepelletier — Les procès au criminel emportent remise des affaires correctionnelles...

Mᵉ Labori. — Je demanderai au Tribunal la permission, étant donnée la question soulevée par M. Lepelletier, de répondre en quelques mots. Le Tribunal a vu que j'avais pris la parole pour m'incliner devant une demande de remise motivée par la situation personnelle de Mᵉ Chenu. S'il s'agit de cette raison, je n'ai rien à dire ; je me bornerai à demander au Tribunal de vouloir bien remettre, non pas à trois mois, ni même à trois semaines, mais à huitaine. Je connais la jurisprudence de ce Tribunal, je l'honore et je la respecte. Le Tribunal, à coup sûr est au-dessus de mon appréciation, il me pardonnera pourtant de la lui faire connaître.

J'estime que tout le monde dans ce pays, et le bon renom de la justice elle-même, aurait à gagner à ce que cette jurisprudence fût généralisée. Ce n'est pas M. Lepelletier qui me contredira sur ce point, si j'ajoute surtout que l'article dont nous demandons aujourd'hui réparation est un article qui nous accuse de vouloir l'amnistie tout en demandant qu'elle ne soit pas prononcée.

Mais c'est à un autre point des observations de M. Lepelletier que j'ai à répondre. M. Lepelletier a été jusqu'à prendre des conclusions verbales, car ce sont bien des conclusions...

M. Lepelletier. — Parfaitement.

M⁰ Labori. — Le Tribunal comprend que, dans ces conditions, j'ai absolument besoin de répondre.

Je ferai remarquer tout d'abord que le nom de M. Reinach n'avait pas été prononcé, avant l'intervention de M. Lepelletier, dans cette première affaire. Il ne l'avait même pas été par M. l'huissier audiencer, puisqu'il s'agit ici de l'affaire Picquart; et c'est M. Lepelletier qui, le premier, a prononcé ce nom suivant un procédé que nous voyons constamment pratiqué aujourd'hui non seulement dans la presse mais encore, paraît-il, dans le prétoire, et qui, s'il ne le faisait sourire, pourrait flatter M. Joseph Reinach, qu'on traite à tout propos comme s'il était, à lui tout seul, le gouvernement de la France.

Il s'agit de l'affaire Picquart, et si les deux procès, je le reconnais, sont connexes, c'est que M. Edmond Lepelletier a cru devoir, — dans un intérêt qu'on comprend quand on le voit aujourd'hui se prévaloir de l'affaire de Mme Veuve Henry contre M. Joseph Reinach, — associer dans ses attaques le nom de M. Reinach au nom du colonel Picquart...

J'entends bien que tout à l'heure on va appeler l'affaire Joseph Reinach et que M. Lepelletier peut dire : mais puisqu'on va appeler l'affaire Reinach, qu'importe qu'il s'agisse ici seulement de l'affaire Picquart, si c'est la même affaire. Soit, je m'expliquerai donc immédiatement.

M. Lepelletier nous oppose que si, lorsqu'il est diffamé, M. Reinach est très pressé d'obtenir justice, il est fort patient lorsqu'il est diffamateur et poursuivi. Voilà bien l'objection. Je répondrai, Messieurs, simplement, que M. Reinach n'est pour rien dans les remises qui ont été ordonnées depuis huit mois. Les remises, les ajournements avaient leur raison d'être avant le procès de Rennes, quand on pouvait espérer que l'apaisement allait sortir enfin de ce procès, après qu'un débat loyal et complet se serait déroulé. Mais depuis la sentence du 9 septembre 1899 les remises ne peuvent plus se justifier. En ce qui concerne M. Reinach, elles ont été prononcées contre lui : il n'a cessé de protester contre elles.

Je me suis tu, Messieurs, pour ma part, m'étant toujours fait une règle absolue de ne parler qu'à la barre, et puisque c'est à la barre que les conclusions de M. Lepelletier m'obligent à prendre aujourd'hui la parole, j'entends ne pas laisser passer l'occasion de protester contre ces remises, comme l'a fait M. Reinach lui-même, de protester en son nom et en mon nom personnel, contre ce que je considère comme un des pires abus auxquels nous ayons assisté depuis deux ans. J'y vois un déni de justice.

Je crois qu'ici l'argument de M. Lepelletier ne porte pas. Nous sommes devant une chambre où j'ai le droit de penser que l'appréciation du Tribunal est la même que la mienne, puisqu'à plusieurs reprises il a retenu des affaires à propos desquelles on pouvait invoquer, pour obtenir une remise, les mêmes raisons qu'aujourd'hui.

J'invoque d'ailleurs, devant le Tribunal, un autre argument.

Nos adversaires parlent continuellement d'apaisement. Disons-en donc un mot. L'apaisement est-il possible? L'apaisement va-t-il se faire? Et s'il ne se fait pas, qui donc y mettra obstacle?

Du jour où le cabinet du 23 juin est arrivé aux affaires, on a pu croire qu'avec lui l'affaire Dreyfus resterait désormais purement judiciaire. Tout au contraire et plus que jamais la politique a pesé sur elle. Sur la sentence de Rennes elle-même, Messieurs...

M. le Président. — M° Labori...

M° Labori. — Monsieur le Président, je suis en plein dans la question. Vous voyez que je dis toutes choses avec une modération extrême. L'affaire dont vous êtes aujourd'hui saisis, ne provoque la fin de non-recevoir soulevée par M. Lepelletier, que parce qu'il y rattache l'affaire Dreyfus tout entière. Sans doute, si les adversaires entrent dans la discussion, est-ce l'affaire Dreyfus qu'ils apporteront eux-mêmes à la barre. M. Edmond Lepelletier ne me contredira pas...

M. Edmond Lepelletier. — Du tout...

Me Labori. — Il ne faut donc pas craindre, Monsieur le Président, de regarder les choses en face ; elles ne sont le plus souvent dangereuses que parce qu'on n'ose pas les regarder. Lorsqu'on les regarde bien franchement, d'ordinaire les fantômes s'évanouissent. Mes paroles sont pleines de respect pour tout le monde. On m'a taxé souvent de violence. Ma violence, depuis deux ans, n'a jamais été que la force de la vérité. Aujourd'hui même je m'abstiendrai d'entrer, si peu que ce soit, dans l'examen des faits. Je maintiens mes observations sur le terrain étroit des conclusions auxquelles j'ai l'honneur de répondre.

Si la phase judiciaire de l'affaire Dreyfus est close, — provisoirement, tout au moins, — plus que jamais sa phase politique reste ouverte. Et j'ajoute, — c'est le seul mot que je veuille dire à cet égard, — que sur la sentence de Rennes elle-même, en dépit des débats qui ont duré près de six semaines, la politique a fait son œuvre, puisque, par suite d'une série de négociations auxquelles je ne me suis jamais associé, et desquelles comme avocat je me dégage, la défense, non pas seulement à la dernière heure, — car ce n'est pas devant un Tribunal qu'il est nécessaire de dire ce que vaut, au dernier moment, une plaidoirie, — le plus souvent elle sert à bien peu de chose, — mais encore à chaque instant du débat, la défense a été en partie paralysée.

Depuis ce jour-là, Messieurs, il appartient aux hommes d'État d'achever l'œuvre dont ils ont désormais, qu'ils le sachent bien, assumé toute la responsabilité.

M. Lepelletier a fait allusion au débat d'hier à la Chambre. Le Tribunal me permettra d'y faire allusion à mon tour.

Que fait-on ? On décrète l'apaisement par une mesure qui apparaîtra à l'avenir comme un pas de plus vers la banqueroute de la justice et de la moralité nationale. L'avenir dira, Messieurs, si l'apaisement peut se faire autrement que par la loyauté des paroles et des attitudes, et s'il peut être assuré par les demi-mesures et par l'équivoque.

Les citoyens peuvent garder leur sentiment personnel, — et l'avocat n'est qu'un citoyen ; — ils peuvent s'émouvoir de ce qu'ils voient, s'inquiéter des erreurs commises, s'affliger des périls nouveaux qu'on prépare ; mais il n'appartient à personne de leur donner les apparences et la posture menteuse d'agitateurs.

Si les adversaires veulent l'apaisement, qu'ils s'y prêtent d'abord, et ici, je suis tout à fait d'accord avec M. l'avocat de la République. Il suffit de lire l'article de M. Lepelletier pour apprécier leurs procédés et leurs intentions. Ils veulent, disent-ils, que l'affaire Dreyfus soit terminée. Qu'est-ce que cela veut dire pour eux ? Cela veut dire : nous en parlerons toujours, mais vous ne discuterez jamais, et nous ne cesserons d'écrire que vous êtes des traîtres et des complices de traîtres.

Eh bien, je dis, Messieurs, que si vous laissez s'introduire, se développer, s'aggraver ces mœurs c'en est fait de l'apaisement. Que messieurs les diffamateurs commencent. Qu'ils ne nous accablent plus à tout propos de je ne sais quelles accusations auxquelles, je leur fais l'honneur de le penser, ceux-là mêmes qui les portent ne croient pas; qu'ils ne ressuscitent pas chaque jour à plaisir contre nous l'affaire Dreyfus, alors que, sous prétexte de la terminer ils prétendent nous imposer le silence. Et s'ils ne veulent pas agir ainsi, que votre justice intervienne, qu'elle réprime les délits comme celui que constitue l'article dont nous demandons réparation. Peut-être est-ce ainsi qu'on fera faire un pas à l'apaisement. L'apaisement ! Je voudrais quant à moi le voir s'accomplir uniquement par la Justice, la loyauté et la franchise. Je le crois, autrement, bien difficile, sinon impossible. Mais la paix publique est un si grand bien que je ne me pardonnerais pas de faire un geste ou de prononcer une parole qui pussent me faire accuser de vouloir y mettre obstacle.

Je crois, Messieurs, que je me suis tenu à la modération que je vous avais promise ; je vous remercie d'avoir bien voulu me laisser la parole, et je crois que j'ai démontré qu'il était nécessaire que des attaques comme celle de M. Lepelletier fussent suivies immédiatement d'une sanction. Voilà pourquoi je voulais vous demander la retenue de l'affaire aujourd'hui. Mᵉ Chenu nous donne une excellente raison pour qu'elle soit renvoyée. Que Mᵉ Chenu demande pour lui trois semaines s'il le faut, — bien qu'au premier abord cela me parût beaucoup, — j'y consens? Mais s'il s'agit d'ajourner le débat à une date lointaine pour les raisons qu'a fait valoir tout à l'heure M. Lepelletier, je supplie le Tribunal, en considération des motifs que je viens d'avoir l'honneur de développer devant lui, de ne pas y faire droit.

M. Edmond Lepelletier. — Le Tribunal a entendu une véritable plaidoirie au fond, plaidoirie prononcée avec le talent et la conviction profonde qui animent Mᵉ Labori. Je ne m'y attendais pas; je venais ici simplement pour une demande de remise, que je pensais devoir être accordée, et je ne croyais pas avoir à répondre à une de ces phrases éloquentes. Mᵉ Labori, agitant, brandissant l'article de journal déféré à votre justice, déjà demandait une condamnation contre moi. Je ne plaiderai pas au fond, je le répète, je me bornerai à déposer des conclusions d'exception ainsi formulées : attendu qu'une affaire pendante devant la cour d'assises, Reinach veuve Henry, domine absolument le débat introduit par Reinach...

M. le Président. — Si vous voulez que le Tribunal statue sur vos conclusions, il faut les déposer; le Tribunal pourra alors prendre une décision.

M. Edmond Lepelletier. — Je demande le renvoi par ce motif que le criminel est saisi et je ne m'attarde pas à discuter le fond. Je le discuterai quand le Tribunal aura à statuer.

Mᵉ Bazire. — Messieurs, nous demandons le renvoi non pas seulement par la raison donnée par Mᵉ Chenu, pour justifier son absence de la barre; mais le Tribunal pourrait remettre à huitaine seulement pour déposer les conclusions sur le point développé par M. Lepelletier.

Mᵉ Labori. — L'affaire sera donc remise à huitaine pour discuter sur l'incident. Mais j'indique quelle sera la situation à huitaine; il est évident qu'à cette date, la raison invoquée aujourd'hui par Mᵉ Chenu, pour la remise, n'existera plus; et alors je demanderai la discussion au fond...

M. Edmond Lepelletier. — C'est entendu; du reste

Mᵉ Chenu représentera l'*Écho de Paris*; moi, je plaide pour moi-même.

M. le Président. — Si vous le voulez, sans attendre à huitaine, vous pouvez poser des conclusions immédiatement.

M. Edmond Lepelletier. — Oui...

Mᵉ Labori. — C'est votre avocat qui demande huitaine...

M. Edmond Lepelletier. — Le Tribunal prononcera dès que les conclusions seront déposées.

A la reprise de l'audience, l'avocat de M. Lepelletier dépose des conclusions tendant à « surseoir à statuer sur l'assignation délivrée par MM. Picquart et Reinach »; et, après une courte délibération, le tribunal rejette les conclusions et renvoie l'affaire à quatre semaines pour être plaidée au fond.

∴

La neuvième Chambre, dans les audiences du 21 et du 28 juin 1900, fit entièrement droit aux demandes du colonel Picquart et de M. Joseph Reinach.

L'*Écho de Paris* et M. Lepelletier furent condamnés par défaut : 1° envers le colonel Picquart en cent mille francs de dommages-intérêts et vingt-cinq insertions du jugement; 2° envers M. Joseph Reinach en un franc de dommages-intérêts, trois insertions consécutives de jugement, en première page, dans l'*Écho de Paris*, et cent insertions dans la presse de Paris et de province.

DÉNI DE JUSTICE

Requête.

L'an mil neuf cent et le vingt-deux novembre,

A la requête de :

1° M. Georges Picquart, lieutenant colonel en réforme, demeurant à Paris, 3, rue, Yvon-Villarceau;

2° M. Joseph Reinach, demeurant à Paris, 6, avenue Van-Dyck;

Pour lesquels domicile est élu en leur demeure,

J'ai :

Dit et déclaré à Monsieur Bidault de l'Isle, conseiller à la

Cour d'appel de Paris, en sa qualité de membre de la Chambre des appels de police correctionnelle, faisant fonction de président de la dite Chambre et ayant présidé notamment les audiences des jeudi 18 octobre et jeudi 22 novembre 1900 ;

En la personne de maître Lot, greffier à la dite Cour, en son greffe, sis à Paris, au Palais de Justice :

Que le journal l'*Écho de Paris*, dans son numéro du 14 mars 1900, a porté contre les requérants l'imputation la plus grave qui puisse être dirigée contre un citoyen, les traitant à plusieurs reprises de « traîtres » ;

Que les pouvoirs publics aussi bien que l'opinion sont d'accord pour reconnaître que la répression de la diffamation ne s'est jamais imposée avec un caractère plus impérieux qu'à l'heure actuelle ;

Que pour aucune considération d'ordre général ou politique le cours régulier et normal de la justice ne peut être suspendu ;

Que mes requérants entendent agir de tous les droits qui leur sont conférés par la loi et qu'ils entendent conformer leurs actes à leurs principes ;

Que le Tribunal correctionnel de la Seine, à la date des 20 et 27 juin, a prononcé contre M. Blanchard, gérant de l'*Écho de Paris*, et contre M. Lepelletier, des peines qui impliquent de la part de la juridiction saisie, et la reconnaissance du bon droit des plaignants et la nécessité sociale d'en finir avec la diffamation ;

Que les défendeurs ont interjeté appel de ce dernier jugement et que l'affaire a été appelée pour la première fois devant la Cour (Chambre des appels de police correctionnelle) le jeudi 18 octobre 1900 ;

Que M. le président Bidault de l'Isle, sur l'insistance des requérants à obtenir audience, a renvoyé provisoirement l'affaire au 31 octobre, avertissant d'ailleurs les parties en cause qu'à cette date l'affaire serait de nouveau renvoyée, mais cette fois pour les plaidoiries, au jeudi 22 novembre 1900 ;

Qu'à l'audience du 22 novembre M. le président Bidault de l'Isle, malgré la nouvelle insistance des requérants, a ajourné l'affaire au 17 janvier 1901, sans en donner des motifs ;

Que l'affaire est « en état et en tour d'être jugée », aux termes de l'article 506 du Code de procédure civile ;

Que cette nouvelle remise, à un jour d'ailleurs très éloigné, est préjudiciable aux intérêts des requérants et que les nécessités de l'audience ne sauraient la justifier ;

Que la date du 17 janvier 1901, alors surtout que l'affaire aurait pu être plaidée aujourd'hui, ne saurait être présentée comme celle de la plus prochaine audience utile ;

Pourquoi j'ai, huissier susdit et soussigné, prié et requis « pour le première fois » M. Bidault de l'Isle, conseiller à la Cour d'appel de Paris, pris en la même qualité que dessus, et en la personne de M° Lot, greffier à la même Cour, en son greffe, au Palais de Justice où étant et parlant à lui-même ;

De, dans le plus bref délai possible, et, en tous cas, dans le délai de huitaine,

A l'expiration duquel les requérants se réservent de lui faire signifier, conformément à l'article 507 du Code de procédure civile, une deuxième réquisition tendant aux mêmes fins que les présentes, — fixer la plus prochaine audience pour que M. le procureur général et eux-mêmes y fassent citer les prévenus et pour que l'affaire dont s'agit y soit appelée à son rang.

Deuxième requête.

L'an mille neuf cent et le premier décembre,

A la requête de :

1° M. Georges Picquart, lieutenant-colonel en réforme, demeurant à Paris, 3, rue Yvon-Villarceau ;

2° M. Joseph Reinach, demeurant à Paris, 6, avenue Van-Dyck,

Pour lesquels domicile est élu en demeure et en mon étude ;

J'ai, Albert Bétry, huissier à Paris :

Dit et déclaré à M. Bidault de l'Isle, conseiller à la Cour d'appel de Paris, en sa qualité de membre de la Chambre des appels de police correctionnelle faisant fonction de président de la dite Chambre et ayant présidé notamment les audiences du jeudi 18 octobre et jeudi 22 novembre 1900 ;

En la personne de M⁰ Lot, greffier à la dite Cour en son greffe, sis à Paris, au Palais de Justice ;

Que la requisition des requérants signifiée le 22 novembre dernier et tendant à obtenir de M. le conseiller Bidault de l'Isle la fixation d'une audience plus rapprochée que celle du 17 janvier 1901, pour les affaires des requérants, contre l'*Écho de Paris* et M. Lepelletier y être appelées à leur rang est demeurée sans effet ;

Que les requérants se voient donc dans la nécessité de la renouveler conformément aux dispositions de l'article 507 du code de procédure civile ;

Que leur demande est d'autant plus justifiée qu'à l'audience du 18 octobre 1900, M. le conseiller Bidault de l'Isle, en avertissant les requérants que leurs affaires étaient remises provisoirement au 31 octobre pour être à nouveau renvoyées au 22 novembre, avait pris l'engagement qu'elles seraient plaidées à cette date ;

Que, si à la vérité l'audience du 22 novembre a été occupée par une autre affaire, celle-ci avait été renvoyée à cette audience comme affaire commencée postérieurement à l'engagement pris par M. le conseiller Bidault de l'Isle ;

Que M. le conseiller Bidault de l'Isle ne saurait légitimement refuser d'accorder aux requérants la fixation qu'ils demandent, sous prétexte de l'encombrement du rôle ; que telle n'a pas été en réalité la raison du renvoi du 17 janvier 1901, et que les requérants font appel sur ce point à la loyauté de M. le conseiller Bidault de l'Isle lui-même, lequel, ils n'en sauraient douter, ne manquera pas de le reconnaître ;

Qu'il est manifeste que c'est uniquement à raison du projet d'amnistie pendant devant le Parlement que cette remise a été prononcée ;

Que, dans ces conditions, les requérants croient devoir insister à nouveau auprès de M. Bidault de l'Isle, pour obtenir que leurs affaires contre l'*Écho de Paris* et M. Lepelletier soient portées à la plus prochaine audience, ou bien pour y être plaidées, ou bien tout au moins pour que les requérants se trouvent mis en mesure de saisir la Cour d'un incident contentieux au sujet de la fixation qu'il y a lieu de leur accorder ;

Pourquoi j'ai, huissier susdit et soussigné, prié et requis

« pour la deuxième fois » M. Bidault de l'Isle, conseiller à la Cour d'appel de Paris, pris en la même qualité que dessus et en la personne de M⁰ Lot, greffier à la même Cour, en son greffe au Palais de Justice,

De fixer la plus prochaine audience, pour les affaires dont s'agit y être appelées et les prévenus y être cités par les soins de M. le procureur général.

∴

Le vote de l'amnistie interrompit la procédure entreprise par le colonel Picquart et M. Joseph Reinach.

LE PROCÈS HENRY

Audience du 3 décembre 1900.

Le procès intenté à M. Joseph Reinach par Mme Veuve Henry (1) revint devant la Cour d'assises de la Seine le 3 décembre 1900.

Au début de l'audience, M. Rambaud, avocat général, présente des réquisitions tendant à l'incompétence de la Cour. L'organe du ministère public soutient que Mme Henry, étant elle-même détentrice de l'action, « c'est sa personnalité qu'il faut envisager pour fixer la juridiction compétente ».

L'avocat de Mme Henry, Me de Saint-Auban, combat la thèse de l'avocat général.

Me Labori, défenseur de M. Joseph Reinach, s'exprime en ces termes :

Plaidoirie de Me Labori.

Messieurs,

S'il y a quelqu'un qui doit avoir ici la parole, c'est le revenu, — surtout après la plaidoirie de Me de Saint-Auban. Il importe que je lui réponde, rapidement je m'y engage, d'une manière complète, je m'y engage également.

De sa plaidoirie, je fais deux parts.

(1) Voir *Tout le Crime*, Appendice, p. 573.

D'un côté, je mets les injures qu'il adresse à M. Joseph Reinach; de parti pris, je les néglige.

De l'autre, je mets tout ce que Me de Saint-Auban vous a dit, et de l'attitude et des sentiments de Mme Veuve Henry, et surtout de l'attitude de M. Reinach. M. Joseph Reinach, dit-il, est un diffamateur audacieux, éhonté; lâche encore par surcroît, il recule devant le deuil, devant le deuil que d'ailleurs il n'hésite pas à insulter.

Ici, il importe que je m'explique.

Me de Saint-Auban parle de reculade. Laissez, Messieurs, l'affaire venir au fond, — je m'associe à lui pour vous le demander, je vais vous prouver que vous le pouvez, — laissez, dis-je, venir l'affaire au fond, et vous verrez si M. Joseph Reinach recule.

S'il faut que je m'explique sur l'attitude de M. Reinach depuis deux ans, il convient aussi que je vous parle à grands traits de la situation générale à laquelle le procès se rattache étroitement et qui ne peut pas aujourd'hui, quand vous allez être appelés à statuer, vous demeurer indifférente.

C'est ce que je veux faire et je le pourrai d'autant plus aisément que je m'attendais bien à l'intervention de M. l'avocat général. Non pas que j'eusse pu obtenir du Parquet le moindre renseignement, ni directement ni indirectement. Mais je sentais bien, par l'ensemble des choses, par tout ce qui se passe autour de nous, que si nous venions ici, ce serait pour y voir le ministère public soulever un incident. De quelle nature au juste? je ne le savais pas. Mais j'ai étudié avant de venir plus d'une question de droit et j'avais au besoin plusieurs argumentations à mon service.

Je n'ai pas pensé une seconde qu'on laisserait l'affaire s'engager au fond. Je le regrette, puisqu'on nous a laissé venir jusqu'ici; mais, comme il faut toujours se consoler par quelque chose, que rien n'y sert mieux que le droit, je me réjouis pourtant qu'on nous ait laissé venir à la barre.

J'en remercie, pour ma part, M. le Président et, s'il m'était permis de l'en louer et si la déférence que je lui dois ne m'en empêchait, je l'en louerais respectueusement.

A la vérité, je sais bien ce qu'on dira demain. On dira que le ministère public et M. Joseph Reinach étaient d'accord; Mᵉ de Saint-Auban ne l'a pas dit et je l'en remercie...

Mᵉ de Saint-Auban. — Et je ne le pense pas.

Mᵉ Labori. — Il ne le pense pas! J'espère qu'on reproduira cette parole. Mais d'autres l'ont dit : si vous lisez certains journaux qui ont paru hier ou avant-hier, vous le verrez en toutes lettres.

M. Joseph Reinach, dit l'un d'eux, a fait signifier dans la journée d'hier au procureur général sa liste des témoins qui contient 200 noms. Ces témoins ont reçu son assignation. Au Palais de Justice, comme au Palais-Bourbon, on n'en affirmait pas moins que l'affaire ne viendrait pas...

Dans un autre numéro du même journal, je lis ceci :

Le coquin — c'est de M. Joseph Reinach qu'il s'agit — joue d'ailleurs sur le velours... Il faut s'attendre à ce qu'il fasse le crâne, à ce qu'il proteste.

Ecoutez, Messieurs, la suite; elle est intéressante au moment où vous allez rendre votre arrêt :

Ce sera la magistrature qui, cette fois, couvrira Reinach pour lui éviter l'humiliation d'une nouvelle et suprême fuite dans le maquis.

Vous le voyez, Messieurs, c'est pour couvrir M. Reinach que s'est levé l'avocat général...

Et, pourtant, nous ne sommes pas d'accord, je l'atteste, et je vais l'établir. Mais, qu'importent les paroles! ce sont les faits qui demeurent et il ne me faudra pas beaucoup d'efforts pour les placer devant vous dans une lumière aussi éclatante que possible.

A mon tour, je dois jeter un coup d'œil en arrière. Sans vouloir aborder le fond, ni dire ici un mot qui puisse atteindre Mme Henry, il faut que je recherche, ou plutôt que j'essaie de me rappeler avec vous à quelle heure et dans quelles conditions ont paru les articles dont Mme Henry vous demande réparation; dans quelles conditions aussi ce procès a été ajourné, une première fois, à la fin de janvier 1899, et depuis, à plusieurs reprises.

C'est, il y a deux ans déjà, — le 26 novembre et le 6 décembre 1898, — que M. Joseph Reinach a écrit les deux articles aujourd'hui poursuivis. Certes, s'il était quelqu'un qui ne fût pas visé, c'est Mme Veuve Henry.

Vous n'avez pas oublié, messieurs, quel était alors l'état des esprits, quelles polémiques de presse, et combien violentes, étaient engagées de toutes parts. M. Joseph Reinach qui pouvait bien, par son talent comme par la loyauté de son œuvre, se réclamer des droits de l'histoire, en faisant alors, on peut le dire, l'histoire, au jour le jour et quelquefois à tâtons, dans ses articles de journaux, Dieu sait s'il pensait à madame Henry! Tout ce qu'on peut dire, pour être scrupuleusement exact, c'est qu'il n'estimait pas que, quelque respectables que fussent ceux qui restaient derrière le lieutenant-colonel Henry, il eût, lui, quand il écrivait pour la vérité, à en tenir compte.

Sa surprise, Messieurs, fut extrême quand s'engagea une correspondance à laquelle tout à l'heure M° de Saint-Auban faisait allusion et qu'il est indispensable, pour l'honneur de M. Joseph Reinach, que je place sous vos yeux.

Le 7 décembre, en effet, Mme Henry, à la suite des deux articles dont je viens de vous entretenir, écrivait à M. Reinach ceci (je ne vous lirai que les parties essentielles de la lettre) :

> Monsieur,
>
> Au lendemain de la mort de mon pauvre mari, j'étais décidée à garder, quoi qu'il arrivât, le silence, à éviter tout bruit autour du nom que je porte; mais en présence de calomnies infâmes, il me devient impossible de contenir mon indignation et de ne pas protester.
>
> Vous avancez contre la mémoire de mon mari des allégations d'autant plus abominables qu'il n'est plus là pour y répondre et que je reste seule avec un enfant de quatre ans.

Ici Mme Henry fait allusion à un article qui avait été publié dans un journal autre que le *Siècle* et non par M. Joseph Reinach. Pour ménager vos instants, je passe. Ce que je retiens, c'est la réponse de M. Joseph Reinach :

> Je m'incline, dit-il au bas de cette lettre, devant la douleur profondément respectable de Mme Henry, mais sa lettre se trompe d'adresse...

Le fait précis qu'elle relève n'a été allégué dans aucun de mes articles ni dans aucun article du *Siècle*.

Mme Henry répond à M. Joseph Reinach avec une grande vivacité — et je la comprends :

> Monsieur,
>
> En réponse à ma lettre d'hier, vous dites ce matin : « Le fait précis qu'elle relève n'a été allégué dans aucun de mes articles et dans aucun article du *Siècle*. » Vous manquez singulièrement de mémoire. On lisait, en effet, dans votre article du 6 décembre : « Henry se met à l'œuvre avec Esterhazy. C'est pendant cette année que les deux traîtres et Schwarzkoppen firent leurs plus belles récoltes, Schwarzkoppen de renseignements, Henry et Esterhazy d'écus, près de cent mille francs.
>
> Vous êtes donc, si vous ne prouvez pas que mon pauvre mari a reçu de l'étranger la somme ci-dessus, le plus criminel, le plus odieux et le plus lâche des diffamateurs, sachant surtout que vous n'avez à craindre d'autre réponse que celle d'une femme.
>
> Quoi que vous fassiez, continuait Mme Henry, vous n'échapperez pas à la responsabilité que vous avez encourue, et je ne vous permettrai pas de vous dérober.

La pensée de Mme Henry était très claire. Voici ce que répond M. Joseph Reinach et j'imagine que l'on ne pourra qu'approuver le sentiment auquel il obéissait et la forme dans laquelle il l'exprimait :

> Tout le monde comprendra à quel sentiment nous obéissons en déclinant toute controverse avec la malheureuse signataire de cette lettre.
>
> La loi lui offre le moyen d'établir que le colonel Henry n'aurait pas été complice des trahisons du commandant Esterhazy, c'est de nous poursuivre en Cour d'assises, où la preuve est admise.

Voilà le point de départ du procès qui vous est soumis. M. Joseph Reinach, vous le voyez, reconnaît lui-même, proclame la compétence de la Cour d'assises ; — il me semble que ce n'est vraiment pas aux adversaires à le lui reprocher, — et c'est pourquoi il convient aujourd'hui, et vous verrez, Messieurs, que je le puis avec facilité, que je soutienne la théorie de droit que M. Reinach faisait sienne dans les lignes que je viens de lire, — peut-être sans penser au droit, préoccupé surtout de répondre à la demande de

Mme Henry, mais ayant cependant pour la justifier, vous le verrez, des raisons plus sérieuses que je ne l'eusse cru alors moi-même.

Quant à sa pensée et à son sentiment à l'égard de Mme Henry ce n'est pas seulement dans cette lettre qu'il les manifeste. Dans un livre que j'ai sous les yeux intitulé : *Tout le crime*, M. Joseph Reinach a réuni tous les articles qu'il a publiés sur le rôle particulier du lieutenant-colonel Henry. Il écrit au commencement de sa préface ceci, parlant du procès de Mme Henry :

J'aurais eu le droit de décliner cette rencontre judiciaire, parce que l'idée de ne pas considérer les fautes comme exclusivement personnelles ne pourrait venir qu'à des sauvages. Il n'y a pas une ligne sortie de ma plume qui puisse servir même de prétexte à une pareille calomnie... J'ai respecté toujours, je respecte profondément les malheurs immérités.

Pour la lettre de M. de Mun dont parlait tout à l'heure M⁰ de Saint-Auban, permettez, non pas que je vous la lise tout entière, elle est trop longue, mais que je place sous vos yeux le passage auquel M⁰ de Saint-Auban a voulu faire allusion :

Paris, le 13 janvier 1899.

Monsieur,

Dans une lettre que vous adressez à M. Coppée et que vous avez communiquée aux journaux, vous cherchez à justifier en ces termes votre participation à la souscription de la *Libre Parole* : « Vous avez très bien fait, écrivez-vous, de caractériser en termes précis, non seulement l'hommage de sympathie que nous avons offert à la malheureuse femme odieusement poursuivie dans sa douleur, mais aussi la protestation que nous avons ainsi voulu opposer une fois de plus à l'abominable campagne dirigée contre notre chère armée. »

Je ne vous permets pas, Monsieur, de dire soit que j'ai poursuivi une malheureuse femme dans sa douleur, soit que j'ai outragé l'armée. Le nom de Mme Henry n'a été prononcé par moi dans aucun des articles que j'ai consacrés à Esterhazy et à Henry. Insinuer le contraire, c'est outrager la vérité. J'avais, d'autre part, et j'ai encore, j'imagine, le droit d'écrire l'histoire. La liberté d'écrire l'histoire n'a pas encore été supprimée par les promoteurs de la liberté de l'enseignement.

Voilà donc, il faut le reconnaître, si, abandonnant le terrain juridique, on ne se place ici qu'au point de vue moral, M. Reinach singulièrement libre et dégagé vis-à-vis de Mme Henry.

Quant à Mme Henry, Messieurs, quelque spontané qu'ait pu être le sentiment qui l'a conduite à assigner M. Joseph Reinach, — j'ai trop de respect pour sa douleur pour me permettre un doute à cet égard, — elle est devenue ici, il faut en convenir, l'instrument de tout un parti. Vous savez, n'est-il pas vrai ? les passions et les haines qui se masquent derrière elle et qui s'y masquaient, j'allais dire davantage, non, elles étaient plus nombreuses, mais elles se masquaient moins, au mois de janvier 1898. Vous savez quel était le but du procès qu'on faisait alors et qu'on voulait à tout prix ouvrir devant la Cour d'assises. Il fallait, à l'heure où la Cour de cassation était saisie de la revision de l'affaire Dreyfus, déplacer le centre du débat, arracher l'affaire au milieu où elle se poursuivait tranquillement, rentrée enfin pour la première fois dans une phase vraiment judiciaire, devant une juridiction qui, à elle toute seule, s'il en était besoin, sauverait l'honneur et la réputation de la justice !...

Il n'en est pas besoin... Et c'est un bonheur, pour ceux qui ont été mêlés de près à toutes les épreuves de ces trois dernières années, de pouvoir se dire qu'il a fallu qu'avec les défauts inhérents à toutes les choses humaines, la justice française fût une institution admirable pour qu'elle ait pu traverser tant de vicissitudes et rester debout. Et elle est debout, entière. C'est messieurs, je le répète, avec une joie profonde que, dépassant peut-être ce que mon rôle privé et forcément modeste me permet, pour ma part, je le proclame.

Mais, s'il est une juridiction qui ait été admirable c'es bien, n'est-il pas vrai ? la Cour de cassation. Déjà, à trois ans de distance, elle apparaît avec le recul de l'histoire, et les figures de ses magistrats, qui rappellent les plus grands, prennent un saisissant relief.

Eh bien ! on voulait arracher l'affaire à la Cour de cassation ; on voulait l'amener ici, on voulait du moins essayer d'en déplacer le centre.

Ce jour-là, je vous le dis, moi qui tenais alors dans mes

mains beaucoup des ressorts de l'affaire dans son ensemble, moi qui, dans chacun des procès particuliers, et plus spécialement dans le procès de M. Joseph Reinach, ne me considérais que comme l'avocat de l'affaire Dreyfus, je n'ai jamais cru qu'il me fût permis de me prêter de près ou de loin à une pareille manœuvre.

Que devions-nous faire? J'ai pensé, et j'abandonne ma conduite à la discussion et à la critique, mais il me sera facile à toute heure de m'expliquer, pour ces deux raisons, qu'elle a toujours été à la fois loyale et une, — j'ai pensé que nous n'avions pas le droit de nous prêter à cette manœuvre, qu'il nous fallait laisser se poursuivre l'enquête là où elle se faisait, suivant le droit et suivant l'équité, et je me suis, je le dis hautement, je revendique toute ma responsabilité, mis en travers du procès.

Il m'a fallu lutter, n'en doutez pas, contre les résistances de M. Joseph Reinach. Aussi bien, une pareille attitude, quelque loyale et quelque sincère qu'elle fût, n'allait pas sans inconvénients graves et personnels pour lui. Il ne prévoyait que trop les attaques auxquelles il allait être en butte. Il savait bien qu'on lui dirait que non seulement il était un diffamateur, mais qu'il était un lâche, et il nous a fallu l'entendre aujourd'hui, sinon dans les termes, tout au moins dans la pensée, à cette audience même.

Et cependant, M. Joseph Reinach, avec un désintéressement auquel il faut rendre hommage, n'a point hésité à se rendre. Vous savez, je l'indiquais déjà il n'y a qu'un instant, quelles épreuves la justice devait avoir encore à traverser. L'une des plus scandaleuses et des plus déplorables de toutes, n'était-ce pas, je ne dis pas cette loi de dessaisissement, car il faut respecter la loi, mais ce dessaisissement qui, au surplus, n'enlevait à l'admirable chambre criminelle l'affaire dont elle était saisie que pour donner à la décision qu'elle allait rendre l'autorité des Chambres réunies de la Cour suprême? Mais si on faisait contre la justice les efforts dont vous avez été, messieurs, les témoins, ces efforts ne devaient point partir d'ici (Me Labori se tourne vers ses clients), ces efforts ne devaient point être notre œuvre. Et c'est pourquoi nous avons pris en 1800, au mois de janvier, l'attitude dont on vous parlait tout à l'heure et sur laquelle il était nécessaire que je m'expliquasse. J'ai peut-être le droit de dire, faisant aujourd'hui un rapide retour sur le passé, que si la légende a bien pu nous entourer de je ne sais quelle fausse réputation de violence, nous avons ce jour-là montré que nous étions des hommes de principe, mais aussi des hommes de prudence et des hommes de réflexion.

Après l'arrêt de Cassation, Messieurs, quelque hommage que je rende à la courtoisie de mes adversaires qui, en effet, ont bien voulu me déclarer qu'ils tenaient compte de l'état de maladie dont parlait tout à l'heure M⁰ de Saint-Auban...

M⁰ de Saint-Auban. — Mais vous fûtes guéri.

M⁰ Labori. — Je fus guéri et je vous remercie, mon cher ami. Je comprends très bien à quel sentiment vous avez obéi, et, encore une fois, je vous en remercie. Mais ce que mes adversaires me permettront de dire, et je suis convaincu qu'ils ne douteront pas de ma parole, c'est que si j'avais été debout, je serais venu à la Cour d'assises pour soulever une nouvelle exception.

Pourquoi? C'est qu'à ce moment, la situation était la même qu'au mois de janvier. Au mois de juin 1899, la Cour de cassation venait d'aboutir à la solution de l'affaire dont elle était saisie. Le 3 juin était rendu l'arrêt de la revision et après l'arrêt de la Cour de cassation ; ce qui naissait sous nos pas, c'était immédiatement les débats du procès de Rennes. Le centre du débat, comme je le disais tout à l'heure, qui était jusqu'au mois de juin 1899 à la Cour de cassation, où se trouvait-il alors porté ? A Rennes, et eût-on pu alors le porter ailleurs? A peine l'arrêt de Cassation était-il rendu que le capitaine Dreyfus rentrait en France. Il arrivait à Rennes le 1ᵉʳ juillet. Nous devions nous mettre en mesure, à tous les points de vue, de préparer l'affaire de Rennes, et vous sentez, messieurs qu'il était encore impossible et qu'il eût été à tous les points de vue contraire au respect qu'on devait à la justice, et plus particulièrement qu'à tout autre à la justice militaire, de venir ici ouvrir un débat qui n'eût pu être que tumultueux et stérile, au moment précis où tout le monde pensait que la discussion la plus large allait s'ouvrir à Rennes.

J'ai prononcé ce mot : le procès de Rennes. Ce n'est aujourd'hui, ici, ni le lieu, ni le temps d'en rien dire, sinon peut-être ceci — nécessaire pour que mon silence, au jour où on me donne la parole (car je suis de ceux qui pensent qu'il ne faut parler qu'à son heure et quand on est obligé de le faire) : nécessaire, dis-je, pour que mon silence ne puisse jamais être interprété contre nous par nos adversaires... — il n'y a rien à dire du procès de Rennes, sinon peut-être ceci : qu'il reste beaucoup à en dire et que l'avenir montrera, si mon jugement ne me trompe pas, quelle faute commettent ceux qui, maîtres du pouvoir, connaissant tout, responsables de beaucoup, donnent comme à plaisir de l'autorité à une sentence qu'ils déclarent « rendue » dans la plus complète indépendance des juges et « selon les formes de la justice » et qui contribuent ainsi inconsciemment, je veux le croire, mais non sans témérité, à accabler celui qui, s'il n'était innocent, les entraînerait dans sa honte, puisqu'ils se sont dits les amis de ses amis et qu'ils se sont politiquement, je ne dis pas autre chose, constitués ses défenseurs.

Après le procès de Rennes, les choses se modifient. Quelque fausse que fût la situation, et je viens de dire pourquoi elle était fausse, il fallait bien donner une solution à toutes les affaires connexes à l'affaire Dreyfus, et pour cela, messieurs, qu'y avait-il à faire? Il fallait faire une chose, suivant moi, bien simple : laisser la justice suivre son cours. Nous serions venus devant vous, Messieurs, devant MM. les jurés au mois de novembre 1899; tous ces procès se fussent alors plaidés, non plus dans les mêmes conditions qu'autrefois... Recommence-t-on ce qui a été fait? Peut-on, de part et d'autre, renouveler des efforts pareils et, s'il est bien certain que le découragement n'entre pas dans les âmes robustes, la lutte peut-elle s'engager deux fois dans les conditions où nous l'avons vue s'engager? Que si, Messieurs, on avait fait venir les procès, nous serions depuis longtemps... je ne veux pas dire débarrassés, et cependant c'est le mot qui me vient... en tout cas, nous n'aurions plus à propos d'eux les préoccupations qui nous assiègent.

C'est ainsi que nos amis ont compris les choses. Je ne parle pas seulement pour M. Joseph Reinach. Je parle pour M. le colonel Picquart, qui me pardonnera de parler en son nom. Je parle pour M. Émile Zola qui se renferme en ce moment dans un silence qui ne me paraît pas moins grand que sa parole et qui ne fait peut-être qu'en rehausser l'éclat. Tous, au lendemain du procès de Rennes, ils ont demandé qu'on les jugeât. Ils ne se sont point contentés de paroles. Ils ont affirmé leurs principes dans leurs actes. M. Joseph Reinach a publié des articles, il a écrit des lettres; mais il a fait mieux, il est allé, avec M. le colonel Picquart et M. Émile Zola, devant la commission d'amnistie pour y faire entendre sa protestation.

Comédie, a-t-on dit. Comédie aussi, j'imagine, cette audience. Comédie, ces paroles. Comédie, mes déclarations... Qu'importent, messieurs, de pareilles appréciations? Je dis que la démarche à laquelle je fais allusion était un acte! D'ailleurs, il en a été fait d'autres, et il en est d'hier, dont je puis m'exprimer ici en toute liberté, d'autant que je n'ai rien à dire qui ne soit plein de respect pour ceux à qui je m'adresse.

Je dis donc qu'il est des actes d'hier, et il faut que j'en parle, parce qu'on y a fait allusion. M. Reinach et M. le colonel Picquart ont, en commençant une procédure qui est, en principe, de la plus haute gravité, en même temps qu'ils demandaient à être jugés, constaté ce qu'ils considèrent comme un déni de justice... Il n'y a rien là, vous le sentez bien, de personnel pour l'honorable magistrat qui est en cause. Ce qu'a fait ce magistrat, d'autres l'ont fait. Ils l'ont fait, je n'en doute pas, suivant leur conscience. Mais, à une heure comme celle où nous sommes, chacun doit se placer dans l'attitude où son devoir l'oblige à se placer et il est parfois nécessaire, ne fût-ce que pour bien marquer la force des principes, de donner aux protestations qu'ils commandent la forme indispensable pour qu'il ne soit pas permis de douter de leur sincérité.

Je devais vous expliquer pourquoi le changement d'attitude de M. Reinach et comment il est bien naturel; pourquoi le changement d'attitude de ceux que j'ai nommés à côté de lui. Il me semble que je vous en ai dit assez, bien assez.

Et puisque je vous parle des protestations si répétées et si vives que, depuis un an et même un peu plus, M. Joseph Reinach, M. le colonel Picquart, M. Zola ont dû faire entendre, il faut bien, Messieurs, quoi que ce ne soit pas directement le sujet qui nous occupe aujourd'hui, que je vous dise un mot de ces deux projets d'amnistie auxquels nos pensées se reportent et qui, s'ils ne servent pas de raison à M. l'avocat général pour se lever à la barre et demander le renvoi, ont servi de motif, dans bien d'autres occasions, pour des ajournements du même ordre.

Je ne ferai pas à M. l'avocat général l'injure de dire que, s'il soulève ici une exception d'incompétence, c'est qu'au fond il croit bon de recourir à un moyen dilatoire. Je n'ai pas le droit de lui prêter un pareil sentiment; je ne puis voir dans le moyen de droit qu'il invoque ici et qui sera, je n'en doute pas, suivi d'un pourvoi si vous lui donnez tort, je n'y puis voir que l'expression d'un scrupule juridique de sa conscience, et je n'y vois pas autre chose.

Mais, M. l'avocat général aura beau faire, soyez sûrs que tout le monde n'imitera pas ma réserve, que beaucoup lui prêteront un autre sentiment et qu'on verra dans l'attitude du parquet un moyen plus ou moins ingénieux pour faire renvoyer cette affaire jusqu'à ce qu'il ait été statué sur les projets d'amnistie, dont je vous parle.

Au surplus ne faut-il pas s'étonner un peu de voir M. l'avocat général — et je vous montrerai tout à l'heure avec plus de précision, je crois, que ne l'a fait Mᵉ de Saint-Auban, que le parquet dans cette matière a des avis successifs, — que M. l'avocat général se lève pour soulever une exception dans une affaire où il n'est que partie jointe. Voilà déjà, n'est-il pas vrai? un premier sujet d'étonnement.

Il en est un autre: pourquoi donc le Ministère public se lève-t-il pour cela après deux ans?

Comment! voilà un procès que, pour des raisons politiques d'une sorte ou d'une autre, — il n'est pas de ma fonction de les discuter, — on a cru devoir ajourner pendant deux ans, et aujourd'hui le parquet se préoccupe de faire juger la compétence!...

Nous dira-t-on peut-être qu'on agit ainsi pour le cas où l'amnistie ne serait pas votée, afin que tout au moins la compétence soit jugée et que le procès puisse revenir au fond sans autre délai?

Voilà, n'est-il pas vrai? des procédures qu'on aurait pu entreprendre il y a deux ans!

Vous le voyez, Messieurs, quels que puissent être les

sentiments personnels de M. l'avocat général, quels que puissent être les sentiments du parquet, on ne peut pas s'empêcher de penser que si tout de même les circonstances avaient été différentes, si deux projets d'amnistie n'étaient pas pendants devant la Chambre, le parquet peut-être s'en fût remis à la partie civile ou au prévenu du soin de faire valoir les moyens qu'ils jugeraient convenables.

De ces projets d'amnistie, je ne vous dirai qu'un mot, mais je veux d'autant plus vous le dire que vous ne sauriez négliger d'en tenir compte dans votre délibération.

Votre décision aura en réalité pour effet, si vous repoussez la compétence, de servir des desseins qui peuvent être au point de vue politique légitimes, mais qui sont des desseins politiques. J'entends bien, et je connais trop cette procédure pour n'y être point préparé, que si vous rendez un arrêt de compétence, M. l'avocat général se pourvoira en cassation contre votre décision. Mais peut-être n'est-il pas indifférent, dans des procès comme celui-ci qui, grâce à l'ampleur même de l'affaire à laquelle ils se rattachent, se discutent un peu dans la sphère la plus élevée des principes, il n'est pas indifférent de savoir qui prendra les responsabilités. Que le parquet prenne la responsabilité d'une attitude, c'est son droit. Vous avez, Messieurs, votre propre responsabilité, et, je ne vous le cache pas, je le dis très respectueusement, étant donné surtout que votre décision retentira sur nos propres intérêts, votre responsabilité nous préoccupe..

Eh bien! ces deux projets d'amnistie, d'abord, ils ont pour moi l'un et l'autre des caractères bien différents et une portée bien différente.

L'une des deux lois, la dernière votée, est une amnistie de presse. Elle a ses inconvénients, mais ce ne sont pas les mêmes que ceux de l'autre loi, votée depuis quelques mois déjà par le Sénat et qui, celle-là, ne vise que certaines actions pénales particulières dont elle prononce l'extinction.

Le principal inconvénient de la première amnistie, l'amnistie de presse, c'est qu'elle va contre son objet. En fait, une pareille mesure, ce n'est plus la liberté de la presse, c'est la licence de la presse, décrétée par le pouvoir législatif. Et elle va contre son propre objet, parce que, proposée sous le prétexte d'amener l'apaisement, elle prépare en réalité le débordement des polémiques.

Je ne suis pourtant pas de ceux qui pensent qu'une pareille amnistie ait, au point de vue de la justice, le caractère scandaleux de la seconde. Car enfin, à toute époque, on a vu des amnisties de presse; et tant que l'écrivain garde la liberté d'écrire et de penser, puisque, de son côté, le citoyen diffamé garde l'action civile, s'il est permis de déplorer certaines amnisties intempestives, du moins, quand elles ont le caractère de celle dont je parle, peut-être ne convient-il pas de se voiler la face, à propos d'elles, d'indignation et de désespoir.

Il n'en est pas de même de l'autre amnistie. Contre celle-ci il faut protester, car elle vise une affaire particulière. Prenons, Messieurs, les termes du projet de loi voté par le Sénat le 2 juin 1900 :

Article unique. — Sont éteintes toutes les actions publiques à raison des faits se rattachant à l'affaire Dreyfus et toutes poursuites commencées ou non, soit en vertu de celle du 18 avril 1886, soit en vertu de toutes autres dispositions pénales, sauf celles édictées par les art. 295, 296, 298, 302 et 304 du Code pénal...

De sorte, Messieurs, que c'est pour une affaire particulière, que c'est pour quelques hommes qu'on fait quoi ? Une amnistie... Allons donc ! Amnistie, qu'est-ce que cela veut dire ? Cela veut dire oubli, et pour qu'on oublie, pour que la loi du moins proclame que l'heure de l'oubli est arrivée, il faut que déjà, dans les faits, l'oubli se soit effectué. Et, ici, c'est précisément parce qu'on ne peut pas faire l'oubli qu'on songe à faire voter une loi pareille...

Au fond, si on regarde les choses de près, croyez-vous qu'une pareille loi soit la consécration d'un oubli nécessaire, après que la justice est faite ? Oh ! que non pas ! Elle est, bien au contraire, la proclamation, au nom des Chambres françaises, qu'il est impossible en France de faire la justice pour une affaire !

Voilà le caractère de cette amnistie.

Et voulez-vous que je vous fasse toucher du doigt, d'une manière plus nette encore, le caractère du projet dont je vous parle ? Voici un passage bien suggestif :

Les actions civiles, à raison des mêmes faits ne pourront être poursuivies que devant la juridiction civile, alors même qu'un commencement d'instance aurait saisi la juridiction criminelle et sans qu'on puisse opposer au demandeur la fin de non-recevoir tirée de l'art. 46 de la loi du 29 juillet 1881.

Qu'est-ce que cela veut dire ? Qu'ici encore les principes du droit sont abolis. En principe, quand une amnistie intervient, ce sont les juridictions répressives déjà saisies qui continuent à statuer sur l'action civile. Si l'affaire se trouve devant une juridiction d'un degré supérieur, en appel, par exemple, c'est la Cour d'appel qui, au point de vue de toutes les actions civiles, rend un arrêt. Et ainsi, les droits acquis sont respectés, aussi bien les droits acquis du demandeur, de la partie civile, que les droits acquis du défendeur, le diffamateur ou le prétendu diffamateur.

Ici, c'est la Cour d'assises qui est saisie. Au cas d'une amnistie de presse ordinaire, le jury disparaîtrait à la vérité, c'est la Cour qui statuerait, mais la Cour statuerait dans les mêmes conditions où le jury l'aurait fait, c'est-à-dire en appliquant, quant à la preuve, les mêmes règles qu'eût appliquées le jury.

Voilà des choses que je croyais indispensable de vous signaler : et n'avais-je pas raison quand j'affirmais que si le premier projet d'amnistie a des conséquences à certains égards regrettables, il n'a pas tout au moins les conséquences, suivant moi désastreuses au point de vue des principes, qu'a le deuxième projet dont je viens de vous entretenir ? Projet périlleux, messieurs, quand l'apaisement n'est pas fait. Projet qui apparaît contradictoire en soi, si nous songeons qu'on ne fait pas une amnistie plénière ! Je n'ai pas à examiner ces questions en soi, elles ne m'appartiennent pas, mais si l'oubli était fait, si l'apaisement était fait, est-ce qu'on ne proclamerait pas l'amnistie pour tout le monde, et, si on ne croit pas pouvoir le faire, n'est-ce pas que l'heure de l'oubli n'est pas venue, que c'est encore, maintenant, l'heure de la justice ?...

Vous comprenez, n'est-il pas vrai, que lorsque des hommes, engagés comme le sont ceux au nom desquels je plaide dans des procès de la nature de ceux dont je parle, ont les sentiments que j'essaie de vous faire comprendre, vous comprenez qu'ils protestent contre des ajournements multipliés quels qu'en soient les motifs.

Et, s'ils protestent contre les projets de loi — ils ont le droit de protester tant qu'ils ne sont pas devenus des lois définitives, — combien plus légitimement ne protestent-ils pas quand ils voient que l'étude de ces projets de loi dans le Parlement retentit pendant plus d'une année sur l'administration de la justice et quand ils voient, je puis le dire, sans que tel soit le but ou la pensée des magistrats, la justice asservie indirectement à la politique !

Cependant, Messieurs, il faut ici que je vous dise ma pensée tout entière. Qu'est-ce donc qu'ils veulent, les hommes dont je parle, quel but poursuivent-ils, quelle est leur pensée profonde ? Je crois que j'exprime leur pensée, je le crois parce qu'il me paraît que nous sommes dans une communion d'idées constante et qui me réjouit, mais je ne les ai pas consultés, et, si je me trompe, mettez, Messieurs, que je n'exprime que la mienne. — Quelle est leur pensée ? Est-ce qu'ils s'exagèrent la portée de ces procès à l'heure actuelle, est-ce qu'il s'imaginent que le procès Reinach, ou le procès Zola vont donner pour la seconde fois le spectacle dont vous n'avez pas perdu le souvenir ? Est-ce qu'ils croient que les mêmes efforts vont se reproduire, est-ce que, pour préciser, ils recherchent l'agitation, est-ce qu'ils veulent, suivant un mot ridicule, qu'il faut pourtant que je reprenne, car il vous fera comprendre toute ma pensée, « la reprise de l'Affaire » ? Est-ce que, enfin, ils attendent de quelque fait ou de quelque témoignage, quelque sensationnels ou quelque probants qu'ils soient, je ne sais quel effet magique que n'ont pu produire les révélations éclatantes de trois années ?... Non, Messieurs.

En eux-mêmes, des procès comme celui-ci ne peuvent amener, pour personne, ni des défaites, ni des triomphes.

Ni des défaites, parce que, étant donnée la conviction qui anime les hommes dont je parle, leur préoccupation de ne se battre qu'au nom et dans l'intérêt des principes, ils estiment — et ne voyez là rien d'offensant pour la justice, — que des condamnations ne peuvent que les honorer.

Ni des triomphes, parce qu'alors même qu'ils sortiraient d'ici acquittés, le champ resterait libre à l'action des polémiques, c'est-à-dire le plus souvent du mensonge et de la mauvaise foi, et que cela ne terminerait rien, et que cela n'apporterait pas la solution dernière.

Quant à la « reprise de l'Affaire », outre que, comme je vous le disais, c'est une expression ridicule et qui recouvre des pensées perfides, habiles, mais ridicules aussi, qui est-ce donc qui veut la « reprise de l'Affaire » ? N'est-ce pas ceux-là mêmes qui ont inventé et le mot et l'idée, parce que l'un et l'autre les servent si bien, n'est-ce pas ceux qui fabriquent des documents comme cette fausse lettre Stapfer, où on prête à une homme éminent des propos comme ceux-ci :

Plusieurs journaux ont annoncé la reprise de l'affaire Dreyfus, reprise qui a l'air d'affoler ceux qui n'ont pas encore la conscience tranquille du crime monstrueux par eux commis.

Je vous autorise donc, ou pour mieux dire, vous supplie de publier ma lettre en signe de protestation et à dire aussi et surtout que nous sommes plusieurs défenseurs de la première heure qui entendons reprendre l'affaire à bref délai.

Est-ce que cela ne ferait pas sourire, si cela ne faisait pas pleurer ! Signé : Stapfer !... C'est un faux, vous le savez, et il suffit vraiment de mettre un pareil document sous les yeux de gens de bon sens pour qu'immédiatement ils se disent : La reprise de l'Affaire ! Qu'est-ce que cela veut dire ? Est-ce qu'on reprend une pareille affaire, est-ce qu'on l'organise, est-ce qu'on la monte, est-ce qu'on la machine, comme à plaisir ?...

Ceux qui ont la conviction que, quelle que soit au point de vue juridique la force de la chose jugée, qu'une double erreur a été commise et qu'il est de l'honneur de la France et de l'humanité qu'elle soit réparée, ceux-là ne songent point à monter l'Affaire ni à la reprendre. Ils mettent leur confiance dans la vérité, dans la vérité qui est éternelle et qui est une ! tandis que le mensonge, quelque fort qu'il soit, est ondoyant, fugitif, multiple, et par là voué nécessairement, dans un temps donné, à la contradiction, et par conséquent, à la ruine !

Quant aux moyens et aux voies de la vérité, ceux dont je parle les ignorent.

Mais cela ne fait pas qu'ils ne croient pas devoir, chaque

fois qu'il s'agit pour eux ou d'une parole nécessaire à prononcer, ou d'un acte impérieux à accomplir, se maintenir sur le terrain étroit et ferme comme un roc que leur délimite leur conscience.

Au surplus d'abord, et c'est pourquoi je vous supplie, Messieurs, de tout faire pour que ce procès soit jugé, si personne ne peut dire ce que donneront des procès comme celui-ci, personne aussi ne peut dire ce qu'ils ne donneront pas.

Ensuite, il ne faut, Messieurs, fermer aucune issue à la vérité. En voici une, qu'on l'ouvre toute grande.

Enfin, c'est un droit pour les citoyens, quels qu'ils soient, accusateurs et accusés, — M. l'avocat général aura accompli ce miracle de me faire ici plaider autant pour Mme Henry que pour nous-mêmes — c'est dis-je, pour tous les citoyens un droit primordial que celui d'être jugés par leurs juges, naturels, — ici par le jury, — sans l'intervention d'aucun autre pouvoir, ni du pouvoir législatif, ni du pouvoir exécutif, — en dehors du moins des formes constitutionnelles, en dehors d'une loi, car devant une loi, tout le monde est obligé de s'incliner.

Voilà tous les points de vue auxquels je me suis placé en me levant pour combattre les conclusions de M. l'avocat général. J'ai cru qu'il était indispensable de prendre en face, comme j'en ai toujours un peu l'habitude et le tort peut-être, toutes les questions que cet incident soulève, et de les examiner en toute franchise. J'ai voulu que, dans vos esprits, toutes les préoccupations qui peuvent les assiéger, fussent élucidées en ce qui me concerne; et puis maintenant, j'arrive à ce que je n'oublie pas et à ce qui, tout en vous paraissant à vous bien fastidieux, moi, me reposera, — car cela me repose toujours d'examiner une question de droit, — j'arrive à la question de droit. J'ai voulu donner à M. l'avocat général toutes les raisons que j'avais en fait de le combattre. Il faut aussi maintenant que je lui en donne le droit. Vous allez voir qu'elles sont excellentes.

La difficulté naît, Messieurs, de l'art. 34. Je ne vais pas vous le lire tout de suite, parce que je le lirai dans un instant au cours d'un document intéressant, que M. l'avocat général ne connaît pas et dont à coup sûr il me saura gré de lui donner connaissance. C'est de l'art. 34 que sort la difficulté. Et pourquoi? Parce qu'il y est dit que l'action en diffamation n'est ouverte contre la mémoire des morts que dans le cas où les auteurs des diffamations auraient eu l'intention de porter atteinte à l'honneur ou à la considération des héritiers vivants.

D'où cette conséquence, qu'en réalité c'est l'héritier qu'il faut considérer en ce qui concerne l'exercice de l'action, que l'art. 34 crée une action qui appartient uniquement à l'héritier

Telle est bien la pensée de M. l'avocat général, puisqu'il ne veut pas de procès faits aux ou par les cadavres, et par conséquent il s'agit là d'une action qui doit être assimilée à celle de l'art. 32. Mais alors, pourquoi l'art. 34, si l'art. 34 crée une action qui se superpose à celle de l'art. 32? Si c'est l'action du simple particulier, de l'héritier, toujours nécessairement pris à titre privé, qu'il faut considérer, je vous le répète, l'art. 32 tout seul suffit.

D'autre part l'art. 45, qui détermine la juridiction, qui dit que la Cour d'assises est la juridiction de droit commun, l'art. 45 ne dit pas un mot de l'art. 34. Eh bien! qu'est-ce à dire sinon que les règles de la preuve et par conséquent celles suivant lesquelles se détermine la juridiction restent pour l'application de l'art. 34 les règles ordinaires et varient par suite selon que le diffamé mort se retrouvera être un simple particulier ou un personnage politique.

Je ne fais, vous l'entendez bien, que résumer une argumentation que M. l'avocat général, avec une grande loyauté, vous a présentée d'une manière complète, et je ne me permettrai pas d'insister. Au surplus je vais avoir hélas! — je dis: hélas! parce que ce sera peut-être un peu long, — des documents intéressants à vous lire et ce sera infiniment mieux que ce que je pourrais dire moi-même.

Ce système est au fond celui que M. Barbier présente dans son ouvrage. Mais, bien, que je ne veuille pas commettre d'indiscrétion, je serais très surpris si, dans la nouvelle édition, M. Barbier maintenait son opinion antérieure... Je crois savoir qu'il a changé et qu'il n'est pas le seul, vous le verrez tout à l'heure. Quand je dis il n'est pas le seul, ce n'est pas à moi que je fais allusion... Aussi bien dans ce débat, — et cela est toujours piquant, on m'oppose deux choses : mon Répertoire d'abord, — et je dois reconnaître qu'avec une parfaite sincérité, M. l'avocat général disait : l'auteur de l'article n'est peut-être pas M° Labori... Ce n'est certainement pas lui, l'article est signé, et en vérité, si j'étais engagé par l'opinion de tous ceux qui ont écrit dans le Répertoire encyclopédique, cela serait très gênant pour moi. Je néglige l'argument; il est sans importance; je le connais; je vais plus loin, il me fait toujours plaisir...

On m'oppose autre chose, M. l'avocat général ne l'a pas dit expressément, je l'en remercie encore, mais je l'ai compris, — on m'oppose le jugement dans l'affaire Judet-Zola, et il pourrait sembler que, personnellement, je manque un peu d'autorité pour soutenir l'incompétence.

Puisque maintenant je suis, avec M. l'avocat général engagé dans une pure question d'école, je puis bien m'expliquer très franchement et d'une manière complète... Si vous me demandiez mon avis formel, je vous dirais que la question est bien délicate, que, d'une manière générale, en droit, il faut être bien fort pour être sûr, quand on a une opinion, qu'elle soit la bonne, ce qui ne veut pas dire que la justice ne soit pas une chose très sûre, l'équité aussi et le droit, entendu dans un certain sens, aussi. Mais le droit, si on ne prend le mot que dans le sens où il signifie une science, n'est au fond que l'instrument de la justice et de l'équité, et c'est un instrument extrêmement souple, il faut en convenir. Je ne peux donc pas dire que j'aie sur la question une opinion très arrêtée. J'ai un penchant singulier à incliner vers la compétence de la Cour d'assises, pour les raisons générales que je vous ai données tout à l'heure, et aussi parce qu'au cours de ces trois années, j'ai souvent réfléchi et même j'ai, je vous le démontrerai tout à l'heure, reçu quelques leçons, et cela de la part de l'organe autorisé du ministère public lui même.

Je n'aurai évidemment pas de peine à me justifier de ce que j'ai fait au point de vue de la procédure au procès Zola. M° de Saint-Auban vous l'a fait pressentir tout à l'heure, le procès Zola se présentait dans des conditions très particulières, la diffamation de M. Judet était une diffamation que je pourrais appeler, une diffamation mélangée : en même temps qu'elle allait à l'adresse de François Zola elle allait à l'adresse de M. Émile Zola. Devant le tribunal correctionnel, je vous ai dit que j'avais reçu des leçons de ministère public, et s'il est une matière où on a le droit de changer, c'est le droit, et si quelqu'un m'a donné l'exemple des changements légitimes, c'est le ministère public. Devant la 9e Chambre, M. l'avocat général ne peut l'oublier, le ministère public a conclu dans l'affaire Zola à l'incompétence. Le tribunal, avec une prudence qui est habituelle dans les décisions de la justice, et que vous connaissez bien, n'a pas statué sur la question parce qu'il n'y était pas obligé, et loin, suivant moi, que le jugement Zola puisse être invoqué comme un document par M. l'avocat général, à son profit, je l'invoque, moi, messieurs, comme un document à l'appui de la thèse de M. Joseph Reinach, et j'ai alors le droit de dire que si je suis un peu converti ce n'est pas seulement le ministère public qui y a contribué, mais le tribunal, lui-même. Écoutez, messieurs :

(Me Labori donne lecture du jugement rendu contre M. Judet et le *Petit Journal* à la requête de M. E. Zola le 3 août 1898.)

De sorte que je n'ai pas à craindre un instant d'être gêné devant la Cour d'appel, où en effet nous allons comparaître pour cette affaire Judet, parce que j'aurai plaidé devant vous. J'aurai à défendre le jugement du tribunal, non pas sur le terrain de la compétence, le tribunal a été, comme moi, très impressionné par M. l'avocat de la République, et il a écarté la question de compétence, mais sur le terrain de la diffamation dirigée contre M. Émile Zola personnellement.

Je vous ai dit, messieurs, que je vous lirais un document intéressant; j'y arrive.

C'est la sténographie d'observations prononcées à l'audience par un jurisconsulte tout à fait autorisé, permettez-moi de ne vous le nommer que dans un instant. C'est une véritable consultation sur la matière :

(Me Labori donne alors lecture a la Cour des conclusions prononcées par le ministère public dans le procès Zola-Judet, et qui se prononcent pour la compétence de la Cour d'assises.)

De qui est ce document si bien fait, cette consultation préparée pour notre cause? Mais, elle est du ministère public qui concluait dans l'affaire Judet-Zola : ce sont en effet, les propres conclusions sténographiées de M. l'avocat de la République Leydet, et M. l'avocat général pourra se renseigner auprès de lui ; la sténographie que je viens de lire émane de M. Georges Buisson, sténographe à la Chambre des députés. Au surplus, aucune espèce de contradiction ne peut ici intervenir ; cela est intéressant, et cela est d'autant plus intéressant que M. l'avocat de la République Leydet a convaincu le tribunal, je vous l'ai démontré, qu'il m'a convaincu moi-même tout au moins autant qu'on peut être convaincu dans une question d'ordre purement juridique.

On vous a lu un jugement du tribunal de Saint-Quentin, en voici un autre que je pourrais vous lire, qui émane du tribunal de Cahors...

M° de Saint-Auban. — Je l'ai lu.

M° Labori. — Je passe ; en effet, M° de Saint-Auban vous l'a lu. D'ailleurs, ce jugement de Cahors, c'est aux patientes recherches de M. l'avocat général de la République Leydet que nous le devons.

Mais ce n'est pas seulement à propos de l'affaire Zola-Judet que le ministère public s'est prononcé dans le sens de la compétence de la Cour d'assises.

Tout à l'heure M° de Saint-Auban vous disait qu'il y a un an, au mois de janvier 1899, M. l'avocat général Lombard s'était expliqué sur ce point. Il faut, messieurs, que vous sachiez dans quels termes. Je vous disais au commencement de mes observations, — et vous voyez que cela pouvait avoir quelque intérêt, même au point de vue spécial qui nous préoccupe maintenant, — comment je m'étais en quelque sorte moi-même jeté au travers du débat, comment j'avais pu aller, vous comprenez pourquoi maintenant, jusqu'à dire à la barre : « M. Reinach ne veut pas soulever l'incompétence, M. Reinach, à mon avis, ne le doit pas, étant donnés les termes de la correspondance que vous connaissez, échangée entre lui et Mme Henry ; mais je considère comme tellement essentiel que le débat ne vienne pas que, s'il vient, j'opposerai l'incompétence. » Je ne savais pas que j'aurais à plaider un jour cette question de compétence contre le ministère public. Il y a parfois une amusante ironie dans les choses les plus solennelles.

Eh bien ! M. l'avocat général Lombard s'expliquait ce jour-là sur la compétence, et voici ce qu'il disait à propos d'un moyen de sursis par nous soulevé et qui nous a permis de former un pourvoi suspensif, parce que précisément — et nous touchions par là un peu à la compétence — nous disions : « Étant donné que Mme Henry est une personne non qualifiée et que l'art. 34 fait des diffamations envers les morts, même s'ils étaient de leur vivant personnes publiques, une action engagée en réalité par les personnes non qualifiées, — les héritiers, — nous avons le droit d'invoquer le dernier paragraphe de l'art. 35 qui parfois oblige au sursis, notamment quand le fait diffamatoire est l'objet d'une plainte ou de poursuites commencées. J'assimilais, en effet, l'enquête de la Cour de cassation à une plainte ou à une poursuite, et je dois reconnaître que, dans une certaine mesure, nous abordions un peu de travers — et je suis heureux de ne l'avoir fait que de travers — la question de compétence. — M. l'avocat général, lui, l'abordait franchement :

« Eh bien ! disait-il, Messieurs, puisque la question de compétence n'est soulevée que d'une façon indirecte, je ne veux pas, moi, la discuter complètement, mais je profite de la circonstance pour dire tout haut mon opinion très réfléchie et très arrêtée : c'est que la personne diffamée ici, ce n'est pas Mme Henry, ce n'est pas la partie plaignante qu'il faut considérer pour apprécier le caractère de la diffamation ; c'est la personne du mort, c'est celle dont il est question dans la première partie de l'article 35.

Et ce n'est pas tout, Messieurs, j'ai le droit de dire que la Cour elle-même s'est prononcée et que, si nous ne trouvions pas en présence d'une opinion émise dans un des motifs d'un arrêt rendu par elle, si nous étions en présence d'une opinion émise dans le dispositif de cet arrêt, c'est la chose jugée que j'invoquerais, moi,... pour une fois :

Attendu, a dit la Cour,
Que la demande de la veuve Henry a pour objet de faire déclarer les inculpés coupables d'une diffamation commise envers son mari ; que celui-ci est personne qualifiée au sens du quatrième alinéa de l'article 35 de la loi du 29 juillet 1881 ;
Que les faits imputés sont relatifs à ses fonctions ; que de ce chef la matière est, quant à la preuve desdits faits, régie par les trois premiers alinéas de l'article 35 et que le quatrième est sans application dans la cause.

Qu'est-ce que cela veut dire, Messieurs? Que dans notre affaire la preuve est permise, que la Cour d'assises l'a estimé ainsi. Si, le 27 janvier 1899, nous ne nous étions pas pourvus en cassation sur une question de sursis uniquement, le débat allait s'engager au fond et il allait s'y engager parce que le ministère public et la Cour elle-même s'étaient en quelque sorte, quoique indirectement, prononcés sur la compétence et pour la compétence.

Je crois, Messieurs, que c'en est assez pour vous démontrer que la question est plus que délicate. Si on pèse les témoignages, ils sont sans doute considérables de part et d'autres; mais si, sans s'occuper de leur poids, on se contente de les compter, si surtout on compte les témoignages que le ministère public dans sa multiplicité a eu à émettre à diverses reprises, il faut reconnaître qu'ils sont plus nombreux en faveur de la compétence qu'en faveur de l'incompétence.

C'est, Messieurs, ce que j'avais à dire sur la question de droit, et je touche au terme de mes explications.

Je vous ai dit tout à l'heure que j'étais bien convaincu que si vous vous décidiez pour la compétence, il fallait nous attendre à un pourvoi. Le pourvoi sera suspensif, et M. l'avocat général pourrait aujourd'hui, un peu comme moi-même il y a deux ans, dire : je vous réponds que ce procès ne viendra pas, ou tout au moins ne viendra pas aujourd'hui. Cependant, je le répète, il me semble qu'en essayant d'obtenir de vous un arrêt de compétence, je plaide utilement à deux fins.

D'abord les hasards de la politique sont grands, les lois d'amnistie se votent lentement, leur vote est parfois difficile et nous ne savons pas ce que demain nous réserve.

Si l'amnistie n'est pas votée, en rendant un arrêt de compétence sur un terrain du droit très solide et où, je l'espère, vous serez suivi par la Cour de cassation, vous aurez fait une œuvre qui, pour l'avenir, nous ouvrira ici la discussion libre et assurera à M. Joseph Reinach l'avantage de la preuve devant le jury.

Mais, votre arrêt fût-il suivi d'une amnistie, et si le moyen de M. l'avocat général, qui n'est, j'en suis convaincu, je l'ai dit, qu'un moyen né des scrupules d'une conscience juridique, mais qui, en fait, produit un peu les effets d'un moyen dilatoire, ce moyen aboutit à l'anéantissement de ce procès, vous n'aurez pas encore fait une œuvre inutile.

Rendre un arrêt de compétence, c'est dire : le procès va s'ouvrir. Dans ce cas, le ministère public prendra tout à l'heure les responsabilités qu'il croira devoir prendre. Mais que la responsabilité d'un nouvel ajournement incombe au ministère public ou à la Cour, cela ne saurait être indifférent. Les questions de responsabilité, Messieurs, dans la situation où nous nous trouvons, deviennent les questions primordiales à une époque où les institutions publiques tombent un peu, on peut bien le dire, en dissolution. Il ne reste plus guère à chacun, collectivité ou individu, homme ou juridiction, que le devoir individuel, car on ne peut plus guère être sûr que de soi.

J'ai dit tout à l'heure la fausseté de la situation dans son ensemble. Elle vient de ce que trop de gens, surtout parmi ceux qui sont mêlés de près aux affaires publiques, reculent devant la netteté des attitudes.

A travers tous ces orages, je n'ai guère vu et je ne vois guère que deux attitudes vraiment nettes et franches. La première, c'est la soumission à la raison d'Etat, soumission absolue et sans réserve. La seconde, c'est le respect du droit individuel, sa défense comme celle du plus sacré des droits, du plus grand des biens.

Je ne vois pas, Messieurs, que ni l'une ni l'autre de ces attitudes ait été courageusement et jusqu'au bout prise par aucun des partis en présence, si on les envisage dans leur ensemble et dans toute la durée de l'affaire.

D'un côté, on a masqué la raison d'Etat sous beaucoup de mensonges, beaucoup d'intrigues, beaucoup de manœuvres... Un jour, on a prétendu qu'un de nos adversaires avait dit : « Innocent ou coupable il faut qu'un homme reste au bagne plutôt que de servir de prétexte à bouleverser la vie de tout un peuple ! » Le propos a été démenti. C'était cependant le seul que j'eusse compris pour justifier l'opiniâtreté de nos adversaires.

Si, Messieurs, contre nous on s'était dressé audacieusement au nom de la raison d'Etat, si on avait dit : « Dans l'intérêt supérieur de l'Etat, que nous comprenons ainsi, il n'y a pas de justice pour cet homme... », cela pouvait soulever l'indignation, cela ne pouvait pas provoquer le mépris... On le pensait. On n'a pas osé le dire !

J'ai lu, Messieurs, il y a quelques jours, dans le journal le *Gaulois*. — car je fais soigneusement, des journaux de cette opinion, ma lecture quotidienne — un article extrêmement intéressant, sous la signature d'un homme qui est à coup sûr un de nos docteurs du parti de nos adversaires, M. Maurice Talmeyr. A la date du 30 novembre 1900, il écrit, je ne lirai que quelques lignes, exactement ceci :

> Et si tout ce qui est logiquement de la pratique du nationalisme, tout ce qu'il implique de discipline et de sacrifices nécessaires vous inspire une si insurmontable horreur, pourquoi êtes vous nationaliste ? Si vous tenez pour les droits de l'homme, vous ne pouvez pas tenir pour le droit souverain de l'État, et si vous tenez pour le droit souverain de l'État, vous ne pouvez pas tenir pour les droits de l'homme. On peut ne pas vouloir être un savant, mais qu'on veuille être un savant sans savoir lire, c'est ce qui passe la sottise ou le batelage permis.

Voilà de la franchise. Ou on est pour le droit souverain de l'État, ou on est pour les droits de l'homme, et si on est pour l'un, on ne peut être pour les autres.

Je vous ai dit que, d'un côté, je n'avais pour ainsi dire pas vu cette netteté d'attitude, — qui n'eût point servi nos adversaires, — parce que le peuple est du côté des droits de l'homme, mais qui tout au moins eût été une attitude de sincérité qu'on pouvait combattre avec colère, mais qu'en un sens on ne pouvait pas ne pas respecter et qui, en somme, je le répète, échappait au mépris.

Mais aussi parmi les autres, parmi ceux qui tiennent pour les droits de l'homme, j'estime, quant à moi, qu'il en est trop qui n'ont pas compris ce qui était en réalité en cause, la grandeur des principes qui étaient, qui sont encore en question. Il en est trop qui confondent un intérêt particulier, parfois leur intérêt personnel, avec les principes, trop qui ne séparent pas leur propre prospérité d'avec le salut de la République.

Au milieu de tout cela, que faut-il faire ? Il faut, je le crois bien sincèrement, sortir de l'empirisme et de l'arbitraire, se mettre sur le terrain des principes. Qu'on essaie donc un jour de diriger les peuples avec des principes et on verra combien serait fort celui qui en aurait le courage ! Sur ce terrain-là, Messieurs, quand on n'est qu'un citoyen, on peut s'y placer pour son compte ; mais la lutte tout seul n'est point possible, je vais plus loin, elle n'est peut-être pas toujours légitime. Ce qui est possible, ce qui est légitime, c'est de consulter sa conscience, c'est d'y prendre le sentiment net et fort de son droit et de son devoir, c'est dans ses moindres paroles et dans ses moindres actes de s'y conformer, de se montrer d'une fidélité indéfectible à la vérité, à la justice, à la beauté. Voilà ce que chacun peut faire et doit faire.

Que tout le monde le fasse, Messieurs, que chacun dans son petit domaine accepte ses responsabilités.

Je vous demande aujourd'hui d'accepter la vôtre. Que chacun fasse de même, loyalement. Que tous les braves gens se réunissent au-dessus, en dehors des intrigants et particulièrement des intrigants de la politique. Nous ne sommes pas, Messieurs, des agitateurs, mais nous ne sommes pas non plus des politiciens. Ni agitation, ni abdication, telle doit être notre devise. N'abdiquez pas non plus, Messieurs ; que chacun pour soi : tribunal, homme public, citoyen, fasse son devoir. Nous resterons peut-être encore divisés en deux grands partis, nous nous jetterons peut-être encore les uns sur les autres, nous nous heurterons, nous nous briserons dans des chocs formidables qu'on peut prévoir, mais du moins, nous nous briserons de bonne foi pour l'œuvre commune de l'humanité et pour la grandeur de la patrie, que personne ne saurait nous dénier le droit d'aimer et de servir, en quelque rang, en quelque place, de quelque manière que nous le fassions. Servez-la, Messieurs, aujourd'hui, simplement comme je vous le demande.

Observations de Mᵉ Lévy-Salles.

M. le Président. — Mᵉ Lévy-Salles, désirez-vous prendre la parole ?

Mᵉ Lévy-Salles. — Je vous remercie, M. le président. Je ne veux présenter, au nom de Chambre, que quelques courtes observations.

M. le Président. — Vous avez la parole.

Mᵉ Lévy-Salles. — Messieurs, quand, le 27 janvier 1899, il y a de cela près de deux ans, cette affaire venait pour la première fois devant la Cour d'assises, entièrement et sans hésitation je m'étais joint à mon éminent confrère et ami, Mᵉ Labori, pour demander à la Cour qu'il fût sursis aux débats, jusqu'au jour où la Chambre criminelle aurait terminé son enquête.

En dépit des menaces, malgré les intimidations de toutes sortes, indifférente aux injures qui ne pouvaient l'atteindre, la Cour suprême a accompli son œuvre.

L'enquête de la Chambre criminelle restera, monument historique et impérissable où les braves gens, les esprits impartiaux et sains, pourront trouver la preuve d'une monstrueuse erreur judiciaire.

L'arrêt de la Cour de cassation, rendu toutes Chambres réunies et par l'unanimité de ses membres, sera pour tous ceux qui pensent et que n'aveuglent point la haine ou les passions, la réhabilitation de fait d'un malheureux innocent, et la pleine justification de ceux qui ont lutté pour la justice...

M. le Président. — Maître, il y a la chose jugée.

Mᵉ Lévy-Salles. — C'est vrai, monsieur le président, et c'est la chose jugée par la Cour de cassation que j'invoque en ce moment.

Mᵉ de Saint-Auban. — C'est la chose jugée contre Henry que vous invoquez.

Mᵉ Lévy-Salles. — Soit !

M. le Président. — Maître, rentrez dans la question de compétence.

Mᵉ Lévy-Salles. — C'est entendu, M. le président, aussi bien j'ai terminé quant à présent sur ce point. Je reviens au sursis. Ce sursis que nous étions en droit de demander, qu'on nous refusa d'ailleurs et que nous sûmes néanmoins obtenir, n'a plus, depuis de longs mois déjà, de raison d'être et l'on ne pourra nous démentir si nous affirmons ici qu'il n'a pas dépendu de nous que cette affaire vînt plus tôt et à son heure.

Aujourd'hui, nous sommes là et nos témoins aussi ! nous sommes prêts à nous expliquer et c'est M. l'avocat général qui se lève. Avec son grand talent habituel, avec la sûreté de sa science juridique il a soulevé une exception et le

Code en main, il vous demande de vous déclarer incompétents.

Dans ce différend qui s'élève entre, d'une part, M. l'avocat général, et d'autre part, mes confrères M⁰ˢ Labori et de Saint-Auban, qui, pour une fois, sont d'accord dans cette affaire, je ne veux pas prendre parti, et sur ce point je m'en rapporte à la Cour.

Je ne suivrai pas non plus Mᵉ de Saint-Auban sur le terrain où il s'est placé. Je ne relèverai pas, en ce moment, les injures qu'on a déversées avec un peu trop de fiel peut-être contre nos clients ; je ne me livrerai pas à une besogne bien facile, je ne répondrai pas à des injures par d'autres injures, je n'exhumerai pas, quant à présent, le cadavre du suicidé du Mont-Valérien.

Il ne s'agit ici que d'une question de compétence et je m'en remets à la sagesse de la Cour.

Si vous estimez que c'est M. l'avocat général qui a raison, si vous vous déclarez incompétents, nous nous inclinerons devant votre sentence. Si vous décidez, au contraire, que vous devez connaître de ce procès, c'est avec une grande satisfaction que nous accueillerons votre arrêt. Nous accepterons avec confiance ces débats, nous nous expliquerons, et c'est encore l'histoire qui triomphera. Ce sera un peu plus de lumière jeté sur d'angoissantes obscurités, un peu plus de vérité dévoilée, et ce sera peut-être aussi, nous l'espérons, un peu plus de justice assurée.

L'arrêt de la Cour.

La Cour rend l'arrêt suivant :

La Cour,

Considérant qu'aux termes de sa citation en date du 19 octobre 1900, Mme veuve Henry, agissant tant en son nom personnel que comme mère et tutrice légale de Joseph Henry, son fils mineur, a assigné, en vertu de l'article 34 de la loi du 29 juillet 1881, Chambré, imprimeur-gérant du journal le *Siècle*, et Joseph Reinach, publiciste, comme auteur principal et complice du délit de diffamation qui aurait été commis envers la mémoire du lieutenant-colonel Henry dans une série d'articles publiés dans le journal le *Siècle* les 26 novembre, 6 et 8 décembre 1898, avec l'intention de porter atteinte à l'honneur ou à la considération de ses héritiers vivants, sa veuve et son fils;

Considérant que l'article 34 de la loi du 29 juillet 1881 n'autorise la répression pénale des diffamations ou injures dirigées contre la mémoire des morts que dans les cas où les auteurs de ces diffamations ou injures auraient eu l'intention de porter atteinte à l'honneur ou à la considération des héritiers vivants;

Considérant que cette disposition ne saurait être entendue en ce sens que la loi de 1881 repousse entièrement la diffamation et l'injure envers les morts; que si telle eût été la pensée du législateur de 1881, il l'aurait formellement exprimée et que, d'autre part, on ne peut admettre que l'article 34 ait eu pour objet unique de faire disparaître une controverse antérieure; qu'à la vérité et pour sauvegarder les intérêts supérieurs de l'histoire, la loi n'admet le délit de diffamation des morts qu'autant qu'elle passe par-dessus leur tombe pour aller frapper des vivants, mais que, dans cette hypothèse déterminée, elle constitue un délit spécial, prévu par l'article 34 et puni des peines édictées par les articles 31, 32 et 33; que si tels n'étaient pas le sens et la portée de l'article 34, il serait sans signification et sans utilité, puisqu'il n'attribuerait aux héritiers vivants aucune action nouvelle et ne leur accorderait en définitive que l'action personnelle qui leur appartient déjà en vertu des articles 31, 32 et 33 précités;

Qu'en effet ceux-ci ont toujours le droit, quand, sous l'apparence et le prétexte d'imputations dirigées contre leur auteur décédé, ils sont personnellement et directement injuriés ou diffamés, de faire abstraction de leur qualité d'héritiers et de poursuivre le diffamateur en vertu des articles 31, 32 et 33 et qu'il n'était pas besoin d'un texte nouveau pour le leur conférer;

Considérant qu'en réalité le délit prévu et réprimé par l'article 34 est l'imputation dirigée contre la mémoire du mort lui-même dans le cas où, en même temps qu'elle atteint cette mémoire, elle nuit intentionnellement à l'honneur où à la considération des héritiers vivants :

Que la loi n'admet la diffamation envers les morts que dans ce cas unique, mais qu'elle l'admet expressément et que par suite l'imputation à la mémoire d'une personne morte étant l'élément caractéristique et prédominant du délit défini par l'article 34, c'est en contemplation de la personnalité même du mort qu'il convient en ce cas de qualifier et de caractériser le délit;

Considérant que l'action pénale, ainsi accordée par l'article 34 aux héritiers vivants du mort diffamé, n'est pas une action qu'ils exercent au nom du mort et comme continuateurs de sa personne; que c'est bien une action personnelle, ayant pour base la lésion qu'ils ont éprouvée et qu'ils exercent en leur qualité propre d'héritiers atteints dans leur honneur et leur considération;

Mais qu'en définitive c'est l'honneur du mort qu'ils vengent dans leur propre honneur quand la diffamation ou l'injure adressée à sa mémoire les atteint directement et intentionnellement ; que la solidarité de famille qui survit au tombeau ne permet pas de séparer l'honneur du mort de celui de ses héritiers;

Qu'ils forment un tout indivisible, que diffamer l'un c'est diffamer l'autre, et que la loi ne saurait interdire aux représentants d'un mort l'accès d'un prétoire où leur auteur aurait été admis quand ils s'y présentent pour défendre dans sa mémoire leur propre considération ;

Considérant qu'une telle interprétation de l'article 34 ne présente rien de contraire aux immunités nécessaires de la vérité historique ; qu'elle n'est pas non plus en contradiction avec les travaux préparatoires de la législation de 1881 ;

Qu'elle est conforme aux principes généraux de la matière et à l'esprit de la loi de 1881 qui constitue la Cour d'assises, juridiction de droit commun en matière de crimes et de délit￼ publication ;

Qu'elle est également conforme aux intérêts ￼ ￼evenu et du plaignant en les admettant à faire la preuve d￼ ￼ vérité et de la fausseté des faits diffamatoires et en donnant￼ publicité la plus large aux débats du procès ;

Considérant qu'il résulte de ce qui précède que la compétence juridictionnelle, dans le cas où le plaignant agit en vertu de l'article 34 de la loi de 1881, doit être appréciée en considération de la personne même du mort diffamé ; que, s'il était personne qualifiée aux termes de l'article 34, et si sa mémoire a été diffamée ou injuriée à raison des fonctions qu'il exerçait ou de la qualité dont il était revêtu de son vivant, ses héritiers, même simples particuliers, s'ils exercent l'action qui leur est conférée par l'article 34 doivent porter leur action devant la Cour d'assises ;

Considérant qu'Henry était de son vivant lieutenant-colonel d'État-major et, à ce titre, fonctionnaire public ;

Que la dame veuve Henry, agissant tant en son nom personnel qu'au nom de son fils mineur, a cité, en vertu de l'article 34 auquel elle se réfère expressément dans le dispositif et les motifs de son assignation à l'audience de ce jour de la Cour d'assises, Chambré et Joseph Reinach comme auteur principal et complice de diffamation, qui aurait été commise envers sa mémoire et ce à raison des fonctions qu'il exerçait au ministère de la Guerre et avec l'intention de porter atteinte à l'honneur ou à la considération de ses héritiers vivants ;

Que son action ainsi intentée est recevable ;

Par ces motifs,

Dit que la Cour d'assises est compétente dans les termes de la loi du 29 juillet 1881,

Le Procureur général se pourvoit devant la Cour de cassation contre l'arrêt de la Cour d'appel.

∴

La loi d'amnistie interrompit cette procédure, désormais inutile, et le procès lui-même fut rayé des rôles de la Cour d'assises.

TABLE DES MATIÈRES

Le génie de la France.

    A qui revient l'honneur de la revision? 5

Lazare sort du tombeau.

    Le *Sfax*. 15
    Le retour de Dreyfus. 20
    Le sublime creuset. 23
    Le rocher des supplices 28

« C'est ici le combat du jour et de la nuit. »

    Pro Avito 35
    Classiques et romantiques. 40
    Le dilemme. 43
    Le dossier secret. 48
    Le Syndicat du crime 55
    Les notes du bordereau. 58
    L'enseignement de la vérité. 63
    Les témoins. 68
    Le Syndicat 72
    La température du 15 octobre 1894. 76
    L'inéluctable justice. 80

TABLE DES MATIÈRES

Le droit d'asile 85
Ce qu'il y a dans les notes qu'on n'a pas 91
Pleine lumière 105
Justice! 110

IL FAUT DÉGAGER L'HONNEUR DE LA FRANCE.

Il faut dégager l'honneur de la France 115
Prométhée enchaîné 121
Scheurer-Kestner 127
Verdict déchiré 131

CONTRE L'AMNISTIE.

Comment Pangloss pronostiqua des suites de l'Affaire. 139
L'amnistie 147
N'en parlons plus! 152
Condamnés à la lumière 161
L'extradition d'Esterhazy 166
L'Amnistie contre le Droit 170
L'homme du crime 178
Les étapes de l'amnistie 184
Assez! 190
Injure à l'armée 199
La double boucle 203
Discours du général Mercier au Sénat 207
Contre l'amnistie 212
Les blés d'hiver 225
A Digne 230
Pour un fait personnel 237
L'inutile amnistie 244
Le droit nouveau 252
La comédie continue 257
« *Mentiri impudentissime* » 263

L'inutile Amnistie 268
Premiers effets de l'amnistie 275
Les dernières cartouches 280
La loi de dessaisissement 285
Aux républicains qui ont voté l'amnistie 286

A. M. D. G.

Une réponse au P. du Lac 295

APPENDICE.

Les ordres de Lebret	303
L'enquête continue	306
Un déjeuner chez Voisin	310
Le petit bleu	313
La Croyante	315
Le dénonciateur national	319
A M. de Marcère, sénateur	322
Leur bonne foi	324
Lettre ouverte à M. le président de la Chambre	325
Les Boërs	327
Esterhazy et Drumont	329
Les mêmes	331
Comme ils écrivent l'Histoire	345
Prosper Allemand	348
Contre la calomnie	352
Le procès Henry	367

ÉMILE COLIN, IMPRIMERIE DE LAGNY (S.-&-M.)

EN VENTE CHEZ LE MÊME ÉDITEUR

Format in-18 jésus

P. ADAM. *La Glèbe*, 1 vol. in-32..	2 »
— *L'Essence de Soleil*, 1 vol. . . .	3 50
— *Soi*, 1 vol...	3 50
BAKOUNINE. *Œuvres*, 1 vol. . . .	3 50
BARBEY D'AURÉVILLY. *Théâtre contemporain*. Nouvelle série, 1870-1883, 1 vol.	3 60
— *Théâtre contemporain*. Dernière série, 1881-1883, 1 vol. . . .	3 50
H. BEAUCLAIR. *Ohé! l'artiste*, 1 vol. in-32.	2 »
— *La Ferme à Goron*, 1 vol. in-32.	2 »
— *Le Pantalon de Mme Desnou*, 1 vol. in-32.	2 »
— *Tapis Vert*, 1 vol...	3 50
H. BECQUE, *Querelles littéraires*, 1 vol.	3 50
— *Molière et l'École des Femmes*, 1 brochure.	2 »
L. BLOY. *Le Désespéré*, 1 vol. . .	3 50
— *Propos d'un Entrepreneur de démolitions*, 1 vol.	3 50
CABROL. *Le maréchal de Saint-Arnaud en Crimée*, 1 vol. in-18..	7 50
E. CADOL. *Cathi*, 1 vol..	3 50
F. CALMETTES. *Le Vice*, 1 vol.. .	3 50
J. CARAGUEL. *La raison passionnée*, 1 vol..	3 50
F. DE CUREL. *Le sauvetage du grand-duc*, 1 vol.	3 50
CH. CROS. *Le Coffret de Santal, poésies et fantaisies*, 1 vol. . . .	3 50
L. DESCAVES. *Les Emmurés*, 1 vol.	3 50
— *Misères du Sabre*, 1 vol.. . . .	3 50
— *Sous-Offs*, 1 vol..	3 50
— *Sous-Offs en cour d'assises*, 1 plaquette.	2 »
E. DESCHAUMES. *La Banqueroute de l'Amour*, 1 vol...	3 50
— *L'Amour en Boutique*, 1 vol. . .	3 50
JEAN GRAVE. *La Société mourante et l'Anarchie*, 1 vol..	5 »
— *La Société Future*, 1 vol.. . . .	3 50
— *La Grande Famille*, 1 vol.. . . .	3 50
HAMON. *Psychologie de l'Anarchiste-Socialiste*, 1 vol.	3 50
— *Le Socialisme et le Congrès de Londres*, 1 vol..	3 50
L. HENNIQUE. *Un Caractère*, 1 v.	3 50
— *La Mort du duc d'Enghien*, 1 plaquette.	2 »
— *Pœuf*, 1 vol. in-32.	2 »
HUYSMANS. *A vau-l'eau*, 1 vol. in-32.	»
— *Certains*, 1 vol.	3 50
— *Un Dilemme*, 1 vol. in-32. . . .	2 »
— *En Rade*, 1 vol. . . .	3 50
— *En Route*, 1 vol. in-18 . . .	3 50
— *Là Bas*, 1 vol.	3 50
J. JULLIEN. *Trouble-Cœur*, 1 vol.	3 50
— *Théâtre vivant*, 2e série, 1 vol. . .	3 50
KROPOTKINE. *La Conquête du Pain*, 1 vol.	3 50
— *L'Anarchie*, 1 brochure.	1 »
L. LACOUR. *Humanisme intégral*, 1 vol..	3 50
ED. LEPELLETIER. *L'Amant de Cœur*, 1 vol.	3 50
— *Une Femme de cinquante ans*, 1 v.	3 50
— *Les Morts heureuses*, préface de ALPH. DAUDET, 1 vol.	3 50
J. LORRAIN. *Les Griseries*, 1 vol.	2 »
CH. MALATO. *De la Commune à l'Anarchie*, 1 vol.	3 50
— *Les Joyeusetés de l'Exil*, 1 vol. .	3 50
JEAN MORÉAS et P. ADAM. *Les Demoiselles Goubert*, 1 vol. . . .	3 50
— *Le Thé chez Miranda*, 1 vol . .	3 50
G. NADAUD. *Chansons à dire*, 1 v.	3 50
— *Miettes poétiques*, 1 vol.	3 50
— *Nouvelles chansons à dire*, 1 vol.	3 50
— *Théâtre de Fantaisie*, 1 vol.. . .	3 50
— *Théâtre inédit*, 1 vol.	3 50
G. NERCY. *La Future débâcle*, 1 v.	3 50
H. NIZET. *Suggestion*, 1 vol.. . .	3 50
REEPMAKER. *N'importe*, 1 vol. . .	3 50
— *Purification*, 1 vol.	3 50
P. DE RÉGLA. *Les Bas-Fonds de Constantinople*, 1 vol..	3 50
— *Les Mystères de Constantinople*, 1 vol.	3 50
— *Les Secrets d'Yildiz*, 1 vol. . . .	3 50
— *La Turquie officielle*, 1 vol. . . .	3 50
J. SAUTAREL. *Philosophie du Déterminisme*, 1 vol...	3 50
SCHURMANN. *Les Étoiles en voyage*, (La Patti, Sarah Bernhardt, Coquelin), 1 vol.	3 50
A. VALLETTE. *Le Vierge*, 1 vol.. .	3 50
VILLIERS DE L'ISLE-ADAM. *Tribulat Bonhomet*, 1 vol.	3 50

www.ingramcontent.com/pod-product-compliance
Lightning Source LLC
Chambersburg PA
CBHW071946220426
43662CB00009B/1021